Collage

Lectures littéraires

Deuxième Edition

Collage

LUCIA F. BAKER
University of Colorado, Boulder

RUTH ALLEN BLEUZÉ
Language Training Center, Inc.

LAURA L. B. BORDER
University of Colorado, Boulder

CARMEN GRACE
University of Colorado, Boulder

JANICE BERTRAND OWEN
University of Colorado, Boulder

MIREILLE A. SERRATRICE
University of Colorado, Boulder

ESTER ZAGO
University of Colorado, Boulder

Random House  **New York**

This book was developed for Random House by Eirik Børve, Inc.

Second Edition

9 8 7 6 5 4 3 2

Library of Congress Cataloging in Publication Data
Main entry under title:

Collage, lectures littéraires.

    "Developed for Random House by Eirik Børve, Inc."
    1. French language—Readers.   2. French literature.
3. French language—Text-books for foreign speakers—
English. I. Baker, Lucia F.
PC2117.C685 1985   448.6'421   84-18029
ISBN 0-394-33684-4

Manufactured in the United States of America

Text and cover design by Randall Goodall
Illustrations by Bill Border
Maps by Drake Jordan

Grateful acknowledgment is made for use of the following photographs and realia:

Page 1 © Rogers/Monkmeyer; *8* Nelson Gallery-Atkins Museum, Kansas City, Missouri; *11* © Henri Cartier-Bresson/Magnum; *20* National Gallery of Art, Washington, D. C., Chester Dale Collection; *35* Courtesy The Phillips Collection; *39* © H. S. Chapman/Jeroboam; *41* © Art Resource; *47* © Robert Doisneau, Rapho/Photo Researchers; *52* © Librairie Jules Tallandier; *57* © Bibliothèque Nationale de Paris; *60* © Giraudon/Art Resource; *63* © Giraudon/Art Resource; *66* © Peter Menzel; *72* © Beryl Goldberg; *76* © Ets. J. E. Bulloz/Art Reference Bureau; *79* © RATP; *83* © Culver Pictures; *85* © H. Hubbard/Photo Researchers; *91* © Agraci/Art Reference Bureau; *93* Collection, Museum of Modern Art, New York; *107* © UPI/Bettmann Archive; *110* © Art Resource; *114* © Paris Match/IZIS; *121* © René Maltête, Rapho/Photo Researchers; *127* © Courtesy The Art Institute of Chicago; *130* "Photo of a shark from *The Silent World* by Captain J. Y. Cousteau with Frédéric Dumas" © by Harper & Row, Publishers, Inc., © 1950 by Time, Inc., reprinted by permission of the publisher; *135* © Michael Ginsburg/Magnum; *140* © Lowie Museum of Anthropology, University of California, Berkeley; *156* © Marc and Evelyn Bernheim/Woodfin Camp; *159* The Cleveland Museum of Art, Purchase, Dudley P. Allen Fund; *162* © Agraci/Art Reference Bureau; *165* © Agraci/Art Reference Bureau; *166* © Ets. J. E. Bulloz/Art Reference Bureau; *173* © Stanford University Library; *176* © Ets. J. E. Bulloz/Art Reference Bureau; *181* © Robert Doisneau, Rapho/Photo Researchers

Permission to reprint the following literary excerpts and illustrations is gratefully acknowledged:

"Louisette," from *Le Petit Nicolas* by René Goscinny. © 1960 Editions de Noël, Paris; Sempé drawings from "Louisette." © Editions de Noël by permission of Christiane Charillon.

"Deuxième Conte pour enfants de moins de trois ans" from *Passé présent, présent passé* by Eugène Ionesco. © 1968 Mercure de France.

Extract from *Le Temps des secrets* by Marcel Pagnol. © Editions Pastorelly, Monte Carlo, Monaco.

"Professeur." © Casterman s.a. Editeurs Tournai, Belgium.

Extract from *Regain* by Jean Giono. © Editions Bernard Grasset, Paris.

Extract from *Un Nègre à Paris* by Bernard Dadié. © Présence Africaine, Paris, 1959.

(continued on page 240)

Table des matières

General Preface to the Second Edition, vii

Preface to *Lectures littéraires*, xi

Chapitre préliminaire, 1

Reading French Literature, 2
Understanding and Using Literary Terms,
    3
Special Considerations in Reciting French
    Poetry, 5
Writing Compositions, 6

1   La Vie de tous les jours, 8

Eugène Ionesco: «Deuxième Conte
    pour enfants de moins de trois ans», 9*
Pierre Daninos:
    Les Carnets du Major Thompson
    (extrait), 14**

2   Famille et amis, 20

René Goscinny et Jean-Jacques Sempé:
    «Le Petit Nicolas» (extrait), 21*
Emile Zola:
    «Voyage circulaire», 27**

3   Les Français à table, 35

Jean Giono:
    Regain (extrait), 36*
Molière:
    L'Avare (Acte 3, Scène 1), 40**

4   La France d'autrefois, 47

Louise Labé:
    «Je vis, je meurs... » (poème), 48**
Charles Perrault:
    «Le Petit Chaperon rouge», 51**
Pierre Choderlos de Laclos:
    Les Liaisons dangereuses (Lettre Première), 55**
Alfred de Musset:
    «Tristesse» (poème), 60*

5   La Vie scolaire, 63

Marcel Pagnol:
    Le Temps des secrets (extrait), 64**
Anonyme:
    «Professeur» (poème), 74*

6   Villes, villages, provinces, 76

Bernard Bertin Dadié:
    Un Nègre à Paris (extrait), 77**
Guy de Maupassant:
    «La Légende du Mont-Saint-Michel»,
    82***
Arthur Rimbaud:
    «Sensation» (poème), 90*

Quelques coupures ont été faites dans les textes suivants: Emile Zola:
    «Voyage circulaire»; Molière: *L'Avare*; René Bazin «Le Chateau blanc»;
    Molière: *Le Malade imaginaire;* Eugène Ionesco: *Le Nouveau Locataire;* Mu-
    riel Reed: «Chez les Gentils Membres du Club Méditerranée»; et Emile
    Zola: «Edouard Manet».

  *relatively easy
 **more difficult
***challenging

7   Le Vingtième siècle, 93

René Bazin:
   «Le Château blanc», 95**
Simone de Beauvoir:
   La force de l'âge (extrait), 102***

8   Spectacles, 110

Molière: *Le Malade imaginaire
   (Acte 3, scène III)*, 112**
Eugène Ionesco:
   Le Nouveau Locataire (Acte 1, scène I),
   118**

9   Sports et loisirs, 127

Jacques-Yves Cousteau:
   Le Monde du silence (extrait), 128**
Muriel Reed: «Chez les Gentils
   Membres du Club Méditerranée»,
   133***

10   Le Français dans le monde, 140

Gabrielle Roy:
   La Petite Poule d'eau (extrait), 142**

Camara Laye:
   Dramouss (extrait), 150*
Yambo Ouologuem:
   «A mon mari» (poème) 155*

11   Les Beaux-Arts, 159

Emile Zola:
   «Edouard Manet», 160***
André Maurois:
   «La Naissance d'un maître», 167**

12   La France et les Etats-Unis, 173

Voltaire:
   Candide (extrait), 174**
Albert Camus:
   «L'Hôte», 180***

Appendice: Le Passé simple 196

Lexique 198

General Preface to the Second Edition

The second edition of *Collage* offers the same variety and flexibility as the very successful first edition. *Collage* consists of four integrated texts, together with a workbook and tape program: *Révision de grammaire, Variétés culturelles, Lectures littéraires, Conversation/Activités,* and *Cahier d'exercices oraux et écrits.* The most comprehensive intermediate program on the market, *Collage* is designed to develop proficiency at the second-year college level of French, giving equal emphasis to all skills. The series is based on our belief that students master a foreign language best when all elements of the program (grammar, culture, literature, and oral activities) are coordinated thematically and linguistically. Each component approaches the chapter themes from a different angle, allowing for maximum exposure at a level second-year students can both appreciate and enjoy.

Organization

Collage helps you put it all together again!

The basic structure of the series remains unchanged. The texts are mutually supportive, each chapter illustrating and reinforcing the same grammatical structures, related vocabulary, and theme. The *Collage* program is broad and inclusive, yet sufficiently flexible to allow teachers an individual and creative approach in the classroom. Each component is versatile enough to stand on its own. However, we have found, through extensive classroom use, that each text is even more effective when coordinated with one or more of the other components. A variety of combinations is possible, depending on the target areas of study. For example, in a course that stresses oral skills, one might fruitfully combine *Variétés culturelles* and *Conversation/Activités,* whereas the pairing of *Variétés culturelles* with *Lectures littéraires* would be useful in a reading course. Most users view the *Révision de grammaire* and the *Cahier d'exercices oraux et écrits* as the pivotal elements of the program and use them with one or more of the other components according to their objectives. We have found the following combinations to be very successful:

1. *Lectures littéraires, Révision de grammaire,* and *Cahier d'exercices* develop an appreciation of literary texts while providing related grammar review and practice.
2. *Variétés culturelles, Révision de grammaire,* and *Cahier d'exercices* present historical and contemporary aspects of French culture, in France and in other French-speaking countries, with integrated grammar review and practice.
3. *Conversation/Activités, Révision de grammaire,* and *Cahier d'exercices* emphasize oral proficiency at the intermediate and advanced levels, based on the corre-

sponding grammar chapters, through a wide variety of activities including skits, trivia bowl, word games, discussion topics, spontaneous role-playing, and much more.

We hope that the many instructors who were pleased with the first *Collage* series will find the second edition even more satisfying and enjoyable.

We wish to acknowledge in particular the constructive criticisms and suggestions of the following instructors, all of whom participated in the series of review questionnaires that shaped the second edition. The use of their names here does not constitute an endorsement of the *Collage* series or of its methodology.

Paula Aaronson, *Tufts University*
Franklin Attoun, *College of the Desert*
Jeannine Der-Ohannesian, *Russell Sage College*
Claude Duval, *California State University, Sacramento*
Kathleen Ensz, *University of Northern Colorado*
Thelma Fenster, *Fordham University*
Maurice Garson, *Scottsdale Community College*
Therese Gates, *Wichita State University*
Eric Kadler, *Central Michigan University*
Earl Kirk, *Baker University*
Milan Kovacovic, *University of Minnesota, Duluth*
Margaret Langford, *Keene State College*
Elisabeth E. Leete, *Greenfield Community College*
A. Lust, *Dominican College*
Jane McLelland, *University of Iowa*
M. Middleton, *University of Notre Dame*
Rene Mongeau, *Villanova University*
Mary Netherson, *Morehead State University*
Angela Niccitelli, *University of California, Davis*
Mark Plageman, *Miami University*
David Quinn, *University of Hawaii*
J. Reardon, *University of California, Irvine*
Michel Rocchi, *University of Puget Sound*
Gilda Sesti, *Orange County Community College*
Susan Stringer, *University of Colorado, Boulder*
Harriet Stone, *Duke University*
Jeanette Szymanski, *Marquette University*
Marvin Weinberger, *San Francisco State University*

The authors wish to express their gratitude to the following people:

- the many reviewers who read the original manuscripts and encouraged us to continue
- the French graduate students at the University of Colorado who offered many helpful suggestions: Marie-Sophie Dautresme, Marie-Christine Joslyn, Annick Manhen, and Catherine Vaills

- Jacques Barchilon, Chairman of the Department of French and Italian at the University of Colorado, and Andrée Kail
- the people at Random House who supported the project
- our friends at Eirik Børve, Inc.: Eirik Børve, who initiated the original program and requested a second edition; Mary McVey Gill, who edited the first edition; Christine Bennett, François Lagarde; and especially Thalia Dorwick, who devoted endless time and energy to directing this second edition

Preface to Lectures littéraires

Collage: Lectures littéraires is a literary anthology written with the abilities and limitations of the intermediate French student in mind. The exercises accompanying each reading are of sufficient depth, however, to permit adaptation to a more advanced level. The selections cover several periods of French literature and a wide variety of authors and genres, including short stories, poetry, dramatic works, excerpts from novels, a magazine article, a poem by a French student, and a passage from Jacques Cousteau's journal. Each selection contains grammatical elements reviewed in the corresponding chapter of the *Révision de grammaire*. Above all, we have attempted to choose texts that students find thought-provoking and enjoyable to read and discuss.

Each chapter features

1. A general introduction to the chapter, providing a thematic and cultural context for the readings.
2. Introductions to each author, containing biographical data and enabling the reader to situate the text in relation to the author's work as a whole. All introductions are in English in the first six chapters; introductions in the last six chapters are in French.
3. Lists of *Vocabulaire essentiel* for each selection, followed by exercises. The words in these lists (designed to help the reader understand the texts *and* answer questions pertaining to them) have been selected on the basis of their general usefulness to intermediate students. (In general, words in *Le Français fondamental, 1er degré*, are not included.) We recommend that students master the *Vocabulaire essentiel* before reading the text.
4. Two or more texts, offering the instructor a choice in each chapter. The level of difficulty is indicated by asterisks in the table of contents. Longer excerpts or short stories are divided into two or more sections followed immediately by comprehension questions. Words or phrases that have a special meaning in the text or present some difficulty for intermediate students are defined in marginal glosses.
5. *Avez-vous compris?*, a series of comprehension questions following each prose selection helps the reader focus on the main points of the selection. We suggest that students answer these questions in class in their own words, without reference to the text. The *Avez-vous compris?* questions are also suitable as written homework.
6. *Commentaire du texte*, topics for class discussion or written assignment designed to assist students in literary analysis and development of thought.
7. *De la littérature à la vie*, topics for conversation or composition that should motivate students to draw analogies between the texts and their own experiences.
8. *Un Peu de grammaire*, a short exercise based on one of the readings and focusing on grammatical structures presented in the corresponding chapter of the *Révision de grammaire*. Though closely related to the texts, these exercises require student manipulation of the structures and often call for imaginative, personal application of the grammar.
9. An *Activité* (for written or oral use) related to the theme of one of the selections and providing the potential for class interaction.

Collage: Lectures littéraires also contains

- A *Preliminary Chapter*, conceived primarily as a reference for the beginning student of French literature. Students will find useful the reading method outlined at the beginning of the chapter, which includes definition of literary terms, guidelines for reciting French poetry, and helpful suggestions for preparing written work.
- *French-English end vocabulary* (*Lexique*) listing the words and expressions used in this text together with the meanings appropriate to the contexts in which they appear.
- An *Appendix* containing the forms of the **passé simple** of regular and several high-frequency irregular verbs.

Changes in the second edition

The revised grammar and thematic sequence in the *Révision de grammaire* has necessitated a corresponding reorganization of the literary manual. Although most of the original reading selections remain, several now appear in a different order. A few have been replaced by texts that better illustrate the grammatical structures now featured in the corresponding grammar chapter. One change was made for purely pedagogical reasons: the Molière selection in «La France d'autrefois» (formerly Chapter 3, now Chapter 4) has been replaced by a poem by Louise Labé in order to broaden the spectrum of literary periods represented in the chapter. A few texts have been somewhat shortened to a length we find more manageable in the classroom; in no case is the deleted portion essential to understanding the passage as a whole.

Instructors familiar with the first edition will note that the topics for discussion now entitled *Commentaire du texte* correspond to those formerly called *Thèmes et situations*. All exercises pertaining to the readings have been thoroughly reviewed. Many have been replaced or rewritten to give students conceptual and linguistic direction in phrasing their responses.

Further assistance is provided through careful vocabulary control. Each *Vocabulaire essentiel* emphasizes words not only essential to understanding the text but also useful in answering the questions. More extensive marginal glossing permits greater continuity in reading by reducing the need to turn to the *Lexique*. The Appendix on the **passé simple** has been expanded to include irregular verbs that the intermediate student might find difficult to recognize.

Although the basic format of *Collage: Lectures littéraires* has been retained, two new features contribute significantly to its effectiveness:

- The *Chapitre préliminaire* offers students valuable assistance in preparing and writing about the texts.
- An *Activité* in each chapter provides broader application of the reading material while encouraging further student involvement.

Throughout, our goal has been to help students interpret the written page as they explore the relevance of French literature to their own lives.

Collage

Chapitre préliminaire

A la bibliothèque.

Reading French Literature

Now that you have spent about a year studying French, you are ready to begin reading French literature, which has exerted an enormous influence all over the world. You will no longer be limited to reading translations of such renowned authors as Voltaire, Zola, and Camus. Reading French texts in the original will allow you to understand French culture and thought in a way otherwise impossible.

Some of the words and expressions in these texts will be unfamiliar; you will also find many cognates—words that have the same or similar meanings in both English and French. Some writing styles will be more accessible to you than others, and you should not be surprised if you understand only a small portion of a text at first reading. In any language, even advanced students of literature must peruse a text thoroughly several times before they can discuss it intelligently. Each successive reading will seem clearer to you, even if you do not consult the **Lexique.** The **Lexique** contains most words and expressions found in this reader, together with meanings appropriate to their contexts.

The reading method outlined here may appear to be time-consuming, but it will greatly enhance your understanding and reading pleasure. It is not likely that you will grasp all the nuances of the readings in this book without following these steps.

- Learn the **Vocabulaire essentiel** that precedes each reading, and reinforce your understanding of the words by completing the exercises.
- Read the text straight through once without stopping. Try to form a general idea of what it is about. Ask yourself what the title means.
- Read the text again, carefully this time. When you find unfamiliar words, try to determine their meaning from the context. This process is called intelligent guessing. Look up only those words you still find totally incomprehensible, and without whose meanings you cannot understand a given passage as a whole. Resist the temptation to write English meanings in your book; they will prevent you from learning their French counterparts. Write the meanings of new French words or expressions on a separate sheet of paper if you find such notes helpful.
- Read the **Avez-vous compris?** questions to see how much you have understood. They will help you focus on the main points.
- Read the text again to tie any loose ends together.
- Close your book. In your own words, try to summarize what you have read.

Understanding
and Using Literary Terms

Before you can write about or discuss the readings in this book, you need to become familiar with literary terms and how they are used. Some French literary terms—**genre,** for example—are used in English. Others have close cognates in English, and you can recognize their meanings immediately: **le héros, l'héroïne, une métaphore, un texte.** Among this group, there is one term that changes its meaning according to whether it is masculine or feminine: **un critique** is a literary *critic,* while **une critique** is a work of *literary criticism.* Can you guess what these close cognates mean?

un auteur   une comparaison   un extrait   un narrateur

There are some English terms that do not have the French cognates you might expect: *a composition* is **une rédaction;** *a reading* is **une lecture;** *a line* is **un vers** in poetry, **une ligne** in prose, and **une réplique** when spoken by an actor in a play. Likewise, some French terms may be false cognates: **un journal** is a personal *journal* or *diary,* but not a journal in the sense of a periodical; **un exposé** is an *oral report* or *presentation,* not a sensational work of muckraking journalism; **une nouvelle** is a *short story,* not a novel.

Two of the terms mentioned here—**comparaison** (*comparison* or *simile*) and **métaphore** (*metaphor*)—are figures of speech, that is, expressions that use words in ways that depart from their literal meanings. Writers commonly use comparison and metaphor as striking, vivid ways to express perceived similarities between two objects or ideas.

Comparison establishes explicit similarity and is marked by the words *as* or *like* (**comme** in French).

He is as brave as a lion.   **Il est courageux comme un lion.**

Metaphor establishes implicit similarity. Unlike comparison, metaphor is not marked by the words *as* or *like;* rather, the similarity is suggested by transferring a term from the object it normally denotes to another object. In the following example, a quality—bravery—is assumed to be the basis of an implicit similarity between the man and the lion, and the man is said to be something that, obviously, he really is not.

He's a lion.   **C'est un lion.**

We also say that a word is being used metaphorically when it suggests an analogy between two essentially different things that are not ordinarily associated with each other. For example, a verb normally used with one noun can be assigned to a quite different, unrelated noun.

The ship plows the sea.

Of course, the ship does not literally plow the sea; it makes depressions in the water that evoke the image of furrows created by a plow. Here is another example.

Je laisserai le vent baigner ma tête nue.   *I will let the wind bathe my bare head.*

(Rimbaud, «Sensation», v. 4)[1]

Only liquids can bathe, but in this metaphor the sensation of water is transferred to that created by the wind. Again, a verb—**baigner**—that is normally used with one element (water) has been assigned to another element (air).

The use of a concrete term to illustrate an abstract idea is also called metaphor. In "Le Petit Chaperon rouge" ("Little Red Riding Hood"), by Charles Perrault (Chapter 4, p. 51), the wolf can be understood metaphorically as representing the abstract idea of danger.

The following list contains additional literary terms you will be using to discuss the readings. Which one of these terms has a synonym that we have already mentioned as a false cognate?

character in a play or a novel   un personnage
the main character   le personnage principal
masterpiece   un chef d'œuvre
(literary) method, technique, device   un procédé (littéraire)
narration, narrative   un récit
novel   un roman
novelist   un romancier, une romancière
play   une pièce de théâtre
playwright   un dramaturge
report of a book or a speech; report on proceedings   un compte-rendu
newspaper report   un reportage
story   une histoire, un récit
short story   un conte
tale   un conte
fairy tale   un conte de fées
work (*of literature, art*)   une œuvre, un ouvrage
the works (*of a writer, an artist*) *as a whole*   l'œuvre (d'un écrivain, d'un artiste)
writer   un écrivain

As in English, there are also special literary terms in French that are used for discussing poetry. Even if you have never studied French poetry before, you can easily recognize what these close cognates mean: **un poème, un poète, la poésie, la rime, le rythme.** You will also recognize these perfect cognates if you recall what you have learned about English poetry: **une strophe** (*stanza*), **un quatrain (une strophe de quatre vers), un tercet (une strophe de trois vers),** and **un sonnet (un poème de quatorze vers: deux quatrains et deux tercets).** In the traditional French sonnet, each line **(vers)** consists of twelve syllables. This twelve-syllable line is called **l'alexandrin** (*alexandrine*, another close cognate). It is so named because it was first used in a twelfth-century Old French poem about Alexander the Great.

---

[1]Chapter 6, p. 91

Special Considerations in Reciting French Poetry

Poetry has its origins in song. Greek poems of antiquity were sung to the accompaniment of the lyre, which has become the symbol of poetic expression. The lyre has given its name to *lyric* poetry, and the term *lyrics* designates the words of a song. Though we now think of music and poetry as two distinct art forms, the musical qualities of language are very much present in the mind of a poet as he or she composes verse. Sounds and rhythm are not merely accessories to the expression of thought; they are an integral part of it. A poem's "meaning," as well as its beauty, can be appreciated only by reading it aloud.

French poetry, when read aloud, differs from ordinary spoken French in two important respects: the occurrence of liaison and the pronunciation of the unstable, or mute, *e*.

You may remember that liaison is the articulation of a final consonant, which would normally be silent. In liaison, it is linked to a following vowel or mute *h*. Liaison varies according to the level of style; many more liaisons are made in formal than in familiar French. Some liaisons, of course, are obligatory: **les enfants;** others are optional: **vous êtes / allé** (familiar) or **vous êtes allé** (more formal). In other cases, a final consonant is never linked with a following vowel sound—for example, the *t* of **et.** When we say that all possible liaisons are made in reciting French poetry, we mean that optional as well as obligatory liaisons occur—in other words, every possible liaison is also obligatory.

The basic rhythmic unit of French verse is the syllable, and a line of poetry is identified by the number of syllables it contains. Whether mute *e* forms a separate syllable depends on its position in the line and on the sounds that follow it. Within a line, mute *e* before a consonant or an aspirate *h* is pronounced and counts as a syllable; as in spoken French, mute *e* before a vowel or a mute *h* is not pronounced and does not form a separate syllable. At the end of a line, mute *e* may be pronounced, but does not count as a syllable.

These guidelines are generally observed in traditional French verse. They can all be applied to the third line (a decasyllabic, or ten-syllable, line) of Louise Labé's "Je vis, je meurs..." (Chapter 4, p. 49). Note these words: **vie** (mute *e*, followed by the consonant *m* of **m'est**, forms a separate syllable); **molle** (mute *e*, followed by the vowel *e* of **et**, is not pronounced); and **dure** (because it is final, mute *e* does not count as a syllable).

La | vi | e | m'est | et | trop | mo | lle et | trop | dure.
 1   2   3   4   5   6   7   8   9   10

Writing Compositions

Distilling thought into prose is an exacting but rewarding task. You will soon be writing in French about subjects related to the *Collage* readings. Your attention to the following suggestions will help you write clearly and correctly.

ANALYZE THE TOPIC CAREFULLY Be sure you understand what the topic is before you begin to write. If the topic appears complex, restate it for yourself first in simpler terms and break it down into parts.

MAKE AN OUTLINE BEFORE YOU WRITE An outline will help you focus on the points you feel comfortable handling, give you direction as you write, and structure your composition so that a reader can follow your ideas.

INCLUDE AN INTRODUCTION, DEVELOPMENT, AND A CONCLUSION The *introduction* defines the topic and prepares the reader for what is to follow. *Development* is elaboration of the topic. The number of points you will discuss depends on the topic and the length of the composition you want to write, but you should always limit yourself to the points that you can develop adequately. Help the reader follow your ideas: treat each point in a separate paragraph, and begin each paragraph with a theme sentence that announces or summarizes the main idea. Each point you make must be expanded and supported by logical arguments or by examples from the text you are discussing. The *conclusion* of your composition should focus the reader's attention once more on the general topic. You may want to summarize briefly the ideas you have just developed, state your own opinions or conclusions, emphasize the importance of the topic and its value to the reader, suggest new points of departure for studying the same topic, or indicate related topics to explore.

WRITE SIMPLY AND CLEARLY Your writing style in English may be sophisticated, but you must be content in the beginning with simpler sentences in French. If an idea is too complex for you to express in French, break it down or approach it from a different angle.

USE THE FRENCH YOU KNOW You know more than you may think you do. You should also use French you have just learned; this is an excellent way to master new vocabulary and constructions.

DO NOT TRANSLATE FROM ENGLISH INTO FRENCH Doing this usually results in incorrect or anglicized French. You must think in French from the outset; if only English words are coming to you, think of a French expression that conveys the same idea or that could be used in a similar context. Consult the text you are studying to see how the author expressed this idea. Refer to *Collage: Grammaire* to recall idiomatic expressions you have learned.

TRY TO WRITE WITHOUT CONSULTING A DICTIONARY When you do use a dictionary, be careful. Many English words and expressions have multiple French renderings, and the French expression appropriate to your context may not appear in pocket or paperback dictionaries. You also need to be aware of how a given French word or expression is used: with a preposition? an article? the infinitive? the subjunctive? Good dictionaries that contain complete definitions and examples of usage are available in most academic libraries.

MAKE A ROUGH DRAFT   Do not try to produce a finished composition in one sitting. Put your rough draft aside and come back to it later to correct and revise. You will find that many wording and developmental problems will seem easier to resolve, and that you will be able to approach your work from a fresh perspective.

CHECK YOUR PAPER FOR ERRORS   Many errors are careless and avoidable. Take the time to check your paper for mistakes in these areas.

- *Spelling.*   Correct spelling includes proper use of accents and hyphens.
- *Elision and contracted forms.*   Be careful to make necessary elisions and to use the proper contracted forms of **de** and **à** with the definite articles (**du, des, au, aux).**
- *Agreement.*   Go through your composition and look for every subject, verb, noun, and noun determiner (articles, adjectives, possessive adjectives, and demonstrative adjectives). Make sure that every subject agrees in number with its verb, and that every noun agrees with its determiner(s) in number and gender.
- *Verb conjugations and tenses.*   Consult Appendices E and F in *Collage: Grammaire* for conjugations of which you are not certain. After you have corrected any conjugation errors, ask yourself if your use of verb tenses is logical and consistent. Have you referred appropriately and correctly to past, present, and future time? Have you used the subjunctive in constructions that require it?
- *Negatives.*   Did you use the proper negative expressions? Did you remember to include both negative elements? Is the second element (**pas, rien, personne,** and so on) positioned correctly with respect to the verb? Positioning is especially important to check in compound tenses (for example, the **passé composé).**
- *Prepositions.*   Consult Appendix A in *Collage: Grammaire* for verbs that are followed directly by an infinitive, as opposed to verbs that require the use of the prepositions **à** or **de** before the infinitive.
- *Pronouns.*   Did you use direct and indirect object pronouns appropriately? Did you position them correctly with respect to each other and to the verb? Did you use the adverbial pronouns **y** and **en** when they were called for?

These introductory remarks are designed to facilitate your study of the readings in this text. Before turning to the first chapter, carefully reread the opening paragraphs that deal with reading French literature. You will find the subsequent pages useful as a reference throughout the book; you will want to refer to them for definitions of technical terms and for guidance when preparing written work.

La Vie de tous les jours

Claude Monet: Le Boulevard des Capucines.

For most of us, daily life is filled with the routine performance of commonplace tasks. Our actions, our speech, and even our attitudes and personal contacts are largely ruled by convention; how often do we stand back and reflect on what we do, say, and think? Yet that is precisely what Eugène Ionesco and Pierre Daninos ask us to do.

Ionesco sees human beings as conditioned by habit. Automatons, they exhibit no more spontaneity and depth than puppets: repeating the same hackneyed phrases day after day, they neither communicate nor establish meaningful personal relationships. All of these ideas are suggested by the nonsensical game between a father and his small daughter in "Deuxième Conte pour enfants de moins de trois ans."

In *Les Carnets du major Thompson*, humorist Pierre Daninos casts a fresh and amused look at certain attitudes and customs taken for granted by the French. This good-humored caricature of his compatriots reveals Daninos' acute appreciation for the relativity of what the French call **savoir-vivre**—those prescribed behaviors considered correct in polite society.

DEUXIEME CONTE POUR ENFANTS DE MOINS DE TROIS ANS

EUGENE IONESCO

Eugène Ionesco was born in Rumania in 1912 to a French mother and a Rumanian father. He began his career as a teacher of French at the Lycée of Bucharest. In 1938, with the help of a government scholarship, he went to Paris to do research for a dissertation on French poetry since Baudelaire. He soon gave up the idea of the dissertation but decided to remain in France. During the war and for several years thereafter, he struggled against poverty. He then began to write his first plays, which were performed in a small theater before hardly more than a dozen people. He finally succeeded in attracting the attention of the critics, and several of his plays—*La Cantatrice chauve, La Leçon, Le Nouveau Locataire, Rhinocéros*—are now considered among the most representative works of the Theater of the Absurd.

The title notwithstanding, Ionesco's "Deuxième Conte pour enfants de moins de trois ans" is not merely an amusing story for children. The elementary vocabulary is deceptive; careful reading reveals more complex overtones, which adult audiences can appreciate.

Le Vocabulaire essentiel...

avoir mal à *to have a pain,
    ache (in some part of the
    body)*
se **débarrasser de** *to get rid of;
    to rid oneself of*

**empêcher (quelqu'un de faire
    quelque chose)** *to prevent
    (someone from doing some-
    thing)*
l'endroit(*m.*) *place*

le **fauteuil** *armchair*
le **four** *oven*
le **jeu** *game*
profiter de *to take advantage of*
raconter *to tell, relate, narrate*

... et comment l'utiliser

A. Trouvez l'équivalent de chaque expression.

1. une chaise confortable
2. là où on fait cuire les gâteaux
3. un lieu
4. faire le récit de

B. Complétez les phrases avec les mots qui conviennent.

1. Pour _____ de ses invités ennuyeux, Gertrude dit qu'elle a très _____ à la tête.
2. Maman m'_____ de jouer à mon _____ préféré. Je _____ de son absence pour m'amuser.

Ce matin, comme d'habitude, Josette frappe à la porte de la
chambre à coucher de ses parents. Papa n'a pas très bien
dormi. Maman est partie à la campagne pour quelques jours.
Alors papa a profité de cette absence pour manger beaucoup
de saucisson, pour boire de la bière, pour manger du pâté de
cochon,° et beaucoup d'autres choses que maman l'empêche   *pork*
de manger parce que c'est pas bon pour la santé. Alors, voilà,
papa a mal au foie,° il a mal à l'estomac, il a mal à la tête, et   *liver (mal au foie is a term*
ne voudrait pas se réveiller. Mais Josette frappe toujours° à la   *used to describe a*
porte. Alors papa lui dit d'entrer. Elle entre, elle va chez son   *variety of ailments)*
papa.° Il n'y a pas maman. Josette demande: —Où elle est   *still*
maman?   *chez... to her papa's bed*

Papa répond: Ta maman est allée se reposer à la campagne chez sa maman à elle.

Josette répond: Chez Mémée?

Papa répond: Oui, chez Mémée.

—Ecris à maman, dit Josette. Téléphone à maman, dit
Josette.

Papa dit: Faut pas téléphoner. Et puis papa dit pour lui-
même: parce qu'elle est peut-être autre part°....   *autre... somewhere else*

Josette dit: Raconte une histoire avec maman et toi, et
moi.

Note: Quotation marks are not used in dialogue in French; a dash introducing
a paragraph denotes a new speaker.

Eugène Ionesco.

—Non, dit papa, je vais aller au travail. Je me lève, je vais m'habiller.

Et papa se lève. Il met sa robe de chambre rouge, par-dessus son pyjama, il met dans les pieds ses «poutouffles».° Il va dans la salle de bains. Il ferme la porte de la salle de bains. Josette est à la porte de la salle de bains. Elle frappe avec ses petits poings,° elle pleure.

Josette dit: Ouvre-moi la porte.

Papa répond: Je ne peux pas. Je suis tout nu, je me lave, après je me rase.

Josette dit: Et tu fais pipi-caca.

—Je me lave, dit papa.

Josette dit: Tu laves ta figure, tu laves tes épaules, tu laves tes bras, tu laves ton dos, tu laves ton «dérère»,° tu laves tes pieds.

pantoufles (slippers)

fists

derrière

—Je rase ma barbe, dit papa.

—Tu rases ta barbe avec du savon, dit Josette. Je veux entrer. Je veux voir.

Papa dit: Tu ne peux pas me voir, parce que je ne suis plus dans la salle de bains.

Josette dit (*derrière la porte*): Alors, où tu es?

Papa répond: Je ne sais pas, va voir. Je suis peut-être dans la salle à manger, va me chercher.

Josette court dans la salle à manger, et papa commence sa toilette. Josette court avec ses petites jambes, elle va dans la salle à manger. Papa est tranquille, mais pas longtemps. Josette arrive de nouveau devant la porte de la salle de bains, elle crie à travers la porte:

Josette: Je t'ai cherché. Tu n'es pas dans la salle à manger.

Papa dit: Tu n'as pas bien cherché. Regarde sous la table.

Josette retourne dans la salle à manger. Elle revient.

Elle dit: Tu n'es pas sous la table.

Papa dit: Alors va voir dans le salon. Regarde bien si je suis sur le fauteuil, sur le canapé,° derrière les livres, à la fenêtre.   *couch*

Josette s'en va. Papa est tranquille, mais pas pour longtemps.

Josette revient.

Elle dit: Non, tu n'es pas dans le fauteuil, tu n'es pas à la fenêtre, tu n'es pas sur le canapé, tu n'es pas derrière les livres, tu n'es pas dans la télévision, tu n'es pas dans le salon.

Papa dit: Alors, va voir si je suis dans la cuisine.

Josette dit: Je vais te chercher dans la cuisine.

Josette court à la cuisine. Papa est tranquille, mais pas pour longtemps.

Josette revient.

Elle dit: Tu n'es pas dans la cuisine.

Papa dit: Regarde bien, sous la table de la cuisine, regarde bien si je suis dans le buffet, regarde bien si je suis dans les casseroles, regarde bien si je suis dans le four avec le poulet.

Josette va et vient. Papa n'est pas dans le four, papa n'est pas dans les casseroles, papa n'est pas dans le buffet, papa n'est pas sous le paillasson,° papa n'est pas dans la poche de son pantalon, dans la poche du pantalon, il y a seulement le mouchoir.°   *doormat*

handkerchief

Josette revient devant la porte de la salle de bains.

Josette dit: J'ai cherché partout. Je ne t'ai pas trouvé. Où tu es?

Papa dit: Je suis là. Et papa, qui a eu le temps de faire sa toilette, qui s'est rasé, qui s'est habillé, ouvre la porte.

Il dit: Je suis là. Il prend Josette dans ses bras, et voilà
aussi la porte de la maison qui s'ouvre, au fond du couloir,° et
c'est maman qui arrive. Josette saute des bras de son papa,
elle se jette dans les bras de sa maman, elle l'embrasse, elle
dit:

    —Maman, j'ai cherché papa sous la table, dans l'armoire,
sous le tapis,° derrière la glace,° dans la cuisine, dans la poubelle,° il n'était pas là.

    Papa dit à maman: Je suis content que tu sois revenue.° Il
faisait beau à la campagne? Comment va ta mère?

    Josette dit: Et Mémée, elle va bien? On va chez elle?

corridor

carpet / *miroir*
trash can
tu... you came back home

AVEZ-VOUS COMPRIS?

1. Que fait papa quand maman n'est pas à la maison?
2. Pourquoi ne veut-il pas se réveiller?
3. Pourquoi ne veut-il pas téléphoner à Mémée?
4. Quel jeu invente-t-il pour se débarrasser de Josette? Dans quels endroits Josette doit-elle chercher son père?
5. Pourquoi ne peut-il pas rester longtemps tranquille?
6. Comment le jeu se termine-t-il?
7. Décrivez le retour de maman.

COMMENTAIRE DU TEXTE

1. Notez que quand papa dit à Josette où aller le chercher, elle va le chercher
   dans les endroits les plus curieux. Quels endroits semblent normaux pour la
   petite et absurdes pour l'adulte?
2. Quels sont les rapports entre père et fille? entre père et mère?
3. Est-ce une scène familiale typique? normale? Expliquez.
4. Quels détails indiquent que le conte n'est pas vraiment pour «enfants de
   moins de trois ans»?

DE LA LITTERATURE A LA VIE

1. Maintenant que vous allez à l'université, vos parents ont sans doute moins
   d'influence sur vous. Comment profitez-vous de cette nouvelle liberté? Vous
   levez-vous tôt ou tard? Mangez-vous les choses que vos parents vous empêchent de manger d'habitude? Invitez-vous des amis chez vous? Ou bien
   sortez-vous et rentrez-vous très tard, ou ne rentrez-vous pas du tout?
2. Comment faites-vous votre toilette? Est-ce que cela vous prend longtemps?
   Vous lavez-vous les cheveux tous les matins? Préférez-vous prendre un bon
   bain ou une douche rapide? Vous lavez-vous à l'eau froide ou à l'eau
   chaude?

UN PEU DE GRAMMAIRE: CORRIGEZ LES FAUTES!

1. Quelles fautes de grammaire Josette fait-elle en parlant avec son papa?
2. Dans quelles phrases le père, à son tour, imite-t-il le langage de la petite?
3. Corrigez toutes les fautes du texte.

ACTIVITE

Imaginez la suite de la scène. Ecrivez un dialogue dans lequel vous racontez ce qui se passe après le retour de maman.

LES CARNETS DU MAJOR THOMPSON

PIERRE DANINOS

Pierre Daninos (1913–   ), after spending a few years in the United States as a newspaper correspondent, served as a liaison agent with a British battalion during World War II. The latter experience probably furnished some of the material for his first best-seller, *Les Carnets du major Thompson* (1954). Major Thompson is a retired British army officer living in France, the homeland of his second wife. He explains that his impressions of his adopted countrymen, recorded in English in his notebooks (*carnets*), are now available to the French public through the help of his friend and translator, one P.-C. Daninos. Both the major and his notebooks, of course, are the creations of Daninos, who sustains their fictional existence with numerous *notes du traducteur* and *notes du Major*. In the following passage, the astonished and distinctly British Major Thompson describes the art of shaking hands as practiced in France, where he finds it quite unlike the same custom in England.

Le Vocabulaire essentiel...

le **baiser** *kiss*
chaleureux (-euse) *friendly*
(se) **déranger** *to bother, trouble (oneself)*
gênant(e), gêné(e) *embarrassing; embarrassed*

glisser *to slip, slide*
l'**inconvénient** (*m.*) *disadvantage*
léger (-ère) *light*
mou/molle *soft, flabby*
la **poignée de main** *handshake*

(se) **serrer la main** *to shake hands*
se **servir de** *to use*
tendre *to hold out, offer*
la **veille** *the preceding day or evening*

... et comment l'utiliser

A. Trouvez le contraire de chaque mot.

1. froid
2. lourd
3. l'avantage
4. le jour d'après
5. dur

B. Complétez les phrases avec les mots qui conviennent.

1. Quand Gilles voit sa petite amie ils se donnent un _____ , mais quand il rencontre une connaissance, ils _____ . La _____ est un geste de politesse.
2. C'est _____ de _____ la main à quelqu'un qui ne la prend pas. Je suis toujours _____ quand cela m'arrive.
3. On _____ de sa voiture pour aller à son travail.
4. La vendeuse est occupée et elle ne peut pas _____ pour m'aider.
5. Pierrot _____ une lettre d'amour sous la porte de Pierrette.

Le pays du shake-hand

Pour les Français—et pour beaucoup d'autres peuples—le pays du shake-hand, c'est l'Angleterre....

En vérité, si le vigoureux shake-hand anglais est une image chère aux romans policiers° français qui se déroulent° en Angleterre pour faire plus vrai,° le pays de la poignée de main, c'est la France....

Un statisticien dont les calculs m'inspirent la plus grande confiance, car il n'appartient à aucun° institut de statistique... a calculé qu'un Français de moyenne importance... passe (environ°) trente minutes par jour, soit° plus d'une année d'une vie de soixante ans, à serrer des mains à neuf heures, à midi, à deux heures, à six heures. Cela, bien entendu,° sans parler des mains des gens qu'il ne connaît pas, des visiteurs, des parents, des amis, ce qui sans doute porterait° le total annuel à trois semaines de poignées de main et, pour la vie, à trois années....

Pour en revenir à° la poignée de main, qui est chez nous° à peu près° standardisée depuis mille ans, elle possède chez les Français de nombreuses nuances: elle peut être chaleureuse, amicale, condescendante, froide, fuyante,° sèche. Il y en a qui estiment n'avoir serré une main qu'après vous avoir broyé les phalanges.° D'autres conservent votre main comme s'ils ne voulaient plus vous la rendre, et s'en servent pour appuyer° leur raisonnement avant de tout laisser tomber.° Il en est° qui

romans... *detective novels/* se... *take place*
pour... *to make them seem more real*

n'appartient... *does not belong to any*

about/that is

bien... *bien sûr*

would bring

Pour... *To come back to/* chez... *among English people*
à... *more or less evasive*
vous... *having crushed your fingers*

support
tout... *letting everything drop/Il... Il y en a*

Les Français font des prodiges d'acrobatie pour serrer la main de personnes qui les laissent en général indifférents, mais parfois morts.

vous mettent votre main au chaud entre les leurs.° Il y en a qui, au contraire, semblent vous glisser un pannequet*° tout tiède et mou dans la paume, ce qui est désagréable. D'autres ne donnent que trois doigts, deux doigts, ou le bout° d'un seul. N'importe: ils donnent quelque chose, on doit le prendre. Je vois souvent des Français faire des prodiges d'équilibre et d'acrobatie° en plein milieu° d'un boulevard sillonné de° voitures pour faire passer dans la main gauche ce qu'ils ont dans la main droite et, au risque de se faire cent fois écraser,° donner leur dextre° à une personne qui les laissera° en général indifférents, mais parfois morts.

Je regardais l'autre soir un critique dramatique terminer à la hâte° l'article que son journal attendait. Des amis s'approchaient, hésitaient un instant, puis, comme pris de ver-

mettent... *keep your hand warm between theirs*
mot inventé par l'auteur

tip

prodiges... *marvelous balancing acts and acrobatics* / en... *right in the middle* / sillonné... *lined with*
se... *getting themselves run over a hundred times*
main droite / les... *will leave them*
à... *hastily*

*On notera que le Major a fait une élégante concession en employant la forme française de *pancake*. [*note du traducteur*]

tige,° tombaient sur lui la main en avant.° C'était plus fort
qu'eux—et surtout que lui. Cinq fois en cinq minutes je le vis
serrer la main des gens qui lui avaient dit: «Je vous en prie°...
ne vous dérangez pas!» mais l'eussent jugé *bien distant ce
soir-là** s'il n'avait bousculé ses feuillets° et abandonné son
stylo pour leur dire bonsoir. Car les Français sont sur ce
chapitre° d'une extrême susceptibilité.° Quelqu'un notera tout
de suite:

    «Tiens!°... Il ne m'a pas serré la main...!»

    Et le voilà cherchant aussitôt dans sa vie de la veille le
détail qui lui a échappé et qui a pu blesser° son supérieur. Ou
bien: «Il ne m'a pas serré la main comme d'habitude...», ce
qui est également grave. Mais l'offense des offenses c'est de ne
pas prendre une main et de la laisser pendre.° Quand un Français dit: «Je lui ai refusé la main!» il en dit autant que nous
lorsque nous déclarons: «Je l'ai coupé mort.»[†]

[...]

Lorsqu'un étranger vit longtemps en France, il prend vite
l'habitude de serrer toutes les mains qui sont à portée de la
sienne.° De sorte qu'°aujourd'hui, quand je retourne en Angleterre, mon avant-bras reste machinalement tendu° dans le
vide. Mes compatriotes ne savent qu'en faire. *Too bad*... car,
s'il est aisé° de tendre une main, il est beaucoup plus gênant
de la retirer quand personne n'en veut.

Glossary (margin):
pris... *overcome by dizziness* / la... *with outstretched hand*
Je... *Please*
l'eussent... *would have thought him*
n'avait... *hadn't shuffled his papers*
point / sensitivity
Hey!
offend
la... *leave it hanging*
à... *within reach of his own* / De... *With the result that stretched out*
facile

AVEZ-VOUS COMPRIS?

1. Qui croit que le pays du shake-hand, c'est l'Angleterre? Est-ce que le major Thompson est d'accord?
2. Combien de temps chaque jour les Français moyens passent-ils à se serrer la main? A quels moments de la journée le font-ils?
3. Daninos décrit plusieurs nuances de la poignée de main chez les Français. Quels adjectifs emploie-t-il dans sa description? Quels gestes accompagnent les différentes poignées de main? Comment la manie de se serrer la main cause-t-elle parfois des problèmes d'équilibre? Expliquez.
4. Comment l'exemple du critique dramatique montre-t-il l'importance de la poignée de main en France? Quelle est «l'offense des offenses»?
5. Quel inconvénient présente cette manie pour le major Thompson quand il retourne en Angleterre?

*En français dans le texte.
[†]Traduction littérale de '*I cut him dead!*' [*note du traducteur*]

CHOIX MULTIPLE

Il peut y avoir plus d'une réponse correcte à certaines questions.

1. Quelle phrase résume le mieux ce passage?
   a. Daninos montre l'absurdité de la poignée de main en France.
   b. L'auteur souligne les aspects amusants de la poignée de main chez les Français qui la considèrent comme indispensable.
   c. Les statistiques prouvent que les Français passent la moitié de leur temps à se serrer la main.
   d. Le major Thompson n'aime pas serrer la main aux étrangers.
2. Daninos reprend un procédé littéraire cher à plusieurs écrivains français: il présente la réaction d'un étranger découvrant la France. Il le fait parce que:
   a. cette méthode lui permet de jeter un regard neuf sur des usages auxquels les Français sont habitués
   b. ce procédé crée l'impression d'une certaine objectivité et sert à montrer la relativité des coutumes
   c. Daninos croit que la poignée de main chez les Français est dangereuse
   d. il n'ose pas critiquer ouvertement ses compatriotes
3. Daninos est français; pourtant il ajoute des notes du traducteur. A quoi servent-elles?
   a. Les lecteurs français ont besoin d'explications supplémentaires.
   b. Les notes du traducteur donnent un air d'authenticité aux observations du major Thompson.
   c. Les notes ajoutent à l'humour du texte.
4. Pour faire rire leurs lecteurs, les écrivains utilisent plusieurs procédés. Lesquels reconnaissez-vous dans ce passage? Donnez-en des exemples.
   a. le jeu de mots
   b. le comique de gestes
   c. l'exagération
   d. la simplification
   e. le comique de situation

COMMENTAIRE DU TEXTE

1. Quel est le ton de la satire dans ce passage? sérieux? léger? caustique? gentil? amusant? Justifiez votre réponse. Est-ce que le texte représente une véritable critique de la poignée de main chez les Français? Expliquez.
2. Caractérisez le major Thompson d'après ce texte. Est-il gêné? moqueur? amusé? étonné? naïf? A-t-il le sens de l'humour? Comment sa personnalité contribue-t-elle au comique du texte?

DE LA LITTERATURE A LA VIE

1. Comme vous l'avez vu, les Français considèrent que la poignée de main est essentielle à la politesse. Par exemple, quand un Français rentre dans un groupe d'amis ou de connaissances, il donne un baiser ou serre la main à tout le monde, ce qui permet un contact direct avec chaque personne. Quels sont les modes d'intégration sociale des jeunes chez vous? un baiser? un geste de la main? une tape dans le dos ou sur l'épaule?

2. Est-ce que la poignée de main est aussi importante aux Etats-Unis qu'en France? Qui serre la main aux Etats-Unis? En quelles circonstances? De quelle manière? Lorsque quelqu'un que vous ne connaissez pas vous serre la main, vous faites-vous immédiatement une idée de sa personnalité? Expliquez.

3. Pouvez-vous citer des coutumes particulières à certaines cultures et qui n'existent pas aux Etats-Unis? Est-il utile de connaître ces coutumes pour se faire accepter à l'étranger? Expliquez.

ACTIVITE

Imaginez que vous visitez les Etats-Unis pour la première fois. Certaines coutumes vous étonnent, vous amusent ou vous choquent. Décrivez une de ces coutumes et expliquez pourquoi elle a retenu votre attention.

2 Famille et amis

Berthe Morisot: La sœur de l'artiste, Edma, et leur mère.

Many economic and social changes have taken place in France in the twentieth century, especially since World War II, but the family remains a solid institution. The French concept of immediate family applies not only to parents and children, but also to aunts and uncles, cousins, and in-laws. In fact, the word **parents** in French means "relatives" as well as "parents."

Most French children are brought up more strictly than the majority of American children. They are not supposed to go about in torn or patched blue jeans, and even when meeting other children they are expected to show the social graces that their parents have taught them.

The average French family is not as mobile as the American family. Families often stay in the same town or village for generations. Once children grow up, they may carry on their parents' business; they may even continue to live with their parents if they cannot afford apartments of their own.

The readings in this chapter give you a glimpse of family life from the point of view of both children and adults.

LE PETIT NICOLAS

RENE GOSCINNY
JEAN-JACQUES SEMPE

Jean-Jacques Sempé (1932–   ) became a professional cartoonist at the age of eighteen and has enjoyed success ever since. Besides appearing in newspapers and magazines, his work has been exhibited in galleries in France and abroad.

René Goscinny (1926–1978) worked in New York as an editor of children's books in 1949 and in 1953. He is known to millions of French children as the author of *Astérix*, the series of illustrated storybooks. He was a member of the **Académie de l'Humour.** *Le petit Nicolas* is the French equivalent of Charlie Brown in Charles Schulz's *Peanuts*.

Le Vocabulaire essentiel...

casser *to break*
emmener *to take away, along*
essayer (**de** + *inf.*) *to try* (*to do something*)
fâché(e) *angry*
la **gifle** *slap*
le **goûter** *snack; afternoon tea*
le **jouet** *toy*

se **mettre à** *to begin to* (*do something*)
pleurer *to cry*
la **poupée** *doll*
ramasser *to pick up*
rire *to laugh*
le **sourire** *smile*
tirer *to pull*

LE VOCABULAIRE FAMILIER
chouette = gentil(le)
embêté(e) = ennuyé(e)
rigolo = amusant(e)
terrible = extraordinaire

... et comment l'utiliser

A. Trouvez l'équivalent de chaque expression.

1. mettre en morceaux
2. un petit repas dans l'après-midi
3. commencer
4. mécontent, en colère

B. Complétez les phrases avec les mots qui conviennent.

1. A Noël on offre des _____ aux enfants.
2. Pourquoi est-ce que les petites filles aiment jouer à la _____ ?
3. Je vais _____ finir mon travail avant midi.
4. Les enfants _____ beaucoup quand ils voient des clowns.
5. Nicolas _____ Louisette dans le jardin.
6. J'aime _____ les fruits quand ils tombent de l'arbre.
7. Est-ce que vous _____ quand on vous donne une _____?
8. Le cheval _____ la charrette.
9. Elle reçoit ses invités avec un grand _____.

Louisette

Je n'étais pas content quand maman m'a dit qu'une de ses amies viendrait prendre le thé° avec sa petite fille. Moi, je n'aime pas les filles. C'est bête,° ça[1] ne sait pas jouer à autre chose qu'à la poupée et à la marchande et ça pleure tout le temps. [...]

prendre... *to have tea*
C'est... *They are silly*

«Tu seras bien gentil avec Louisette, m'a dit maman, c'est une charmante petite fille et je veux que tu lui montres que tu es bien élevé.»

Quand maman veut montrer que je suis bien élevé, elle m'habille avec le costume bleu et la chemise blanche et j'ai l'air d'un guignol.° [...]

clownish character in traditional puppet theater

«Et je te prie de ne pas être brutal avec cette petite fille,

---

[1]Le pronom **ça** remplace une personne ou une chose, au singulier ou au pluriel, dans la langue familière.

sinon, tu auras affaire à moi,° a dit maman, compris?» A quatre heures, l'amie de maman est venue avec sa petite fille. L'amie de maman m'a embrassé, elle m'a dit, comme tout le monde, que j'étais un grand garçon, elle m'a dit aussi: «Voilà Louisette.» Louisette et moi, on s'est regardés. Elle avait des cheveux jaunes, avec des nattes,° des yeux bleus, un nez et une robe rouges. On s'est donné les doigts,° très vite. Maman a servi le thé, et ça, c'était très bien, parce que, quand il y a du monde° pour le thé, il y a des gâteaux au chocolat et on peut en reprendre deux fois.° Pendant le goûter, Louisette et moi on n'a rien dit. [...]

    Maman a dit: «Maintenant, les enfants, allez vous amuser. Nicolas, emmène Louisette dans ta chambre et montre-lui tes beaux jouets.» Maman elle a dit ça avec un grand sourire, mais en même temps elle m'a fait des yeux,° ceux avec lesquels il vaut mieux ne pas rigoler.° Louisette et moi on est allés dans ma chambre, et là, je ne savais pas quoi lui dire. C'est Louisette qui a dit, elle a dit: «Tu as l'air d'un singe.°» Ça ne m'a pas plu, ça, alors je lui ai répondu: «Et toi, tu n'es qu'une fille!»° et elle m'a donné une gifle. J'avais bien envie de me mettre à pleurer, mais je me suis retenu, parce que maman voulait que je sois bien élevé, alors, j'ai tiré une des nattes de Louisette et elle m'a donné un coup de pied à la cheville.° [...] J'allais lui donner une gifle, quand Louisette a changé de conversation, elle m'a dit: «Alors, ces jouets, tu me les montres?» J'allais lui dire que c'était des jouets de garçon, quand elle a vu mon ours en peluche,° celui que° j'avais rasé à moitié une fois avec le rasoir de papa. Je l'avais rasé à moitié seulement, parce que le rasoir de papa n'avait pas tenu le coup.° «Tu joues à la poupée?» elle m'a demandé Louisette, et puis elle s'est mise à rire. J'allais lui tirer une natte et Louisette levait la main pour me la mettre sur la figure,° quand la porte s'est ouverte et nos deux mamans sont entrées. «Alors, les enfants, a dit maman, vous vous amusez bien? —Oh, oui madame!» a dit Louisette avec des yeux tout ouverts et puis elle a fait bouger ses paupières° très vite et maman l'a embrassée en disant: «Adorable, elle est adorable! C'est un vrai petit poussin°!» et Louisette travaillait dur avec les paupières. «Montre tes beaux livres d'images à Louisette», m'a dit ma maman, et l'autre maman a dit que nous étions deux petits poussins et elles sont parties.

    [...] «Ça ne m'intéresse pas tes livres, elle m'a dit, Louisette, t'as pas quelque chose de plus rigolo?» et puis elle a regardé dans le placard et elle a vu mon avion, le chouette,° celui qui° a un élastique, qui est rouge et qui vole. «Laisse ça, j'ai dit, c'est pas pour les filles, c'est mon avion!» [...] «Je suis

---

tu... *you'll have to answer to me*

braids

On... *We barely shook hands*

du... *people*

on... *it's okay to have a second helping*

elle... *she gave me one of those looks*
ceux... *which meant she wasn't kidding*
monkey

tu... *you're just a girl*

m'a... *kicked me in the ankle*

ours... *teddy bear* / celui... *the one that*

n'avait... *gave out*

pour... *to slap me*

a... *batted her eyelashes*

petit... *little doll*

le... *the "neat" one*
celui... *the one that*

l'invitée, elle a dit, j'ai le droit de jouer avec tous tes jouets, et si tu n'es pas d'accord, j'appelle ma maman et on verra qui a raison!» Moi, je ne savais pas quoi faire, je ne voulais pas qu'elle le casse, mon avion, mais je n'avais pas envie qu'elle appelle sa maman, parce que ça ferait des histoires.° Pendant que j'étais là, à penser, Louisette a fait tourner l'hélice° pour remonter° l'élastique et puis elle a lâché° l'avion. Elle l'a lâché par la fenêtre de ma chambre qui était ouverte, et l'avion est parti. «Regarde ce que tu as fait, j'ai crié. Mon avion est perdu!» et je me suis mis à pleurer. «Il n'est pas perdu, ton avion, bêta,° m'a dit Louisette, regarde, il est tombé dans le jardin, on n'a qu'à aller le chercher.°» [...]

  Dans le jardin, j'ai ramassé l'avion, qui n'avait rien,° heureusement, et Louisette m'a dit: «Qu'est-ce qu'on fait?» [...] «Je n'ai pas de jouets, ici, sauf le ballon de football, dans le garage.» Louisette m'a dit que ça, c'était une bonne idée. On est allés chercher le ballon et moi j'étais très embêté, j'avais peur que les copains me voient jouer avec une fille. «Tu te mets entre les arbres, m'a dit Louisette, et tu essaies d'arrêter le ballon.»

  Là, elle m'a fait rire, Louisette, et puis, elle a pris de l'élan° et, boum! un shoot terrible!° La balle, je n'ai pas pu l'arrêter, elle a cassé la vitre de la fenêtre du garage.

ça... that would cause problems
propeller
wind up / let go of

stupid
on... we just have to go get it
qui... which had nothing broken

a... took a running start / un... a sensational kick

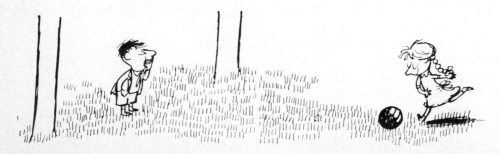

Les mamans sont sorties de la maison en courant. Ma maman a vu la fenêtre du garage et elle a compris tout de suite. «Nicolas! elle m'a dit, au lieu de° jouer à des jeux brutaux, tu ferais mieux de t'occuper de° tes invités, surtout quand ils sont aussi gentils que Louisette!» Moi, j'ai regardé Louisette, elle était plus loin, dans le jardin, en train de sentir les bégonias.

au... *instead of*
ferais... *ought to look after*

Le soir, j'ai été privé de dessert, mais ça ne fait rien, elle est chouette, Louisette, et quand on sera grands, on se mariera.

Elle a un shoot terrible!

AVEZ-VOUS COMPRIS?

1. Pourquoi Nicolas n'aime-t-il pas les petites filles?
2. Quelles recommandations sa maman lui fait-elle?
3. Décrivez Louisette.
4. Comment les enfants se comportent-ils pendant le goûter?
5. Une fois seule avec Nicolas, comment Louisette se comporte-t-elle?
6. Pourquoi l'ours en peluche de Nicolas est-il en mauvais état?
7. Quels sont les jouets que Louisette préfère?
8. Pourquoi Nicolas n'a-t-il pas envie de jouer au ballon avec Louisette?

9. Pourquoi la maman de Nicolas est-elle fâchée contre lui et non contre Louisette?
10. Pourquoi Nicolas décide-t-il que Louisette est chouette?

COMMENTAIRE DU TEXTE

1. D'après ce texte, quelle est la définition de l'enfant bien élevé pour un Français?
2. Comment Nicolas voit-il les adultes?
3. Comment l'auteur montre-t-il que les garçons (les hommes) ont beaucoup de préjugés au sujet des petites filles (des femmes)?
4. L'auteur essaie de reproduire la langue parlée des enfants. Par exemple, la phrase «C'est Louisette qui a dit, elle a dit» est typique du langage enfantin. Relevez d'autres exemples de ce style dans le texte.

DE LA LITTERATURE A LA VIE

1. Nicolas pense épouser Louisette parce qu'elle a «un shoot terrible». A votre avis, pourquoi arrive-t-on à la décision de se marier? Parce qu'on s'aime beaucoup? parce qu'on est amis d'enfance? parce qu'on se connaît bien et on n'aura pas de mauvaises surprises? parce qu'on veut avoir des enfants? parce que la vie à deux offre des avantages économiques?
2. Quels éléments considérez-vous indispensables pour rendre une union (relativement) heureuse? Avoir suffisamment de maturité? appartenir au même milieu social? avoir les mêmes goûts? avoir le même âge? avoir des intérêts en commun?
3. Qu'est-ce qui rend un homme (une femme) intéressant(e)? Quelles qualités considérez-vous importantes? La personnalité? l'intelligence? l'ambition? du goût pour le sport? des intérêts intellectuels ou culturels? un bon caractère? le sens de l'humour? la douceur? l'esprit d'initiative? le calme?

UN PEU DE GRAMMAIRE: L'ADJECTIF

Tous les adjectifs suivants sont employés dans le texte. Faites des phrases originales en les utilisant avec les mots proposés.

MODELE: (blanc) la chemise, les avions → Elle s'habille avec la chemise blanche. Vois-tu les avions blancs?

1. (grand)   un sourire, une poupée
2. (vrai)   un petit poussin, une gifle
3. (ouvert) la fenêtre, le livre
4. (beau)   les jouets, l'avion
5. (bleu)   un costume, des yeux
6. (bon)   une idée, des goûters

VOYAGE CIRCULAIRE

EMILE ZOLA

Emile Zola (1840–1902) is the acknowledged master of the naturalist movement in European literature. As a theory of fiction, naturalism emphasizes faithful representation of life (more descriptive than realism), insisting on a scientific analysis of the most basic human drives, such as sex and hunger, and on thorough documentation of each character's social environment. Zola's major work, *Les Rougon-Macquart*, is a series of some twenty novels dealing with, as he put it, "the natural and social history of a family under the Second Empire." He focuses his attention on the working class and the rising bourgeoisie as they struggle against decadent social structures under Napoleon III. A friend of artist Paul Cézanne, Zola gave his support to the controversial impressionist movement in painting. He was also a social activist and protested strongly against anti-Semitism.

In the following short story, Zola moves away from his frequently pessimistic attitude toward life and shows a young couple rejecting family and social pressures to enjoy a few moments of freedom and happiness.[2]

Le Vocabulaire essentiel...

l'**auberge** (*f.*) *inn*
le **beau-père** *father-in-law*
la **belle-mère** *mother-in-law*
lc **bonheur** *happiness*
le **chemin de fer** *railroad*
le **coin** *corner*
le **comptoir** *counter*

de bonne heure *early*
s'**écrier** *to cry out; to exclaim*
le **fond** *background; end; bottom*
le **lendemain** *the next day*
loger *to lodge; to quarter*
la **lune de miel** *honeymoon*

se **mêler de** *to meddle in*
oser *to dare*
le **quartier** *neighborhood*
la **querelle** *quarrel; fight*
réagir *to react*
se **sentir** *to feel*
la **voix** *voice*

... et comment l'utiliser

A. Trouvez l'équivalent de chaque expression.

1. la joie de vivre
2. une partie de la ville
3 tôt le matin
4. le jour suivant
5. dire d'une voix forte
6. avoir une réaction

B. Complétez les phrases avec les mots qui conviennent.

1. Comment te _____-tu aujourd'hui?
2. Cette chanteuse a une _____ merveilleuse.
3. A quelle adresse _____ vous?
4. Mon _____ est le père de mon mari.

---

[2]The story has been slightly abridged; it has also been divided into two sections in this text, with questions following each section.

   5. Les enfants n'____ pas parler pendant le repas.
   6. La boutique se trouve au ____ de la rue.
   7. Une boutiquière passe sa vie derrière le ____.
   8. Nous touchons ici au ____ du problème.
   9. Yvonne est discrète. Elle ne ____ jamais des affaires de ses amis.

C. Définissez les mots suivants.

   1. une auberge
   2. un chemin de fer
   3. une lune de miel
   4. une belle-mère
   5. une querelle

I.

Il y a huit jours que° Lucien Bérard et Hortense Larivière sont mariés. Mme veuve Larivière, la mère, tient,° depuis trente ans, un commerce de bimbeloterie,° rue de la Chaussée-D'Antin. C'est une femme sèche et pointue,° de caractère despotique, qui n'a pu refuser sa fille à Lucien, le fils unique d'un quincaillier° du quartier, mais qui entend surveiller de près° le jeune ménage. Dans le contrat,[3] elle a cédé la boutique de bimbeloterie à Hortense, tout en se réservant° une chambre dans l'appartement; et en réalité, c'est elle qui continue à diriger la maison,° sous le prétexte de mettre les enfants au courant de la vente.°

On est au mois d'août, la chaleur est intense, les affaires vont fort mal. Aussi° Mme Larivière est-elle plus aigre° que jamais. Elle ne tolère point° que Lucien s'oublie une seule minute près d'Hortense. Ne les a-t-elle pas surpris, un matin, en train de s'embrasser dans la boutique! Et cela, huit jours après la noce°! Voilà qui est propre° et qui donne tout de suite une bonne renommée° à une maison! Jamais elle n'a permis à M. Larivière de la toucher du bout des doigts° dans la boutique. Il n'y pensait guère,° d'ailleurs.° Et c'était ainsi qu'ils avaient fondé leur établissement.

Lucien, n'osant encore se révolter, envoie des baisers à sa femme, quand sa belle-mère a le dos tourné. Un jour, pourtant, il se permet de rappeler° que les familles, avant la noce, ont promis de leur payer un voyage, pour leur lune de miel. Mme Larivière pince ses lèvres minces.

—Eh bien! leur dit-elle, allez vous promener une après-midi au bois de Vincennes.

Il... A week ago
takes care of
knick-knacks
angular

hardware merchant / en-tend... intends to keep a close watch on
tout... while saving for herself
diriger... to run the business
mettre... telling the children about the business
Consequently / bad-tempered
(litt.) pas

wedding / Voilà... There's a fine (proper) thing
reputation
du... with his fingertips
Il... He hardly thought about it / anyway

il... he takes the liberty of reminding (her)

---

[3]**Le contrat** refers to the marriage contract listing the property and personal assets of the spouses.

Les nouveaux mariés se regardent d'un air consterné. Hortense commence à trouver sa mère vraiment ridicule. C'est à peine, si, la nuit, elle est seule° avec son mari. Au moindre° bruit, Mme Larivière vient, pieds nus,° frapper à leur porte, pour leur demander s'ils ne sont pas malades. Et lorsqu'ils répondent qu'ils se portent très bien, elle leur crie:

—Vous feriez mieux° de dormir, alors.... Demain, vous dormirez encore dans le comptoir.

Ce n'est plus tolérable. Lucien cite tous les boutiquiers du quartier qui se permettent° de petits voyages, tandis que° des parents ou des commis° fidèles tiennent les magasins. Il y a le marchand de gants du coin de la rue La Fayette qui est à Dieppe, le coutelier° de la rue Saint-Nicolas qui vient de partir pour Luchon, le bijoutier près du boulevard qui a emmené sa femme en Suisse. Maintenant, tous les gens à leur aise° s'accordent° un mois de villégiature.°

—C'est la mort du commerce, monsieur, entendez-vous! crie Mme Larivière. Du temps de M. Larivière, nous allions à Vincennes une fois par an,° le lundi de Pâques, et nous ne nous en portions pas plus mal°.... Voulez-vous que je vous dise une chose? eh bien! vous perdrez la maison,° avec ces goûts de courir le monde.° Oui, la maison est perdue.

—Pourtant, il était bien convenu° que nous ferions un voyage, ose dire Hortense. Souviens-toi, maman, tu avais consenti.

—Peut-être, mais c'était avant la noce. Avant la noce, on dit comme ça toutes sortes de bêtises°.... Hein°? Soyons sérieux, maintenant!

Lucien est sorti pour éviter une querelle. Il se sent une envie féroce d'étrangler sa belle-mère. Mais quand il rentre, au bout de° deux heures, il est tout changé, il parle d'une voix douce à Mme Larivière, avec un petit sourire au coin des lèvres.

Le soir, il demande à sa femme:

—Est-ce que tu connais la Normandie?

—Tu sais bien que non, répond Hortense. Je ne suis jamais allée qu'au° bois de Vincennes.

Le lendemain, un coup de tonnerre éclate° dans la boutique de bimbeloterie. Le père de Lucien, le père Bérard, comme on le nomme dans le quartier, où il est connu pour un bon vivant° menant rondement les affaires,° vient s'inviter à déjeuner. Au café,° il s'écrie:

—J'apporte un cadeau à nos enfants. Et il tire triomphalement deux tickets de chemin de fer.

—Qu'est-ce que c'est que ça? demande la belle-mère d'une voix étranglée.

—Ça, ce sont deux places de première classe pour un voy-

C'est... Even at night she is rarely alone / Au... at the slightest
pieds... barefoot

Vous... You'd do better

qui... who allow themselves to take / tandis... while clerks

cutler

à... well-off
allow themselves / vacation

une... once a year
nous... we weren't any the worse for it
vous... the shop will go bankrupt
ces... these ideas of gadding about
agreed

nonsense / Isn't that so?

au... after

ne... have never gone anywhere except to the
coup... thunderclap bursts

bon... someone who enjoys life / menant... conducting business briskly
Au... Over coffee

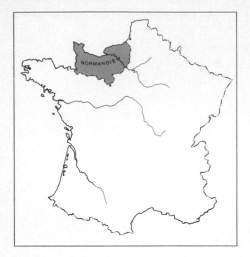

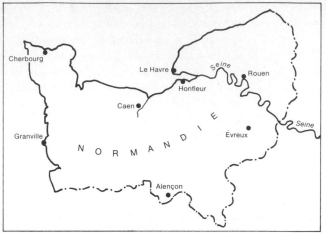

age circulaire en Normandie.... Hein? mes petits, un mois au grand air°! Vous allez revenir frais comme des roses.

Mme Larivière est atterrée.° Elle veut protester; mais au fond, elle ne se soucie pas d'une° querelle avec le père Bérard qui a toujours le dernier mot. Ce qui achève de l'ahurir,° c'est que le quincaillier° parle de mener tout de suite les voyageurs à la gare. Il ne les lâchera que lorsqu'il° les verra dans le wagon.

—C'est bien, déclare-t-elle avec une rage sourde,° enlevez°-moi ma fille. J'aime mieux ça, ils ne s'embrasseront plus dans la boutique, et je veillerai à° l'honneur de la maison!

Enfin, les mariés sont à la gare Saint-Lazare, accompagnés du beau-père, qui leur a laissé° le temps tout juste° de jeter un peu de linge° et quelques vêtements au fond d'une malle. Il leur pose sur les joues des baisers sonores, en leur recommandant de bien tout regarder, pour lui raconter ensuite ce qu'ils auront vu.° Ça l'amusera!

au... *outdoors*

stunned
ne... *doesn't look forward to a*
Ce... *What finally dumbfounds her*
le père Bérard
ll... *He won't let go of them until he*
repressed
take away

je... *I will watch over*

qui... *who allowed them /*
le... *just enough time*
underwear

ce... *what they have seen*

AVEZ-VOUS COMPRIS?

1. Quel rôle la mère d'Hortense joue-t-elle dans le mariage de sa fille et dans les affaires de la maison?
2. Est-ce que Lucien et Hortense ont souvent l'occasion de s'embrasser dans la boutique? Pourquoi?
3. Comment les parents d'Hortense s'étaient-ils comportés pendant leur mariage?
4. Qu'est-ce que Mme Larivière pense de la lune de miel traditionnelle?

5. Pourquoi Mme Larivière se mêle-t-elle de l'intimité du jeune couple?
6. Comment les autres commerçants du quartier organisent-ils leurs vacances?
7. Quelle est l'opinion de Mme Larivière à ce sujet?
8. Comment Lucien réagit-il aux idées de sa belle-mère?
9. De quelle façon le père Bérard devient-il l'allié de son fils?
10. Pourquoi Lucien et Hortense doivent-ils partir en voyage le jour même où ils reçoivent les tickets?
11. Quelle recommandation le père Bérard fait-il aux époux quand il les accompagne à la gare?

II.

Sur le quai du départ, Lucien et Hortense se hâtent° le long du° train, cherchant un compartiment vide. Ils ont l'heureuse chance d'en trouver un, ils s'y précipitent° et s'arrangent déjà pour un tête-à-tête, lorsqu'ils ont la douleur° de voir monter avec eux un monsieur à lunettes qui, aussitôt assis, les regarde d'un air sévère.

[...] On arrive à Rouen.

Lucien, en quittant Paris, a acheté un Guide.° Ils descendent dans° un hôtel recommandé, et ils sont aussitôt la proie° des garçons. A la table d'hôte, c'est à peine s'ils° osent échanger une parole,° devant tout ce monde° qui les regarde. Enfin, ils se couchent de bonne heure; mais les cloisons° sont si minces, que leurs voisins, à droite et à gauche, ne peuvent faire un mouvement sans qu'ils l'entendent. Alors, ils n'osent plus remuer, ni même tousser dans leur lit.

—Visitons la ville, dit Lucien, le matin, en se levant, et partons vite pour Le Havre.

Toute la journée, ils restent sur pied. [...] Hortense surtout s'ennuie à mourir,° et elle est tellement lasse,° qu'elle dort le lendemain en chemin de fer.

Au Havre, une autre contrariété les attend. Les lits de l'hôtel où ils descendent sont si étroits, qu'on les loge dans une chambre à deux lits. Hortense voit là une insulte et se met à pleurer. Il faut que Lucien la console, en lui jurant° qu'ils ne resteront au Havre que le temps de voir la ville. Et les courses folles° recommencent.

[...] Nulle part,° ils n'ont encore trouvé un coin de paix et de bonheur, où ils pourraient s'embrasser loin des oreilles indiscrètes. Ils en sont venus à° ne plus rien regarder, continuant strictement leur voyage, ainsi qu'une corvée dont° ils ne savent comment se débarrasser. Puisqu'ils sont partis, il faut bien qu'ils reviennent. Un soir, à Cherbourg, Lucien laisse échapper° cette parole grave:—«Je crois que je préfère

se... se dépêchent
le... *alongside the*
s'y... *rush into it*
distress

guide (book)
descendent... *stay at / prey, at the mercy of*
c'est... *they hardly*
word; remark / tout... *this group of people*
walls

s'ennuie... *is bored stiff* / fatiguée

en... *promising her*

courses... *mad rushing about*
Nulle... *Nowhere*

en... *reached the point of*
corvée... *disagreeable job from which*

laisse... *lets out, utters*

ta mère.»° Le lendemain, ils partent pour Granville. Mais Lucien reste sombre et jette des regards farouches° sur la campagne, dont les champs se déploient en éventail,° aux deux côtés de la voie.° Tout d'un coup, comme le train s'arrête à une petite station, dont le nom ne leur arrive même pas aux oreilles,° un trou adorable de verdure° perdu dans les arbres, Lucien s'écrie:

> —Descendons, ma chère, descendons vite!
> —Mais cette station n'est pas sur le Guide, dit Hortense stupéfaite.
> —Le Guide! le Guide! reprend-il,° tu vas voir ce que je vais en faire du Guide! Allons, vite, descends!
> —Mais nos bagages?
> —Je me moque bien de° nos bagages!

Et Hortense descend, le train file° et les laisse tous les deux dans le trou adorable de verdure. Ils se trouvent en pleine campagne,° au sortir de la petite gare. Pas un bruit. Des oiseaux chantent dans les arbres, un clair ruisseau coule° au fond d'un vallon. Le premier soin° de Lucien est de lancer le Guide au milieu d'une mare.° Enfin, c'est fini, ils sont libres!

A trois cents pas, il y a une auberge isolée, dont l'hôtesse leur donne une chambre blanchie à la chaux,° d'une gaîté printanière.° Les murs ont un mètre d'épaisseur. D'ailleurs,° il n'y a pas un voyageur dans cette auberge, et seules, les poules les regardent d'un air curieux.

—Nos billets sont encore valables° pour huit jours, dit Lucien; eh bien! nous passerons nos huit jours ici.

Quelle délicieuse semaine! Ils s'en vont dès le matin par les sentiers perdus, ils s'enfoncent dans° un bois, sur la pente d'une colline,° et là ils vivent leurs journées, cachés au fond des herbes qui abritent° leurs jeunes amours. D'autres fois, ils suivent le ruisseau, Hortense court comme une écolière échappée°; puis, elle ôte ses bottines° et prend des bains de pieds, tandis que Lucien lui fait pousser° de petits cris, en lui posant sur la nuque de brusques baisers.

[...] Leur chambre est si gaie. Ils s'y enferment dès huit heures,° lorsque la campagne noire et silencieuse ne les tente° plus. Surtout, ils recommandent qu'on ne les réveille pas. Lucien descend parfois en pantoufles, remonte° lui-même le déjeuner, des œufs et des côtelettes, sans permettre à personne d'entrer dans la chambre. Et ce sont des déjeuners exquis, mangés au bord du lit, et qui n'en finissent pas,° grâce aux baisers plus nombreux que les bouchées° de pain.

Le septième jour, ils restent surpris et désolés d'avoir vécu

---

Je... *I think I prefer your mother (to this)*
fierce, grim
dont... *whose fields spread out like a fan*
track

dont... *whose name they don't even hear* / trou... *lovely green hideaway*

répond-il

Je... *I couldn't care less about*
takes off

en... *in the middle of nowhere*
ruisseau... *brook flows*
concern
pond

blanchie... *whitewashed*
springlike / *Moreover*

valid

s'enfoncent... *plunge into*
sur... *on the side of a hill*
shelter

une... *a truant* / ôte... *takes off her boots, high shoes*
lui... *makes her utter*

Ils... *They lock themselves in from 8:00 on* / *tempts*

carries up

n'en... *go on and on*
mouthfuls

si vite. Et ils partent sans même vouloir connaître le nom du pays° où ils se sont aimés. Au moins, ils auront eu° un quartier° de leur lune de miel. C'est à Paris seulement qu'ils rattrapent° leurs bagages.

Quand le père Bérard les interroge, ils s'embrouillent.° Ils ont vu la mer à Caen, et ils placent la tour de Beurre au Havre.

—Mais que diable!° s'écrie le quincaillier, vous ne me parlez pas de Cherbourg... et l'arsenal°?

—Oh! un tout petit arsenal, répond tranquillement Lucien. Ça manque° d'arbres.

Alors, Mme Larivière, toujours sévère, hausse les épaules° en murmurant:

—Si ça vaut la peine de voyager!° Ils ne connaissent seulement° pas les monuments.... Allons, Hortense, assez de folies, mets-toi au comptoir.

(forme paysanne)
village / auront... will have had
part
catch up with
get confused

Mais... What the devil!
navy shipyard

Ça... It lacks

hausse... shrugs her shoulders

Si... What's the use of traveling?
even

AVEZ-VOUS COMPRIS?

1. Pourquoi Lucien et Hortense sont-ils déçus (*disappointed*) quand le monsieur entre dans leur compartiment?
2. Comment trouvent-ils l'hôtel recommandé par le Guide?
3. Pourquoi Hortense trouve-t-elle insultant qu'à l'hôtel du Havre on les loge dans une chambre à deux lits?
4. Pourquoi ne sont-ils pas contents de leur voyage?
5. Quelle décision Lucien prend-il enfin?
6. Pourquoi le premier soin de Lucien est-il de se débarrasser du Guide?
7. Comparez la petite auberge de campagne avec les hôtels des grandes villes.
8. Qu'est-ce qui rend la dernière semaine de leur voyage si heureuse?
9. Quand Lucien et Hortense rentrent à Paris, le père Bérard leur pose toutes sortes de questions sur le voyage. Comment répondent-ils?
10. Comment la mère d'Hortense voit-elle les voyages?

COMMENTAIRE DU TEXTE

1. Pourquoi Lucien et Hortense ne parlent-ils pas à leurs parents de la dernière semaine de leur voyage?
2. Pourquoi le nom du lieu où ils ont passé la dernière semaine n'est-il pas important?
3. Lucien et Hortense appartiennent à la petite bourgeoisie parisienne. D'après ce conte, quelle idée vous faites-vous des valeurs de cette classe sociale? Est-elle traditionnelle? matérialiste? ouverte? conservatrice? stable? éco-

nome? travailleuse? intellectuelle? Contre quelles attitudes le jeune couple essaie-t-il de se révolter?

4. Emile Zola réussit à créer des personnages réels avec bien peu de description. Il nous donne par exemple une peinture très précise de la mère d'Hortense: ses traits physiques—«une femme sèche et pointue»—reflètent ses traits moraux. Elle a, en effet, un «caractère despotique». Par quels autres détails son caractère se révèle-t-il? Essayez maintenant de faire le portrait d'Hortense, de Lucien et du père Bérard en ajoutant ce que l'auteur a laissé à votre imagination.

DE LA LITTERATURE A LA VIE

Dans le conte que vous venez de lire, Zola nous montre un milieu bien français comme il en existe encore aujourd'hui, surtout dans les vieux quartiers des grandes villes. Pour mieux le comprendre, essayez de répondre à ces questions. Cela vous permettra aussi de relever des différences sociales entre les Etats-Unis et la France.

1. Dans le quartier décrit dans le conte, tout le monde semble se connaître, on sait ce que les autres font (ou ne font pas). Qu'est-ce qu'on vend dans les magasins? Comment les imaginez-vous? Sont-ils petits ou grands? Combien de personnes y travaillent? Où les propriétaires habitent-ils? Où passent-ils leurs vacances? Y a-t-il de tels quartiers aux Etats-Unis? Expliquez.

2. En France les jeunes continuent souvent l'activité commerciale de leurs parents. Qu'est-ce que les jeunes Américains préfèrent faire?

3. Quelle est l'activité professionnelle ou commerciale de votre père? de votre mère? Dans quelle mesure vous y intéressez-vous?

4. Qu'est-ce qui rend difficile les rapports entre parents, grands-parents et enfants? Est-ce que ce sont des différences d'âge et d'habitudes? de philosophie? Expliquez.

5. D'après ce conte, quelles différences pouvez-vous remarquer entre une famille française et une famille américaine de même niveau social?

6. Le voyage de noces est une tradition qui dure encore de nos jours. Autrefois les nouveaux mariés faisaient un voyage de noces pour mieux se connaître, pour passer quelques moments seuls et apprendre à vivre ensemble, pour s'amuser un peu avant de se mettre sérieusement au travail. Est-ce que ces raisons sont encore valables aujourd'hui? Justifiez votre réponse.

ACTIVITE

Choisissez un des épisodes de l'histoire et imaginez une conversation. Ensuite, avec un(e) camarade, présentez-la à la classe.

MODELE: Lucien discute avec sa belle-mère dans la boutique...
Lucien se plaint à son père...

3 Les Français à table

Auguste Renoir: Déjeuner des canotiers.

Dining is considered an art by the French, who take care to ensure that meals are as pleasurable as they are nutritious. It is not surprising that representations of food and wine have found their way into French literature.

To all French people, but especially to the peasants, a meal without bread is like a day without sunshine. This feeling shows up clearly in the following passage by Jean Giono, where a young peasant refuses to sell his whole crop of wheat because he wants to have some for his wife to make the bread they both love.

The French feel that a meal itself does not matter so much as the way in which it is planned, prepared, and served. When invited to a French home, one can expect to be regaled in truly elegant fashion. A quite different lot is in store for the miser Harpagon's dinner guests, however, as we learn in the scene taken from Molière's *L'Avare*.

REGAIN

JEAN GIONO

Jean Giono (1895–1970) used his native Provence as a background for several novels in which he describes the simple, often hard life of French peasants. To give credibility to his characters, he does not hesitate to use words and constructions considered incorrect for literary style, such as **ça, je sais pas, y en a pas**, and so on. The following passage is taken from *Regain* (1930). A young peasant has come from the nearly abandoned village of Aubignane to sell his wheat at the seasonal market of a nearby town. Mr. Astruc, a wheat dealer, is trying to buy some wheat, but because of the bad season he has not been able to find any. He is having lunch at the local inn when Jérémie, a middleman, comes to see him. In exchange for a small commission, Jérémie tells Mr. Astruc that a peasant and his wife have some wheat for sale.

Le Vocabulaire essentiel...

le **blé** *wheat*
blessé(e) *hurt, wounded*
la **paille** *straw*

pareil(le) *similar, like*
la **poussière** *dust*
propre *clean*

saigner *to bleed*

... et comment l'utiliser

Complétez les phrases avec les mots qui conviennent.

1. La partie du _____ qu'on ne mange pas est la _____ .
2. Un jour sans pain est _____ à un jour sans soleil.
3. Je n'aime pas faire le ménage parce qu'il y a toujours beaucoup de _____ , mais il faut le faire pour avoir une maison bien _____ .
4. Chaque fois qu'elle se sert d'un couteau elle se coupe et ça _____ , mais elle n'est pas vraiment _____ .

C'est Jérémie qui a poussé le rideau de la porte et qui a crié:

—Monsieur Astruc, vous voulez du blé?

L'autre en a été si bien bousculé de ça° qu'il s'est tourné d'un bloc° et que la table et les verres ont tremblé.

—Et où tu en as vu, toi, du blé? Y en a pas dix grains de propre° dans tout ton pays.

—Je sais pas s'il y en a dix grains de propre mais, de sûr, j'en ai vu six sacs et du beau.

Il est entré et il est venu sur ses longues jambes jusqu'à la table. Monsieur Astruc le regarde. Jérémie s'y connaît en regards:°

—Donnez-moi une cigarette.

M. Astruc sort° son paquet.

—Je vous en prends deux.

—Et alors?

—Alors, c'est là-bas, derrière les chevaux de bois,° à un endroit que° d'habitude on y met les mulets. Il a fallu moi° pour aller regarder là-bas. Y en a un qui est là, avec ses sacs devant lui. Il ne dit rien à personne. Il regarde. Il est là. Il attend. Je lui ai dit:

—Hé, qu'est-ce que tu as là?

—Du blé, il m'a dit. Et le plus curieux, c'est que c'est vrai. Vous savez, monsieur Astruc, je m'y connais, vous le savez, c'est pas la première fois.[...] Eh bien, je suis sûr, que du blé comme ça, vous n'en avez jamais vu. Donnez-moi un peu de feu.

—Qu'est-ce que tu bois?

—Rien; j'ai assez bu. Mais, si vous faites l'affaire, vous me donnerez quelque chose. Je pouvais aussi bien aller voir le Jacques,[1] mais, j'ai pensé à vous d'abord.

en... *was so startled by that*

d'un... *completely (and suddenly) around*

de... *de blé propre*

s'y... *is an expert at reading people's expressions*

takes out

chevaux... *wooden barriers*

où/Il... *It took someone like me*

_____

[1]French peasants often use the definite article with first names.

—Il faut que j'aille voir. Agathange, je reviens, fais servir des bocks.° des... *de la bière*

C'est bien six sacs qu'il y en a. On les voit d'ici.° M. Astruc *from here* les a déjà comptés. Il a déjà vu qu'il y a du monde° qui du... *people* regarde le blé. Il a déjà vu qu'il n'y a pas encore les autres courtiers.° *dealers*

—Laissez passer, laissez passer.

Son premier regard est pour le blé. Il en a tout de suite plein les yeux.

—Ça, alors!

C'est lourd comme du plomb à fusil.° C'est sain et doré, et du... *buckshot* propre comme on ne fait plus propre; pas une balle.° Rien que pas... *not one husk* du grain: sec, solide, net comme de l'eau du ruisseau. Il veut le toucher pour le sentir couler entre ses doigts. C'est pas une chose qu'on voit tous les jours.

—Touchez pas, dit l'homme.

M. Astruc le regarde.

—Touchez pas. Si c'est pour acheter, ça va bien. Mais si c'est pour regarder, regardez avec les yeux.

C'est pour acheter mais il ne touche pas. Il comprend. Il serait comme ça, lui.

—Où tu as eu ça?

—A Aubignane.

M. Astruc se penche° encore sur la belle graine. On la voit se... *leans* qui gonfle° la toile des sacs. On la voit sans paille et sans *distends* poussière. Il ne dit rien et personne ne dit rien, même pas celui qui est derrière les sacs et qui vend. Il n'y a rien à dire. C'est du beau blé et tout le monde le sait.

—C'est pas battu° à la machine? *threshed*

—C'est battu avec ça, dit l'homme.

Il montre ses grandes mains qui sont blessées par le fléau° *threshing tool* et, comme il les ouvre, ça fait craquer les croûtes° et ça *scabs* saigne. A côté de l'homme, il y a une petite femme jeune et pas mal° jolie, et toute cuite de soleil° comme une brique. Et pas... *rather* / cuite... elle regarde l'homme de bas en haut,[2] toute contente. Elle lui *suntanned* dit:

—Ferme ta main, ça saigne.

Et il ferme sa main.

—Alors?

—Alors, je le prends. C'est tout là?

—Oui. J'en ai encore quatre sacs, mais c'est pour moi.

—Qu'est-ce que tu veux en faire?

---

[2]There is a common expression, **regarder quelqu'un de haut en bas**, which means *to look down on*. By changing the order of the words, **regarder de bas en haut**, Giono makes it mean *to look up to*.

Marché en plein air.

—Du pain, pardi.°   *by God*

—Donne-les, je te les prends aussi.

—Non, je vous l'ai dit, je les garde.

—Je t'en donne cent dix francs.

—C'est pas plus?° demande un homme qui est là.   *C'est... Is that all?*

Celui de derrière les sacs a regardé la petite femme. Et il a fait un sourire avec ses yeux et ses lèvres, et puis il a tourné sa figure° vers M. Astruc, sans le sourire, toute pareille à celle qu'il avait tout à l'heure quand il a dit: «Touchez pas.»   *face*

—Je sais pas si c'est plus ou si c'est moins, mais, moi, j'en veux cent trente.

Le regarde de M. Astruc s'est abaissé sur° le blé.   *Le... Mr. Astruc looked down at*

—Bon, je le prends... Mais, les dix sacs...

—Non, a crié l'homme. Ces six, et pas plus; les autres, je les garde, je te l'ai dit. Ma femme aime le bon pain.

AVEZ-VOUS COMPRIS?

1. Où se trouve M. Astruc quand on vient le chercher?
2. Qui sait où il y a du bon blé?
3. Pourquoi Jérémie demande-t-il deux cigarettes à M. Astruc?
4. Où se trouve le paysan qui a du blé à vendre? Combien de sacs en a-t-il?

5. Décrivez le blé.
6. Comment sont les mains du paysan? Pourquoi?
7. Combien de sacs le paysan a-t-il en tout? Combien en vend-il? A quel prix?
8. Pourquoi le paysan veut-il garder une partie de son blé pour lui?

COMMENTAIRE DU TEXTE

1. Par quels détails l'auteur nous montre-t-il l'amour réciproque du paysan et de sa femme?
2. Quelles qualités peut-on trouver dans le caractère du paysan?
3. Qu'est-ce que le blé représente pour le jeune ménage? pour M. Astruc?
4. Analysez l'emploi des pronoms «vous» et «tu» dans les dialogues. Que signifie cette distinction?

DE LA LITTERATURE A LA VIE

1. Quelles images le mot «pain» suggère-t-il aux Américains? et aux Français?
2. Certaines personnes préfèrent manger du pain de farine complète organique. Que pensez-vous de cette mode?
3. Beaucoup d'Américains font leur pain eux-mêmes. Pourquoi dans un pays si moderne garde-t-on une tradition si ancienne?

UN PEU DE GRAMMAIRE: LES PRONOMS DE LA LANGUE PARLEE

1. Le pronom «ça» remplace «cela» dans la langue parlée. Il revient dix fois dans le texte. Quels mots ou quelles expressions remplace-t-il?
2. Le pronom adverbial «en» est employé encore plus souvent dans le texte. Quels mots remplace-t-il?
3. «Y en a pas» est une autre expression de la langue parlée. Quelle est la forme correcte pour la langue écrite? Dans quelles autres phrases y a-t-il des incorrections?

L'AVARE

MOLIERE

Jean-Baptiste Poquelin (1622–1673), the son of an upholsterer for the court, was supposed to have continued his father's trade. Nevertheless, in 1643 (the year Louis XIV ascended the throne), disregarding his family's opposition as well as social prejudices, the young man joined a group of itinerant actors and took the name Molière. He soon became a director and playwright, eventually winning the patronage of the

Molière.

king. Among his most famous and successful comedies are *Tartuffe, L'Avare, Le Malade imaginaire, Les Femmes savantes,* and *Le Misanthrope.* Molière's plays marked a turning point in French comic theater, which had been dominated by fantasy and farce; he believed that the subject matter of comedy should be life itself. There is a timeless quality to his characters; they come alive for us today because we recognize in them the human vices and follies of all time.

L'Avare is about a rich old miser whose obsession with money renders him insensitive to almost everything else. He is so thoroughly avaricious that he almost makes us shudder, but thanks to Molière's keen sense of the ridiculous, we laugh at the same time. In the following scene, Harpagon instructs his servants concerning a dinner party he is planning. As you will see, he is willing to extend his hospitality only if it costs him as little as possible. Valère, the eternal "yes man," encourages Harpagon's miserly ways.

Le Vocabulaire essentiel...

frotter *to rub*
habile *clever*
les **habits** (*m.*) *clothes*
nettoyer *to clean*

ôter *to take off*
remplir *to fill, fulfill*
la **santé** *health*
songer (**à**) *to think (about)*

la **tache** *spot*
la **tâche** *duty; task*
user *to wear out*

... et comment l'utiliser

A. Trouvez l'équivalent de chaque expression.

1. les vêtements
2. penser à
3. abîmer
4. état physiologique
5. un travail, un devoir
6. nettoyer par friction

B. Complétez les phrases avec les mots qui conviennent.

1. Quand les invités entrent dans la maison, ils ＿＿ leurs chapeaux.
2. Jacques est un domestique très ＿＿ ; il sait plaire à son maître.
3. La table est sale; il y a des ＿＿ partout.
4. Avant de mettre les verres sur la table, il les ＿＿ et ensuite il les ＿＿ de vin.

Acte III, scène I

PERSONNAGES

Harpagon, l'avare
Dame Claude, servante d'Harpagon
Maître[3] Jacques, cuisinier et cocher° d'Harpagon — *coachman*
La Merluche, Brindavoine, laquais° d'Harpagon — *lackeys*
Valère, intendant° d'Harpagon — *household manager*

HARPAGON: Allons, venez çà° tous, que je vous distribue mes — *là*
ordres pour tantôt° et règle° à chacun son — *plus tard / donne*
emploi. Approchez, dame Claude.
Commençons par vous. (*Elle tient un balai.*)
Bon, vous voilà les armes à la main. Je vous
commets au soin° de nettoyer partout; et — *vous... put you in charge*
surtout prenez garde de° ne point frotter les — *prenez... faites attention à*
meubles trop fort, de peur de les user. Outre° — *En plus de*
cela, je vous constitue,° pendant le soupé, au — *vous... put you*
gouvernement° des bouteilles; et s'il s'en — *au... in charge*
écarte quelqu'une° et qu'il se casse quelque — *s'il... si une se perd*
chose, je m'en prendrai à vous,° et le rabattrai — *m'en... will hold it against you*
sur vos gages.° — *le... will take it out of your wages*
   Allez. Vous, Brindavoine, et vous, la
Merluche, je vous établis dans la charge de
rincer les verres, et de donner à boire, mais
seulement lorsque l'on aura soif, et non pas

---

[3]In addition to its meaning of *master*, **maître** used with a proper name formerly denoted a man not of noble birth. Nobles were addressed as **Monsieur.**

selon la coutume de certains impertinents de laquais, qui viennent provoquer les gens, et les faire aviser° de boire lorsqu'on n'y songe pas. Attendez qu'on vous en demande plus d'une fois, et vous ressouvenez de porter toujours beaucoup d'eau.

les... leur donner envie

MAITRE JACQUES: Oui: le vin pur monte à la tête.

LA MERLUCHE: Quitterons°-nous nos siquenilles,° Monsieur?

Ôterons / aprons

HARPAGON: Oui, quand vous verrez venir les personnes; et gardez bien de gâter° vos habits.

gardez... *be very careful not to spoil*

BRINDAVOINE: Vous savez bien, Monsieur, qu'un des devants de mon pourpoint° est couvert d'une grande tache de l'huile de la lampe.

doublet

LA MERLUCHE: Et moi, Monsieur, que j'ai mon haut-de-chausses° tout troué° par derrière, et qu'on me voit, révérence parler°...

breeches / tout... *all filled with holes*
révérence... *forgive my language*

HARPAGON: Paix. Rangez cela adroitement du côté de la muraille,° et présentez toujours le devant au monde.° (*Harpagon met son chapeau au-devant de son pourpoint, pour montrer à Brindavoine comment il doit faire pour cacher la tache d'huile.*) Et vous, tenez toujours votre chapeau ainsi, lorsque vous servirez.

de... du mur
au... aux gens

[...]

[M]aître Jacques, approchez-vous, je vous ai gardé pour le dernier.

MAITRE JACQUES: Est-ce à votre cocher, Monsieur, ou bien à votre cuisinier, que vous voulez parler? car je suis l'un et l'autre.

HARPAGON: C'est à tous les deux.

MAITRE JACQUES: Mais à qui des deux le premier?

HARPAGON: Au cuisinier.

MAITRE JACQUES: Attendez donc, s'il vous plaît.

(*Il ôte sa casaque° de cocher, et paroît° vêtu en cuisinier.*)

uniforme / forme démodée pour «parait»

HARPAGON: Quelle diantre de cérémonie est-ce là?°

Quelle... *What the devil is going on there?*

MAITRE JACQUES: Vous n'avez qu'à parler.

HARPARGON: Je me suis engagé, maître Jacques, à donner ce soir à souper.

MAITRE JACQUES: Grande merveille!

HARPAGON: Dis-moi un peu, nous feras-tu bonne chère°?

nourriture

MAITRE JACQUES: Oui, si vous me donnez bien de l'argent.

HARPAGON: Que diable, toujours de l'argent! Il semble qu'ils n'aient autre chose à dire:«De l'argent, de l'argent, de l'argent.» Ah! ils n'ont que ce mot à la bouche: «De l'argent.» Toujours parler d'argent. Voilà leur épée de chevet,° de l'argent.

épée... *bedside weapon*

VALERE: Je n'ai jamais vu de réponse plus impertinente que celle-là. Voilà une belle merveille que de faire bonne chère avec bien de l'argent: c'est une chose la plus aisée° du monde, et il n'y a si pauvre esprit qui n'en fît bien autant;° mais pour agir en habile homme, il faut parler de faire bonne chère avec peu d'argent.

facile

il... *any ignoramus could do that much*

MAITRE JACQUES: Bonne chère avec peu d'argent!

VALERE: Oui.

MAITRE JACQUES: Par ma foi,° Monsieur l'intendant, vous nous obligerez de nous faire voir° ce secret, et de prendre mon office° de cuisinier...

Par... *Indeed*

de... *by letting us in on*

emploi

HARPAGON: Taisez-vous. Qu'est-ce qu'il nous faudra?

MAITRE JACQUES: Voilà Monsieur votre intendant, qui vous fera bonne chère pour peu d'argent.

HARPAGON: Haye! je veux que tu me répondes.

MAITRE JACQUES: Combien serez-vous de gens à table?

HARPAGON: Nous serons huit ou dix; mais il ne faut prendre que° huit; quand il y a à manger pour huit, il y en a bien pour dix.

prendre... préparer que pour

VALERE: Cela s'entend.°

se comprend

MAITRE JACQUES: Hé bien! il faudra quatre grands potages, et cinq assiettes. Potages... Entrées°...

First main courses

HARPAGON: Que diable! voilà pour traiter° toute une ville entière.

nourrir

MAITRE JACQUES: Rôt°...

Roast

HARPAGON, *en lui mettant la main sur la bouche:* Ah! traître, tu manges tout mon bien.°

argent

MAITRE JACQUES: Entremets°...

Plat préparé que l'on sert avant le dessert

HARPAGON: Encore?

VALERE: Est-ce que vous avez envie de faire crever° tout le monde? et Monsieur a-t-il invité des gens pour les assassiner à force de mangeaille?°

(*fam.*) mourir

(*fam.*) nourriture

Allez-vous-en lire un peu les préceptes de la
santé, et demander aux médecins s'il y a rien
de plus préjudiciable° à l'homme que de   *harmful*
manger avec excès.

HARPAGON: Il a raison.

VALERE: Apprenez, maître Jacques, vous et vos pareils,°   *peers*
que c'est un coupe-gorge qu'une table remplie
de trop de viandes;° que pour se bien montrer   *food*
ami de ceux que l'on invite, il faut que la
frugalité règne dans les repas qu'on donne; et
que, suivant le dire° d'un ancien, *il faut*   *saying*
manger pour vivre, et non pas vivre pour
manger.

HARPAGON: Ah! que cela est bien dit! Approche, que je
t'embrasse pour ce mot. Voilà la plus belle
sentence° que j'aie entendue de ma vie. *Il faut*   *proverbe*
vivre pour manger, et non pas manger pour vi...
Non, ce n'est pas cela. Comment est-ce que tu
dis?

VALERE: Qu'*il faut manger pour vivre, et non pas vivre pour*
manger.

HARPAGON: Oui. Entends-tu? Qui est le grand homme qui a
dit cela?

VALERE: Je ne me souviens pas maintenant de son nom.

HARPAGON: Souviens-toi de m'écrire ces mots: je les veux
faire graver en lettres d'or sur la cheminée de
ma salle.

AVEZ-VOUS COMPRIS?

1. Pourquoi Harpagon rassemble-t-il ses gens de maison?
2. Quelles sont les tâches de dame Claude? Qu'est-ce que son maître va faire si elle casse une boutcille?
3. Quels sont les devoirs de Brindavoine et de la Merluche? Quelles précautions doivent-ils prendre pour empêcher les invités de trop boire?
4. Comment les laquais doivent-ils cacher leurs vêtements tachés et troués?
5. Quels sont les deux emplois de maître Jacques? Duquel s'agit-il dans ce passage? Comment le savons-nous?
6. Combien de gens viennent dîner? Quels plats maître Jacques veut-il leur servir? Quelle est la réaction d'Harpagon? Par quels arguments Valère appuie-t-il la position d'Harpagon?

COMMENTAIRE DU TEXTE

1. Qu'est-ce qu'il y a d'universel dans le caractère d'Harpagon?
2. Le comique de cette scène provient essentiellement du caractère même d'Harpagon, chez qui l'avarice est poussée à l'extrême. Trouvez les détails qui révèlent son avarice.
3. Valère justifie tout ce que fait et dit Harpagon. Est-il véritablement du même avis que son maître? Précisez son attitude en montrant que ses arguments soulignent le ridicule d'Harpagon qui, par son attachement excessif à l'argent, perd toute dignité.

DE LA LITTERATURE A LA VIE

1. Que pensez-vous du proverbe: «Il faut manger pour vivre, et non pas vivre pour manger»? Est-il possible de trouver un juste milieu? Ce proverbe reflète-t-il l'attitude de la plupart des gens que vous connaissez? Commentez.
2. Quand vous recevez, que faites-vous pour plaire à vos invités? Leur offrez-vous des plats chers et recherchés ou faites-vous plutôt une cuisine simple et économique? Pourquoi?

ACTIVITE

La France est célèbre pour sa gastronomie. Même en famille on choisit des aliments frais, on les prépare bien et on les présente d'une manière appétissante. En général, toute la famille se réunit à table, surtout pour le repas du soir, qui dure souvent une heure ou même plus. Les Français estiment que l'on digère mieux si l'on mange lentement en servant un plat après l'autre. D'ailleurs, le temps qu'ils passent à table leur permet de cultiver un art qu'ils considèrent comme très important: la conversation. Bref, il ne s'agit pas seulement de «manger pour vivre» mais de prendre plaisir aux repas.

Comparez cette attitude avec celle de votre famille.

4 La France d'autrefois

Tapisserie médiévale représentant le filage de la laine.

During the sixteenth century—the period of the Renaissance in France—French poets were trying to move away from certain poetic forms of the Middle Ages, such as the ballad and the **rondeau.** They welcomed the sonnet, which was introduced in Italy and still remains popular in all European literatures.

In the seventeenth century, perhaps French literature's richest, writers were concerned with clarity and elegant expression. In 1635, under the auspices of Louis XIII, Cardinal Richelieu officially established the **Académie française.** Ever since its foundation, this prestigious institution has been composed of forty members chosen for their outstanding achievements. The Academy includes not only professional writers but also talented individuals from many other fields.

United by their common interest in preserving the purity and beauty of the French language, the original members composed a dictionary establishing the correct use of words and encouraging the language spoken by the aristocracy and the intellectual elite. The Academy just as strongly discouraged the use of words from regional dialects and lower-class speech. These guidelines have changed very little, despite the objections that nonconformist writers have always raised. Perhaps this is why French seems much more formal than English. This continuity also makes seventeenth-century French literature easier to read than English literature of the same era.

The passages in this chapter are taken from works of the sixteenth, seventeenth, eighteenth, and nineteenth centuries and represent three genres: poetry, fairy tales, and the epistolary novel. These selections all display the subtlety and elegance that give French literature its special appeal.

JE VIS, JE MEURS...

LOUISE LABE

Women composed a small minority of writers in France, particularly before the twentieth century, but their contributions to French literature were by no means insignificant. Louise Labé (1524–1566) was born in Lyons, at that time one of the most important commercial and intellectual centers of France. She was among the most celebrated members of the group that came to be known as **les poètes lyonnais.** Although she was married (to a wealthy rope-and-twine merchant), she had many love affairs, and these are reflected in much of her poetry. Her conduct and her frank expression of passion raised eyebrows, but she was admired by her fellow poets, who frequented her **salon** (*drawing room*) for literary discussions. She was a lyric poet; that is, her work expresses her personal thoughts and feelings. The following poem is a sonnet,[1] a form for which Louise Labé helped gain recognition during the Renaissance. Because the sixteenth-century language is somewhat different from modern French, you may have to read this sonnet several times before you can appreciate the striking images that evoke the extremes of passionate love.

Le Vocabulaire essentiel...

la **douleur** *pain; suffering*
durer *to last*
l'**ennui** (*m.*) *problem; boredom*

le **malheur** *unhappiness; misfortune; hardship*
mener *to lead*

(se) **noyer** *to drown* (*oneself*)
la **peine** *sorrow*

... et comment l'utiliser

A. Complétez les phrases avec la forme correcte des noms suivants.

la douleur
l'ennui

le malheur
la peine

1. Le père de mon ami est mort dans un accident de voiture. Toute sa famille a éprouvé une grande ＿＿＿ .
2. J'ai de la ＿＿＿ quand je pense à tous les gens qui ont faim dans le monde.
3. Cette femme a eu beaucoup de ＿＿＿ récemment. Elle a perdu son fils, son mari l'a quittée, et maintenant sa fille est à l'hôpital.
4. Quand Monique m'a raconté les ＿＿＿ qu'elle a avec ses parents, je me suis rendu compte que j'aime mieux mourir d' ＿＿＿ que faire face à tous ces problèmes.

B. Complétez le paragraphe suivant avec les mots qui conviennent.

Dimanche, j'ai ＿＿＿ mes enfants à la plage. Je me suis confortablement installée sur un gros coussin, mais au bout d'un moment, j'ai senti quelque chose d'anormal. Le silence avait ＿＿＿ trop longtemps! En effet, Patrick était en train de ＿＿＿ et le maître-nageur n'avait même pas réagi! J'ai plongé juste à temps pour sauver mon fils.

Je vis, je meurs, je me brûle et me noie.
J'ai chaud extrême en endurant froidure:°   froid
La vie m'est et trop molle et trop dure.
J'ai grands ennuis entremêlés de joie:

Tout à un coup° je ris et je larmoie,°   Tout... En même
Et en plaisir maints° griefs° tourments j'endure: temps / pleure
Mon bien° s'en va, et à jamais il dure: beaucoup de / graves
Tout en un coup je sèche et je verdoie.   bonheur

---

[1]Chapitre préliminaire, p. 4.

Ainsi Amour inconstamment° me mène: capricieusement
Et quand je pense avoir plus de douleur,
Sans y penser je me trouve hors de peine.

Puis quand je crois ma joie être certaine,
Et être au haut de mon désiré heur,°   bonheur
Il me remet en mon premier malheur.

COMMENTAIRE DU TEXTE

1. Ce sonnet est composé presque uniquement d'éléments antithétiques. L'antithèse est le procédé qui consiste à souligner, en les rapprochant, l'opposition de deux mots ou de deux idées.

   EXEMPLE: Je vis, je meurs

   a. Quels sont les deux sentiments en opposition dans le poème? Quelle en est la cause? A votre avis, quel est le sentiment dominant?
   b. Enumérez les manifestations de ces sentiments en dressant une liste des antithèses utilisées dans le sonnet.
      Quelles antithèses montrent que l'amour ne reste pas au niveau psychologique, mais qu'il peut aussi se manifester par des symptômes physiologiques?
      Dans quelle antithèse trouve-t-on une image inspirée de la nature?
      A quel sens (le goût, l'odorat, l'ouïe, le toucher, la vue) le premier quatrain[2] fait-il appel? Par quelles antithèses?
      Pourquoi ce sens correspond-il bien à la description de l'amour?
   c. Pourquoi l'antithèse convient-elle à la description de l'amour, tel que Louise Labé l'a éprouvé?
2. Le mot «amour» est écrit en majuscule dans le texte, ce qui signifie qu'il est personnifié. Pourquoi l'amour est-il représenté comme un être animé? Louise Labé est-elle esclave de l'Amour? ou bien peut-elle le dominer? Qui est le plus fort?
3. Etudiez la structure du sonnet. Dans les deux quatrains, Louise Labé décrit son agitation. Ce n'est qu'au premier tercet[2] que nous en apprenons la raison. Pourquoi ne l'a-t-elle pas annoncée dès le début? Cela crée-t-il une impression de souffrance plus extrême? Expliquez.

DE LA LITTERATURE A LA VIE

1. A votre avis, est-ce que ce poète du seizième siècle a fait une description de l'amour qui reste valable pour le lecteur moderne? Commentez. Quel genre d'amour a-t-elle décrit? Quelles autres sortes d'amour y a-t-il?

---

[2]Voir le chapitre préliminaire, p. 4.

2. La vie est-elle une succession de joie et de souffrance? Commentez. Faut-il connaître le malheur pour apprécier le bonheur? Expliquez. Vous n'êtes pas obligé(e) de parler de votre vie personnelle; vous pouvez prendre des exemples dans la littérature, le cinéma, la chanson, etc.

LE PETIT CHAPERON ROUGE

CHARLES PERRAULT

Charles Perrault (1628–1703) was the seventh child of a Parisian lawyer. He practiced law briefly and later served as superintendent of the royal buildings during the reign of Lous XIV. As a member of the **Académie française**, he became known for his progressive views on literary matters, but it is not for such accomplishments that he is remembered. Perrault's fame rests on his small volume of fairy tales—some in prose, others in poetry—published in 1697 under the title *Histoires ou contes du temps passé*. Among these tales are stories you probably know, such as "Sleeping Beauty," "Cinderella," and "Puss in Boots." You may be amused to find that the original text of "Little Red Riding Hood" is quite different from well-known adaptations by the Brothers Grimm and other storytellers.

The text has been reproduced in its original form, including capitalization of common nouns.

Le Vocabulaire essentiel...

apporter *to bring*
le **bûcheron** *woodcutter*
(se) **cacher** *to hide*
le **chemin** *path*
la **couverture** *blanket*

la **dent** *tooth*
être enrhumé(e) *to have a cold*
(être) fou (folle) (de quelqu'un) *(to be) crazy (about someone)*

le **loup** *wolf*
porter *to carry*
se **porter** *to feel (health)*

... et comment l'utiliser

A. Définissez les mots suivants.

1. le bûcheron
2. la couverture
3. la dent

4. le loup
5. le chemin
6. porter

B. Complétez les phrases avec les mots qui conviennent.

1. Sylvie ne _____ pas bien aujourd'hui; elle _____ et elle va rester au lit.
2. Son petit ami lui _____ des fleurs, mais elle _____ et ne veut pas le voir.
3. Cette attitude le rend très triste parce qu'il est absolument _____ d'elle.

Gustave Doré: Le Petit Chaperon rouge.

Il était une fois une petite fille de Village, la plus jolie qu'on eût su voir;° sa mère en était folle, et sa mère-grand plus folle encore. Cette bonne femme lui fit faire° un petit chaperon rouge, qui lui seyait si bien,° que partout on l'appelait le Petit chaperon rouge.

    Un jour sa mère, ayant cuit et fait° des galettes, lui dit: «Va voir comme° se porte ta mère-grand, car on m'a dit qu'elle était malade; porte-lui une galette et ce petit pot de beurre.» Le petit chaperon rouge partit aussistôt pour aller chez sa mère-grand, qui demeurait dans un autre Village. En passant dans un bois elle rencontra compère[3] le Loup, qui eut bien envie de la manger; mais il n'osa, à cause de quelques

qu'on... (*subj. lit.*) *that anyone had ever seen*
lui... *had had made for her*
lui... *was so becoming to her*

ayant... *having baked*
comment

---

[3]**compère:** ironic term of friendship. The closest English equivalent of **compère le Loup** would be *Brother Wolf.*

Bûcherons qui étaient dans la Forêt. Il lui demanda où elle allait; la pauvre enfant, qui ne savait pas qu'il est dangereux de
s'arrêter à écouter un Loup, lui dit: «Je vais voir ma Mère-
grand, et lui porter une galette avec un petit pot de beurre
que ma Mère lui envoie.—Demeure-t-elle bien loin? lui dit le
Loup.—Oh! oui, dit le petit chaperon rouge, c'est par delà° le
moulin que vous voyez tout là-bas, là-bas, à la première maison du Village.— Hé bien, dit le Loup, je veux l'aller voir°
aussi; je m'y en vais par ce chemin ici, et toi par ce chemin-
là, et nous verrons qui plus tôt y sera.» Le Loup se mit à courir de toute sa force par le chemin qui était le plus court, et la
petite fille s'en alla par le chemin le plus long, s'amusant à
cueillir des noisettes, à courir après des papillons, et à faire
des bouquets des petites fleurs qu'elle rencontrait. Le Loup ne
fut pas longtemps à arriver° à la maison de la Mère-grand; il
heurte:° Toc, toc. «Qui est là?—C'est votre fille le petit chaperon rouge (dit le Loup, en contrefaisant° sa voix) qui vous
apporte une galette et un petit pot de beurre que ma Mère
vous envoie.» La bonne Mère-grand, qui était dans son lit à
cause qu'elle° se trouvait un peu mal,° lui cria: «Tire la chevillette, la bobinette cherra.»° Le Loup tira la chevillette, et la
porte s'ouvrit. Il se jeta sur la bonne femme, et la dévora en
moins de rien;° car il y avait plus de trois jours qu'il n'avait
mangé. Ensuite il ferma la porte, et s'alla coucher° dans le lit
de la Mère-grand, en attendant le petit chaperon rouge, qui
quelque temps après vint heurter à la porte. Toc, toc. «Qui est
là?» Le petit chaperon rouge, qui entendit la grosse voix du
Loup, eut peur d'abord, mais croyant que sa Mère-grand était
enrhumée, répondit: «C'est votre fille le petit chaperon rouge,
qui vous apporte une galette et un petit pot de beurre que ma
Mère vous envoie.» Le Loup lui cria en adoucissant° un peu sa
voix: «Tire la chevillette, la bobinette cherra.» Le petit chaperon rouge tira la chevillette, et la porte s'ouvrit. Le Loup, la
voyant entrer, lui dit en se cachant dans le lit sous la couverture: «Mets la galette et le petit pot de beurre sur la
huche,° et viens te coucher avec moi.» Le petit chaperon rouge
se déshabille, et va se mettre dans le lit, où elle fut bien
étonnée de voir comment sa Mère-grand était faite en son
déshabillé.° Elle lui dit: «Ma mère-grand, que vous avez de
grands bras! —C'est pour mieux t'embrasser, ma fille. —Ma
mère-grand, que vous avez de grandes jambes! —C'est pour
mieux courir, mon enfant. —Ma mère-grand, que vous avez de
grandes oreilles! —C'est pour mieux écouter, mon enfant. —Ma
mère-grand, que vous avez de grands yeux! —C'est pour mieux
voir, mon enfant. —Ma mère-grand, que vous avez de grandes
dents! —C'est pour te manger.» Et en disant ces mots, ce
méchant Loup se jeta sur le petit chaperon rouge et la mangea.

par... *beyond*

je... forme démodée pour
«je veux aller la voir»

Le... *It didn't take the wolf
long to get*
knocks
disguising

à... forme démodée pour
«parce qu'elle» / se...
was not feeling too well
Tire... *Pull the latch and
the door will open.*
en... *in no time at all*
s'alla... forme démodée
pour «alla se coucher»

en... *softening*

breadbox

en... *without her clothes on*

MORALITE

On voit ici que de jeunes enfants,
  Surtout de jeunes filles
  Belles, bien faites, et gentilles,
Font très mal d'écouter toute sorte de gens,
  Et que ce n'est pas chose étrange
  S'il en est tant° que le loup mange.   *S'il... If there are so many*
  Je dis le loup, car tous les loups
  Ne sont pas de la même sorte;
  Il en est d'une humeur accorte,°   *Il... There are some clever*
  Sans bruit, sans fiel° et sans courroux,°   *ones*
  Qui privés,° complaisants et doux,   *bitterness / wrath*
  Suivent les jeunes Demoiselles   *gentle*
Jusque dans les maisons, jusque dans les ruelles°; *bedrooms*
  Mais hélas! qui ne sait que ces Loups doucereux,
  De tous les Loups sont les plus dangereux.

AVEZ-VOUS COMPRIS?

1. Quels sont les membres de la famille de la petite fille?
2. Pourquoi la petite fille est-elle connue par un sobriquet?
3. Quelle commission sa mère lui a-t-elle confiée?
4. Où la petite a-t-elle rencontré le loup? Pourquoi n'a-t-elle pas eu peur de lui?
5. Pourquoi le loup a-t-il été prudent?
6. Pourquoi la fillette a-t-elle mis plus longtemps que le loup pour arriver à la maison de la grand-mère?
7. Comment le loup a-t-il réussi à pénétrer dans la maison de la grand-mère?
8. Qu'a fait le loup en attendant le petit chaperon rouge?
9. Pourquoi la fillette a-t-elle cru reconnaître la voix de sa grand-mère?
10. Qu'a fait le loup pour attirer la petite dans le lit?
11. Racontez la fin de l'histoire.

COMMENTAIRE DU TEXTE

1. Les explications que le loup donne à la fillette suivent le même modèle («pour mieux t'embrasser, mon enfant», «pour mieux courir...», etc.). La dernière phrase est différente. Quels sont les mots que l'auteur a supprimés? Quel effet a-t-il voulu produire?
2. Quelles autres versions de ce conte connaissez-vous?
3. La métaphore[4] est un procédé littéraire. On se sert d'une image concrète pour illustrer une idée abstraite. Dans ce conte, le loup est une métaphore:

---

[4]Voir le chapitre préliminaire, p. 3.

il représente un danger. De quel danger l'auteur a-t-il voulu avertir les jeunes filles? Quel est donc le but de la moralité?
4. Un spécialiste des contes de fées a dit que si le petit chaperon rouge se déshabille et se met au lit sans objection, ou bien elle est idiote ou bien elle veut être séduite. Que pensez-vous de cette interprétation?

DE LA LITTERATURE A LA VIE

1. Dans quelle mesure la moralité du conte peut-elle être encore valable aujourd'hui? Dans quelles circonstances une personne trop naïve peut-elle se trouver en danger?
2. Quelle utilité pédagogique voyez-vous dans les contes de fées?
3. Quels livres avez vous lus pendant votre enfance? Quels souvenirs gardez-vous de ces lectures?

UN PEU DE GRAMMAIRE: LE PASSE·COMPOSE

Remplacez tous les verbes qui sont au passé simple dans «Le Petit Chaperon rouge» par des verbes au passé composé.

ACTIVITE

Racontez cette histoire du point de vue du loup.

LES LIAISONS DANGEREUSES

PIERRE CHODERLOS DE LACLOS

Pierre Choderlos de Laclos (1741–1803) began his military career as an artillery officer under the monarchy and ended it as a general of the Republican army. His bureaucratic duties allowed him to devote a great deal of time to literary activities. He wrote rather mediocre poems, operatic librettos, and several treatises on military strategy.

Laclos is famous for his one work of fiction, *Les Liaisons dangereuses*. It is an epistolary novel (**un roman épistolaire**)—that is, a novel in the form of letters written by the characters—a device that enables an author to present characters both as they see themselves and as others see them. *Les Liaisons dangereuses* begins with the following letter written by Cécile Volanges, a sixteen-year-old girl who has just left the convent where she was educated. Nothing definite has been said, but she suspects that now her mother will choose a husband for her from among the eligible bachelors of the aristocracy. In this letter to a convent friend, Cécile describes her first meeting with a male visitor.

Le Vocabulaire essentiel...

aisé(e) *well-to-do*
causer *to chat*
le **cordonnier** *shoemaker*

déconcerté(e) *taken aback*
le **genou** *knee*

honteux (-euse) *ashamed;
shameful*

... et comment l'utiliser

Complétez les phrases avec les mots qui conviennent.

1. Chaque fois que Micheline me téléphone, nous ____ pendant une demi-heure.
2. Quand le petit Stéphane va voir son grand-père, il veut toujours s'asseoir sur ses ____ .
3. Pour faire réparer vos chaussures, vous allez chez le ____ .
4. Ma meilleure amie m'a appris qu'elle allait se marier; cette nouvelle m'a ____
5. Je suis ____ d'avoir menti à mes parents.
6. C'est une famille ____ ; ils ont une fortune considérable.

Lettre Première: Cécile Volanges à Sophie Carnay aux Ursulines de...

Tu vois, ma bonne amie, que je tiens parole,° et que les bonnets et les pompons° ne prennent pas tout mon temps; il m'en restera toujours° pour toi. J'ai pourtant vu plus de parures° dans cette seule journée que dans les quatre ans que nous avons passés ensemble; et je crois que la superbe Tanville* aura plus de chagrin à ma première visite, où je compte bien la demander,° qu'elle n'a cru nous en faire toutes les fois qu'elle est venue nous voir *in fiocchi*.° Maman m'a consultée sur tout; elle me traite beaucoup moins en pensionnaire° que par° le passé. J'ai une femme de chambre° à moi; j'ai une chambre et un cabinet dont je dispose,° et je t'écris à un secrétaire° très joli, dont on m'a remis° la clef, et où je peux renfermer tout ce que je veux. Maman m'a dit que je la verrais tous les jours à son lever; qu'il suffisait que je fusse° coiffée pour dîner, parce que nous serions toujours seules, et qu'alors elle me dirait chaque jour l'heure où je devrais l'aller joindre° l'après-midi. Le reste du temps est à ma disposition, et j'ai ma harpe, mon dessin° et des livres comme au couvent; si ce n'est° que la mère Perpétue n'est pas là pour me gronder,

tiens... *keep my word*
frills
il... *I will always have
time* / *adornments*

la... *demander de la voir*
in... *in bows*
boarding school student
dans / femme... *maid*
un... *a study at my
disposal*
secretary (desk) / *given*

être *(subj. lit.)*

je... *forme démodée pour
«je devrais aller la
rejoindre»*
drawing
si... *except*

---

*Pensionnaire du même couvent.

Mlle Contat dans Le Mariage de Figaro.

et qu'il ne tiendrait qu'à moi d'être toujours à rien faire: mais comme je n'ai pas ma Sophie pour causer et pour rire, j'aime autant m'occuper.

Il n'est pas encore cinq heures; je ne dois aller retrouver Maman qu'à sept:° voilà bien du temps, si j'avais quelque chose à te dire! Mais on ne m'a encore parlé de rien; et sans les apprêts que je vois faire,° et la quantité d'ouvrières qui viennent toutes pour moi, je croirais qu'on ne songe pas à me marier, et que c'est un radotage° de plus de la bonne Joséphine.* Cependant Maman m'a dit si souvent qu'une demoiselle devait rester au couvent jusqu'à ce qu'elle se mariât, que puisqu'elle m'en fait sortir, il faut bien que Joséphine ait raison.

ne... *don't have to go meet Mama until seven*

apprêts... *preparations I see being made*

gossiping

---

*Tourière° du couvent.

Uncloistered nun

Il° vient d'arrêter un carrosse à la porte, et Maman me fait dire° de passer chez elle° tout de suite. Si c'était le Monsieur? Je ne suis pas habillée, la main me tremble et le cœur me bat. J'ai demandé à la femme de chambre si elle savait qui était chez ma mère: «Vraiment, m'a-t-elle dit, c'est M. C***.» Et elle riait. Oh! je crois que c'est lui. Je reviendrai sûrement te raconter ce qui se sera passé. Voilà toujours son nom. Il ne faut pas se faire attendre. Adieu, jusqu'à un petit moment.

sujet impersonnel
me... sends me word / chez... her quarters

Comme tu vas te moquer de la pauvre Cécile! Oh! j'ai été bien honteuse! Mais tu y aurais été attrapée° comme moi. En entrant chez Maman, j'ai vu un monsieur en noir, debout auprès d'elle. Je l'ai salué du mieux que j'ai pu, et suis restée sans pouvoir bouger° de ma place. Tu juges combien je l'examinais! «Madame», a-t-il dit à ma mère, en me saluant, «voilà une charmante demoiselle, et je sens mieux que jamais le prix de vos bontés.°» A ce propos° si positif, il° m'a pris un tremblement tel que je ne pouvais me soutenir,° j'ai trouvé un fauteuil, et je m'y suis assise, bien rouge et bien déconcertée. J'y étais à peine, que voilà cet homme, à mes genoux. Ta pauvre Cécile alors a perdu la tête; j'étais, comme a dit Maman, tout effarouchée.° Je me suis levée en jetant un cri perçant;... tiens, comme ce jour du tonnerre. Maman est partie d'un éclat de rire,° en me disant: «Eh bien! qu'avez-vous°? Asseyez-vous et donnez votre pied à Monsieur.» En effet, ma chère amie, le monsieur était un cordonnier. Je ne peux te rendre° combien j'ai été honteuse: par bonheur° il n'y avait que Maman. Je crois que, quand je serai mariée, je ne me servirai plus de ce cordonnier-là.

fooled

move

le... the value of your kindnesses / remark / sujet impersonnel keep from falling

aghast

est... burst out laughing / qu'... what's wrong?

describe / par... luckily

Conviens que nous voilà bien savantes!° Adieu. Il est près de six heures, et ma femme de chambre dit qu'il faut que je m'habille. Adieu, ma chère Sophie! je t'aime comme si j'étais encore au couvent.

Conviens... You must admit that we are well-informed

P. S. Je ne sais par qui envoyer ma lettre: ainsi j'attendrai que Joséphine vienne.

*Paris, ce 3 août 17**.*

AVEZ-VOUS COMPRIS?

1. Où Cécile a-t-elle fait la connaissance de Sophie?
2. Comment Cécile est-elle installée chez sa mère?
3. Comment passe-t-elle son temps? Quelles obligations a-t-elle envers sa mère?

4. Pourquoi, d'après Cécile, sa mère l'a-t-elle fait sortir du couvent?
5. Pourquoi Cécile interrompt-elle sa lettre?
6. Qui est-ce que Cécile a vu en entrant dans l'appartement de sa mère? Pour qui a-t-elle pris le visiteur?
7. Comment Cécile a-t-elle réagi au compliment du visiteur? Pourquoi?
8. Qu'a-t-elle fait en voyant le monsieur à genoux devant elle?
9. Qu'est-ce que sa mère a fait pour la calmer?
10. Pourquoi Cécile a-t-elle été honteuse?

COMMENTAIRE DU TEXTE

1. Les préoccupations de Cécile, la manière dont elle s'exprime, le ton de sa lettre, tout révèle son âge et son milieu. Relevez les phrases et les incidents qui signalent que l'auteur de cette lettre est une jeune fille aisée et inexpérimentée.
2. Quels sont les rapports entre mère et fille? Ont-elles des rapports étroits ou distants? Quelle impression avez-vous de la mère de Cécile? Vous semble-t-elle exigeante? indulgente? très attachée à sa fille?
3. Qu'est-ce que cette lettre nous apprend en ce qui concerne le mariage au dix-huitième siècle? Pourquoi les jeunes filles comme Cécile n'étaient-elles pas libres de choisir leurs époux? Quelle préparation au mariage recevaient-elles?

DE LA LITTERATURE A LA VIE

1. D'habitude, quand allez-vous chercher votre courrier? Le lisez-vous immédiatement? Pourquoi? Que faites-vous de vos lettres après les avoir lues? Quelles lettres relisez-vous? Pourquoi? Quand et à qui écrivez-vous le plus souvent? Pour quelles raisons?
2. Tout le monde aime recevoir des lettres, mais peu de gens aiment en écrire. Pourquoi écrit-on moins de lettres aujourd'hui que dans le passé?
3. Nous avons beaucoup appris sur l'histoire et les mentalités du passé grâce aux nombreuses correspondances qui ont été conservées. Qu'est-ce que nous risquons de perdre si l'art épistolaire disparaît?

ACTIVITE

Ecrivez une lettre à un(e) ami(e) pour lui raconter un incident embarrassant qui vous est arrivé récemment.

TRISTESSE

ALFRED DE MUSSET

One of the great lyric periods of French literature was the Romantic movement, which Alfred de Musset (1810–1857) joined as a young man. A prodigy, at eighteen he was admitted to one of the most prestigious literary circles of Paris, the **Cénacle** of Victor Hugo. He seems to have experienced everything too early: success, love, debauchery. Success did not last; his first play was a fiasco. Musset's relationship with the novelist George Sand deteriorated when she left him for the doctor who had treated him for an illness during their trip to Venice. Drinking finally ruined his health.

Eugène Lami: Alfred de Musset.

The sonnet "Tristesse," written when Musset was thirty, contains his essential theme: the conflict between the Romantic search for the absolute and the shattering of illusion. Instead of the traditional twelve-syllable line,[5] this sonnet uses an eight-syllable line, commonly found in another poetic form, the ballad. This device affords a gentle rhythm that is well-suited to the expression of melancholy. The language of this sonnet is not difficult, but the images require careful analysis and reflection. Consider them in relation to the theme, keeping in mind that a given word or image may lend itself to more than one interpretation.

J'ai perdu ma force et ma vie,
Et mes amis et ma gaîté;
J'ai perdu jusqu'à la fierté°   jusqu'à... *even the pride*
Qui faisait croire à mon génie.

Quand j'ai connu la Vérité,
J'ai cru que c'était une amie;
Quand je l'ai comprise et sentie,
J'en étais déjà dégoûté.

Et pourtant elle est éternelle,
Et ceux qui se sont passés d'°elle   se... *have done without*
Ici-bas° ont tout ignoré.   Sur la terre

Dieu parle, il faut qu'on lui réponde.
Le seul bien qui me reste° au monde   qui... *which I am left with*
Est d'avoir quelquefois pleuré.

COMMENTAIRE DU TEXTE

1. On reconnaît dans ce sonnet certaines idées ou tendances caractéristiques d'autres ouvrages romantiques du dix-neuvième siècle. Trouvez les mots ou les vers qui les signalent.
   a. le lyrisme personnel, l'expression des sentiments profonds et intimes du poète
   b. la mélancolie, associée à la désillusion et au dégoût de l'existence
   c. le désir du renom
   d. la foi religieuse
   e. l'importance du sentiment
2. Les grands poètes savent dire beaucoup en peu de mots. Pour apprécier un poème, on doit faire un effort pour découvrir tous les sens possibles des mots. L'interprétation des diverses nuances d'un mot dépend non seulement du contexte mais aussi du lecteur, qui y apporte son expérience personnelle.

---

[5] See Chapitre préliminaire, p. 4.

Examinez les mots suivants.

a. force: S'agit-il de force physique ou bien de force morale? Expliquez.

b. la Vérité: Comment interprétez-vous ce mot? En quoi la verité peut-elle être décevante? Le poète en est-il complètement dégoûté? La considère-t-il comme absolue ou relative? Justifiez votre réponse. Qu'est-ce que la personnification ajoute à la signification de ce mot?

c. Dieu: L'image de Dieu ici n'a pas seulement un sens religieux. Que peut-elle signifier d'autre? La voix de la conscience? un idéal moral? un idéal artistique? Peut-on associer Dieu à la vérité? «Dieu parle.» Que dit-il? Comment répondre à Dieu ou à ce que Dieu représente?

3. Tout en exprimant leurs sentiments individuels, les grands poètes lyriques évoquent à la fois ce qu'il y a d'universel dans l'expérience humaine et ce qu'il y a de personnel chez le lecteur. Chaque poème se prête donc à diverses interprétations. Quelle est votre interprétation de ce sonnet? Quelles impressions ou quels sentiments a-t-il éveillés en vous? Que signifie-t-il pour vous?

DE LA LITTERATURE A LA VIE

1. Musset évoque certaines aspirations et illusions détruites par la réalité de la vie. Est-il vrai que le scepticisme de l'âge mûr remplace l'idéalisme et l'enthousiasme de la jeunesse? La désillusion est-elle inévitable ou peut-on faire face aux problèmes de l'existence tout en restant optimiste? Commentez.

2. Est-ce un bien de pouvoir pleurer? Pourquoi?

5 La Vie scolaire

Vincent Van Gogh: Les Livres jaunes.

Like many other institutions in French life, the educational system has been revised to meet the needs of a technological society. The current attitudes of students as well as teachers toward learning are quite different from what they were before the "revolution" of May 1968. Many teachers think that too many concessions have been made, while students often think that the reforms have been insufficient. The passage by Marcel Pagnol describes a **lycée** at the beginning of the twentieth century. The poem written by a fifteen-year-old student in the late 1970s considers student–teacher relationships from an unusual point of view. Together these two selections show how education has changed in France.

LE TEMPS DES SECRETS

MARCEL PAGNOL

Marcel Pagnol (1895–1974) began his literary career as a poet when he was still at the **lycée**, but his first public success was a play, *Topaze* (1928). It was followed a year later by the equally successful play *Marius*. Pagnol is also known as a film-maker and as a translator of Shakespeare and Virgil. In 1946 he was elected to the **Académie française** (see Chapter 4, page 48). His most popular work is *Souvenirs d'enfance*, from which we have selected some passages describing young Marcel's first day at a crowded **lycée**.

Le Vocabulaire essentiel ...

accueillir *to greet, welcome*
le **chuchotement** *whispering*
chuchoter *to whisper*
dépaysé(e) *disoriented; out of one's element*
un(e) **drôle de** *funny; strange*
éloigné(e) *distant, far from*

l'**emploi** (*m.*) **du temps** *schedule*
épais(se) *thick*
l'**événement** (*m.*) *event*
gratuitement *free of charge*
le **maître** *teacher; master*
nul(le) *incapable; worthless*

le **rang** *row*
la **surveillance** *supervision*
le/la **surveillant(e)** *supervisor*
surveiller *to supervise*
se **tromper (de)** *to be wrong, mistaken (about)*

... et comment l'utiliser

A. Trouvez l'équivalent de chaque expression.

1. parler à voix basse   2. le professeur   3. incapable   4. faire une erreur
5. mal à l'aise   6. l'horaire   7. personne chargée de la discipline

B. Trouvez le contraire de chaque expression.

1. mettre à la porte
2. proche
3. mince
4. laisser faire
5. en payant

C. Complétez le paragraphe avec les mots qui conviennent.

C'était la rentrée des classes, un grand _____ dans la vie de Luc. Il était complètement _____ . Il se retrouvait dans une école inconnue, _____ de chez lui, un _____ endroit où les nouveaux élèves étaient _____ par des _____ à l'air sévère. Alignés en _____ réguliers, sous la _____ de leurs professeurs, les nouveaux venus ne disaient pas un mot; les plus audacieux se contentaient de _____ . Luc avait bien reçu _____ de ses cours avec le numéro des salles mais il avait dû _____ de classe trois fois dans la matinée. Il se sentait _____ , perdu entre les quatre murs _____ d'une prison d'où il ne pourrait jamais plus sortir. Il était déçu et découragé et pourtant, il avait été si fier de recevoir une bourse et de pouvoir aller au lycée _____ !

I. La Salle d'étude[1]

[...] Un monsieur très distingué[...] fit un pas° vers nous, en s'appuyant° sur une canne noire à bout de caoutchouc, puis d'une voix de commandement, qui était sonore et cuivrée,° il dit:

    [...]—Les demi-pensionnaires[2] de sixième et cinquième A et B! Entrez. Nous entrâmes.

    Sitôt la porte franchie,° il y eût une ruée° générale, pour s'installer aux places convoitées: je constatai avec surprise que c'étaient celles qui étaient les plus éloignées de la chaire.°

    [...] Notre maître, impassible comme un roc au milieu d'une mer agitée, regardait les événements. Enfin, il cria une phrase que je devais entendre tous les jours, pendant deux années:

    —Que c'est long, messieurs, que c'est long!

    C'était une sorte de mugissement° mélancolique, une plainte menaçante nuancée de surprise et de regret.

    Puis il se tut° pendant une minute, et le tumulte s'apaisait° peu à peu. Alors d'une voix tonnante, il cria:

    —Silence!

fit... took a step
en... while leaning
metallic

Sitôt... As soon as we got through the door / rush

teacher's desk

moan

se... (passé simple) se taire
quieted down

---

[1]Section titles have been added by the authors of *Collage*. They do not appear in the original text.
[2]**Les demi-pensionnaires:** *day students.* The students are divided into several groups: the **internes,** or *full-boarders;* the **demi-pensionnaires,** or *half-boarders,* who take their noon meal at school; the **externes,** who go home for their meals. There is a further division between the younger students, **les petits,** and the older ones, **les grands.**

Un autre aspect de la vie scolaire: Cours en amphi à la Sorbonne.

Et le silence fut.

J'avais été porté par les bousculades° jusque devant la chaire et je me trouvais assis à côté d'un garçon très brun et joufflu,° qui paraissait consterné d'avoir été refoulé° jusque-là.

Le monsieur remonta lentement vers le tableau noir, en traînant° un peu sa jambe droite. Alors il regarda bien en face toute la compagnie, puis avec un sourire à peine esquissé,° il dit d'un ton sans réplique°:

—Messieurs, les élèves qui méritent une surveillance constante ont une tendance naturelle à s'y soustraire.° Comme je ne connais encore aucun d'entre vous, je vous ai laissé la liberté de choisir vos places: ainsi les malintentionnés, en faisant des efforts désespérés pour s'installer loin de la chaire, se sont désignés d'eux-mêmes. Les élèves du dernier rang, debout!

Ils se levèrent, surpris.

—Prenez vos affaires, et changez de place avec ceux du premier rang.

Je vis la joie éclater sur le visage de mon voisin, tandis que° les dépossédés s'avançaient, consternés.

Nous allâmes nous installer au tout dernier pupitre, dans le coin de droite en regardant la chaire.

pushing and shoving

chubby / forced back

en... dragging
sourire... barely visible smile
ton... authoritative tone

s'y... elude it, avoid it

tandis... while

—Maintenant, dit notre maître, chacun de vous va prendre possession du casier° qui est le plus près de sa place.

Tout le monde se leva, et le brouhaha° recommença.

[...] Notre maître lança soudain sa lamentation:

—Que c'est long, messieurs, que c'est long!

Il attendit presque une minute, puis il ordonna, sur le ton d'un officier:

—A vos places!

Dans un grand silence, il monta à la chaire, s'y établit,° et je crus° qu'il allait commencer à nous faire la classe: je me trompais.

—Messieurs, dit-il, nous allons passer ensemble toute une année scolaire et j'espère que vous m'épargnerez° la peine de vous distribuer des zéros de conduite,° des retenues,° ou des consignes.° Vous n'êtes plus des enfants, puisque vous êtes en sixième et en cinquième.° Donc, vous devez comprendre la nécessité du travail, de l'ordre, et de la discipline. Maintenant, pour inaugurer votre année scolaire, je vais vous distribuer vos emplois du temps.

Il prit sur le coin de sa chaire une liasse de feuilles,° et fit le tour de l'étude,° donnant à chacun celle qui lui convenait.

J'appris ainsi que nos journées débutaient° à huit heures moins un quart par une «étude» d'un quart d'heure,° suivie de deux classes d'une heure. A dix heures, après un quart d'heure de récréation, encore une heure de classe, et trois quarts d'heure d'étude avant de descendre au réfectoire, dans les sous-sols de l'internat.°

Après le repas de midi, une récréation d'une heure entière précédait une demi-heure d'étude, qui était suivie—*ex abrupto*°—de deux heures de classe.

A quatre heures, seconde récréation, puis de cinq à sept, la longue et paisible étude du soir.

En somme, nous restions au lycée onze heures par jour, sauf le jeudi, dont la matinée était remplie par une étude de quatre heures: c'était la semaine de soixante heures, qui pouvait encore être allongée° par la demi-consigne du jeudi ou la consigne entière du dimanche.

Pendant que je réfléchissais, j'entendis un chuchotement, qui disait:

—En quelle section es-tu?

D'abord, je ne compris pas que c'était mon voisin qui me parlait car il restait parfaitement impassible, le regard fixé sur son emploi du temps.

Mais je vis tout à coup le coin de sa bouche remuer imperceptiblement, et il répéta sa question.

J'admirai sa technique, et en essayant de l'imiter, je répondis:

---

shelf

hubbub

s'y... *settled in*
je... *I believed*

vous... *you will spare me*
zéros... *F for behavior/*
detentions
detentions for an extended
time
en sixième... *in fifth and*
sixth grades (ages 11
and 12)

liasse... *bundle of papers*
study hall
started off
étude... *fifteen-minute*
study period

boarders' building

ex... *immediately*

extended

—Sixième A2.

—Chic!° dit-il. Moi aussi.[...] Est-ce que tu viens du Petit
Lycée?

—Non. J'étais à l'école du chemin des Chartreux.

—Moi, j'ai toujours été au lycée. A cause du latin, je
redouble° la sixième.

Je ne compris pas ce mot, et je crus qu'il voulait dire qu'il
avait l'intention de redoubler d'efforts. Il continua:

—Tu es bon élève?

—Je ne sais pas. En tout cas, j'ai été reçu second aux°
bourses.

—Oh! dit-il avec joie. Chic! Moi, je suis complètement nul.
Tu me feras copier sur toi.°

—Copier quoi?

—Les devoirs parbleu!° Pour que ça ne se voie pas,
j'ajouterai quelques fautes, et alors...

Il se frotta les mains joyeusement.

Je fus stupéfait. Copier sur le voisin, c'était une action
déshonorante. Et [...] lorsque deux devoirs se ressemblent, le
professeur ne peut pas savoir lequel des deux est une imposture,° et le trop généreux complice est souvent puni comme
l'imposteur.

Je me promis d'exposer mes craintes à mon cynique voisin
pendant la récréation, et je préparais mes arguments, lorsque,
à ma grande surprise le tonnerre du tambour° éclata dans le
couloir, et toute l'étude se leva. Nous allâmes nous mettre en
rang devant la porte: elle s'ouvrit d'elle-même, et le surveillant de la récréation reparut,° et dit simplement: «Allez!»

Nous le suivîmes.

—Où va-t-on? demandai-je à mon voisin.

—En classe. On monte à l'externat.°

Great!

*je... I am repeating (a
class)*

*j'ai... I came in second for
the*

*Tu... You'll let me copy
your work.*

for heaven's sake

fraud

*tonnerre... thunder of the
drum (used instead of a
bell to announce the end
of each class period)
reappeared*

day students' building

AVEZ-VOUS COMPRIS?

1. Quelle sorte de personne était le monsieur qui surveillait la salle d'étude?
2. Qu'a-t-il fait pour s'assurer que les étudiants feraient bien leur travail?
3. Pourquoi le voisin de Marcel était-il content de changer de place?
4. Quelles recommandations et quelles menaces le surveillant a-t-il faites aux élèves?
5. Combien d'heures de cours par jour les élèves avaient-ils?
6. Qu'est-ce qui a fait comprendre à Marcel que son voisin n'était pas bon étudiant?
7. Comment Marcel a-t-il réagi quand son voisin lui a proposé de lui laisser copier les devoirs?
8. Pourquoi Marcel n'a-t-il pas pu lui parler de ses craintes?

II. La Classe de latin

[...] C'était une très grande salle. Le mur du fond était percé de quatre fenêtres, à travers lesquelles on voyait les feuillages des platanes° de l'internat. Sur la gauche, de très longs pupitres à sept ou huit places, étagés sur des gradins de bois.° A droite, à partir de° la porte, un poêle,° puis un grand tableau noir au-dessus d'une plate-forme; enfin, sur une estrade un peu plus élevée, une chaire, et dans la chaire, un professeur.

C'était un homme d'un grand volume. Sur des épaules épaisses, une figure° grasse et rose, que prolongeait une belle barbe blonde, et vaguement ondulée. Il portait un veston noir. A sa boutonnière, je vis luire un ruban violet. Les Palmes académiques°! Espoir et rêve de mon père, qui pensait les obtenir au jour de sa retraite.

[...] Un bon nombre d'élèves nous avaient précédés, et je vis avec surprise que ceux-là se disputaient en silence les places des premiers rangs.

—C'est des externes, me dit mon ami. Il faut toujours qu'ils se fassent voir.° Viens vite!

Il m'entraîna vers deux places encore libres, à l'extrémité de l'avant-dernier gradin, juste devant une autre fenêtre qui donnait sur° la galerie.

Nous nous installâmes, d'un air modeste et soumis. Au dernier banc, derrière nous, il y avait déjà deux inconnus, qui me parurent bien grands pour une classe de sixième. Ils accueillirent mon ami par des clins d'yeux et des sourires narquois.°

—Toi aussi? demanda à voix basse le plus grand.

—Oui, à cause du latin.

Il me parla encore une fois du coin des lèvres.

—Eux aussi, ils redoublent.

—Qu'est-ce que ça veut dire?

Il parut stupéfait, et presque incrédule. Puis sur le ton de la pitié:

—Ça veut dire qu'on recommence la sixième, parce qu'on ne nous a pas voulus en cinquième!

Je fus désolé d'apprendre que mon ami était un cancre,° mais je n'en fus pas étonné, puisque je savais déjà qu'il avait l'intention de copier mes devoirs.

Tout en préparant les cahiers et les porte-plumes, je regardais notre professeur de latin, qui examinait son troupeau° avec une sérénité parfaite.

A voix très basse, je demandai:

—Tu le connais déjà?

—Non, dit-il, l'année dernière j'étais en A1, avec Bergeret.

plane trees

étagés... *lined up on wooden tiers*

à... *starting from / stove*

face

Palmes... *award from the Ministry of Education*

sc... *show off*

donnait... *looked out on*

sourires... *mocking smiles*

(*fam.*) *dunce*

flock

Celui-là, je sais qu'il s'appelle Socrate.

Nous ne pûmes° continuer la conversation, parce que M. Socrate nous regarda. Mais ce nom m'intrigua: je savais qu'il y avait déjà eu un Socrate, un poète grec, qui se promenait sous des platanes avec ses amis, et qui avait fini par se suicider en buvant une tisane de ciguë° (que je prononçais «sigue»). C'était peut-être parce qu'il était parent° de celui-là qu'on lui avait donné les Palmes académiques?

Il y avait un grand silence, parce qu'on ne se connaissait pas; en ce premier jour, nous étions presque tous dépaysés et solitaires: la classe n'était pas encore formée.

M. Socrate commença par nous dicter la liste des livres qui nous seraient nécessaires. Elle remplissait toute une page, et cet assortiment devait coûter très cher. Mais je ne fus pas inquiet, car grâce à la bourse, le lycée devait me les fournir gratuitement.

Quand cette dictée fut finie, M. Socrate alla au tableau, et y écrivit bellement la déclinaison de «Rosa la Rose»,° en nous disant que ce serait notre leçon pour le lendemain.

[...] Enfin, quand on entendit la ruée des classes voisines, sous la galerie, il dit, avec une autorité souveraine:

—Allez!

[...] Dans le couloir, mon voisin Lagneau dit simplement:

—Il a l'air gentil, mais c'est une vache.° [...] Viens. On va chercher la classe d'anglais.

—C'est une autre classe?

—Bien sûr.

—On a plusieurs classes?

—Oui.

—Pourquoi?

—Parce qu'il y en a qui font de l'allemand, et d'autres de l'anglais. Alors, nous allons être mélangés avec les anglais° de sixième A1.

J'étais un peu dérouté.°

—Alors, ce n'est pas Socrate?

—Penses-tu!° dit Lagneau avec mépris.° Il en a déjà bien assez de savoir le latin!

Nous... We could not

en... drinking a hemlock potion
a relative

Rosa... declension of the noun "rose"

(fam.) swine

students of English

bewildered

Are you kidding?/scorn

AVEZ-VOUS COMPRIS?

1. Qu'est-ce qui rendait la classe et le professeur si imposants?
2. Pourquoi les externes aimaient-ils se faire remarquer? En quoi étaient-ils différents des autres élèves?
3. Comment Marcel a-t-il eu la preuve que son voisin était un cancre?

4. Pourquoi les élèves étaient-ils tranquilles et silencieux pendant le cours de latin?
5. Comment s'appelait le professeur de latin? Quel rapport Marcel a-t-il vu entre ce professeur et le philosophe grec du même nom?
6. Quels avantages Marcel avait-il grâce à sa bourse?
7. Comment s'appelait le voisin de Marcel? Où les étudiants devaient-ils aller après la classe de latin?
8. Combien de langues étrangères étudiait-on dans ce lycée?

III. La Classe d'anglais... la récréation... la classe de mathématiques... la salle d'étude

Nous trouvâmes dans la chaire un autre professeur.

Il était bien moins imposant: petit, carré,° très brun, la voix agréable.   *stocky*

[...] J'appris que notre professeur s'appelait M. Pitzu: c'était un nom un peu étrange. Mais Lagneau m'expliqua la chose, en me disant que c'était un Anglais véritable, ce qui me parut confirmé par le fait qu'il parlait le français avec un accent qui n'était pas le nôtre.

Il nous enseigna «this is the door, this is the desk, this is a chair, this is a book», et cette langue me parut admirable parce qu'il n'y avait pas de déclinaison.

Après cette classe, il y eut un simulacre° de récréation: *mockery*
c'est-à-dire que nous allâmes passer dix minutes dans la vaste cour de l'externat, où plusieurs centaines d'élèves de tous âges, les uns au trot, les autres au galop, couraient vers les cabinets,° tandis que° des professeurs, portant de lourdes serviettes° sous le bras, erraient sous la galerie.   *cabinets (de toilette)/tandis... while briefcases*

On n'avait ni le temps ni la place d'organiser le moindre°   *le... any kind of*
jeu, et on pouvait tout juste vider° rapidement une querelle   *on... we were barely able to settle*
commencée en classe. Il y eut deux batailles de grands: je n'en pus rien voir, à cause du cercle des autres grands qui étaient aux meilleures places, mais j'eus l'occasion d'entendre claquer une gifle° énorme et de voir un œil poché.°   *slap/œil... black eye*

Nous allâmes ensuite au cours de mathématiques. Ce mot m'avait effrayé, mais c'était tout bonnement° la classe de   *simply*
calcul.

Ce professeur était tout petit, avec une moustache noire, épaisse, mais courte, et il roulait les *r* à la façon de l'oncle Jules.

Il avait encore un drôle de nom: M. Pétunia. Il nous interrogea tour à tour: Alban (un externe bien coiffé), et N'Guyen, un pensionnaire annamite,° me semblèrent assez brillants.   *Vietnamese*

Une école dans la banlieue de Paris.

Mais c'est moi qui fis les meilleures réponses, et Lagneau en eut l'eau à la bouche° à la pensée qu'il copierait mes problèmes. Pétunia me félicita et me donna dix sur dix:[3] je connus° à ce signe que c'était un bon professeur.

  Nous redescendîmes ensuite en étude, et j'entendis encore une fois la longue plainte modulée: «Que c'est long, messieurs, que c'est long!»

  Je recopiai «Rosa la Rose» sur mon cahier de latin, puis «this is the door» et le reste sur le cahier d'anglais.

  Lagneau admira mon écriture, mais ne fit rien pour me montrer la sienne:° il lisait, derrière une pile de cahiers, un livre illustré.

  Je chuchotai:

—Qu'est-ce que tu lis?

—Jules Verne.

—Lequel?

Alors, sans lever les yeux ni sourire, il répondit:

—Vingt mille merdes sous les lieux.[4]

  J'éclatai de rire;° M. Pétunia me regarda sévèrement, et il allait certainement m'interpeller:° par bonheur, le tambour roula, et rompit l'enchantement° du silence obligatoire.[...]

Lagneau... Lagneau's mouth watered

could tell

la... his own

éclatai... burst out laughing
call on me
rompit... broke the spell

---

[3]The French grading system was formerly based on a ten-point scale; ten out of ten (**dix sur dix**) was a perfect score. At the present time, French schools use a twenty-point scale.

[4]**Vingt mille merdes sous les lieux** is a play on the words of the original title: *Vingt mille lieues sous les mers.*

AVEZ-VOUS COMPRIS?

1. Qui était M. Pitzu? Pourquoi Marcel a-t-il admiré la langue anglaise?
2. Pourquoi Marcel a-t-il trouvé la récréation amusante? Comment s'est-elle passée? Où allaient les étudiants après la récréation?
3. Comment s'appelait le professeur de calcul? Pourquoi Marcel a-t-il pensé que ce prof était très bon?
4. Où allaient-ils après la classe de maths? Que faisait Lagneau? Quel jeu de mots a-t-il fait?

COMMENTAIRE DU TEXTE

1. Quelles réactions Marcel a-t-il eues face à sa nouvelle vie? Quels traits de caractère a-t-il montrés? Analysez surtout certains moments, par exemple, au début, quand il est entré en classe, quand il a reçu son emploi du temps, etc.
2. La qualité la plus attrayante de ce récit est le ton humoristique qui réussit à être, à la fois, amusant et tendre. Quelles expressions et quelles scènes illustrent cette qualité?

DE LA LITTERATURE A LA VIE

1. Dans ce lycée il n'y a que des garçons. Quels sont les avantages et les inconvénients de ce type d'école?
2. Est-il important de commencer l'étude d'une langue étrangère quand on est très jeune? Est-ce que l'on apprend plus vite? Est-ce que l'on est moins timide?
3. Les étudiants de ce lycée semblent avoir beaucoup de travail. Quand vous étiez au lycée, combien d'heures étudiiez-vous par semaine? Quelles matières avez-vous étudiées? Lesquelles avez-vous trouvées intéressantes? Lesquelles vous ont aidé(e) à choisir votre spécialité à l'université?
4. Dans les écoles françaises il n'y a pas beaucoup de temps pour les activités sportives. Par contre, pourquoi sont-elles considérées importantes dans les écoles américaines? Pour apprendre aux enfants à travailler en groupe, à développer l'esprit de corps? pour encourager même les paresseux à s'intéresser aux sports?
5. Les professeurs de Marcel Pagnol ont des drôles de noms. Il s'agit évidemment de sobriquets inventés par les étudiants. Un sobriquet, à quoi ça sert?

UN PEU DE GRAMMAIRE: LE PASSE COMPOSE ET L'IMPARFAIT

En employant le passé composé et l'imparfait, racontez un événement mémorable de votre vie scolaire.

PROFESSEUR

The following poem was written by a fifteen-year-old student who chose to remain anonymous. It was published in *Poèmes d'adolescents*, a collection of poems written by students aged twelve through eighteen. Their work is remarkable for its simplicity of language and its deep perceptions.

Chaque matin
Devant les élèves endormis
Devant les élèves
Qui rêvent jouent
Ou ne font rien
Devant les élèves
Qui se taisent°   *se... are silent*
Pour ne pas l'embêter

Chaque matin
Le professeur lit son cours

Autrefois il s'intéressait
Au cours qu'il préparait
Il arrivait content
De présenter
Aux élèves
Quelque chose qui les
Intéresserait
Mais tous s'endormaient

Maintenant
Il relit ses cours
Sans plus
Se faire d'illusions
Sans plus
Croire que cela
Puisse intéresser
Qui que ce soit°   *Qui... No matter whom*

Maintenant
Lui aussi
S'endort

AVEZ-VOUS COMPRIS?

1. Quelle est l'attitude des élèves? Que font-ils?
2. Quelle était l'attitude du professeur au début de sa carrière?
3. Pour quelle raison le prof du poème finit-il, lui aussi, par s'endormir en classe?

COMMENTAIRE DU TEXTE

Lorsqu'il écrit un poème, le poète choisit chaque mot avec soin. Si un mot est répété, c'est que le poète veut le mettre en relief pour souligner une idée ou pour produire un effet. Quel est l'effet produit par la répétition des expressions «chaque matin», «devant les élèves», «maintenant» et «sans plus»?

DE LA LITTERATURE A LA VIE

1. On se moque souvent des profs, on les accuse d'avoir l'esprit étroit, de manquer d'enthousiasme et d'imagination. Ce poème présente un point de vue un peu différent; la réussite d'un cours semble venir en partie des étudiants. Quelles sont les responsabilités des étudiants? Peut-on apprendre même si on n'aime pas le prof? Expliquez. Que peuvent faire les étudiants pour contribuer au succès d'un cours? Doivent-ils le respect à leurs profs? Commentez.
2. Quelles sont les responsabilités des profs? Quels dangers y a-t-il dans le désir, de la part du prof, de plaire aux étudiants? Le prof risque-t-il de perdre son objectivité s'il devient ami avec ses étudiants? Quels sont les rapports idéaux entre le prof et ses étudiants?

ACTIVITE

Ecrivez un poème dans lequel vous décrivez un de vos professeurs.

Villes, villages, provinces

Jean-Baptiste Camille Corot: La Cathédrale de Mantes.

There is hardly a place in France that has not appealed to the imaginations of writers and painters both French and foreign. In fact, the literature on France is so vast that selecting passages is quite difficult. Many writers have chosen certain regions as settings for their novels. Alphonse Daudet, Jean Giono, Henri Bosco—to name just a few famous ones—used Provence as a background against which to describe the lives of their characters. George Sand (Mme Aurore Dupin) wrote fondly of her native Berry in her autobiography. The sixteenth-century poet Joachim Du Bellay, living among the sumptuous palaces of Rome, never ceased to dream nostalgically of the gentle, quiet landscape of Anjou. Gustave Flaubert used what is possibly one of the least interesting little towns in France—Yonville-l'Abbaye—as the setting for his most celebrated novel, *Madame Bovary.*

Perhaps everyone who visits or lives in France becomes intrigued with special aspects of the country. In the first selection in this chapter, from the book *Un Nègre à Paris,* African writer Bernard Bertin Dadié describes the Parisian underground transportation system, the **métro.** Here we see how someone from a different cultural background views something that a native French person takes for granted. In the second selection, "La Légende du Mont-Saint-Michel," we see that Guy de Maupassant had mixed feelings about the Norman peasantry, however much he may have loved the landscape of his native province. In this story the devil and St. Michael come to life as two peasants of the **Basse-Normandie.** No specific region of France is evoked in the third selection, "Sensation," by Arthur Rimbaud, in which the poet depicts an imaginary landscape through which he dreams of wandering.

UN NEGRE A PARIS

BERNARD BERTIN DADIE

Bernard Bertin Dadié (1916–   ) was born at Assinie, on the Ivory Coast. He worked for a while as a schoolteacher and devoted his free time to writing. His appointment as **directeur des arts et de la recherche** gave him the opportunity to found a center for dramatic art in the Ivory Coast. He has published poems, articles, short stories, and plays. Like other well-known African writers—Léopold Senghor, Birago Diop, Camara Laye—Dadié is deeply concerned with African traditions while also acknowledging a debt to Western culture. *Un Nègre à Paris* is a novel in the form of a long letter, in which he records his impressions of his first visit to Paris. Culture shock leaves him puzzled and often amused. Dadié's most remarkable quality is his tolerant, serene attitude toward France in general and Parisians in particular.

Le Vocabulaire essentiel...

le **couloir** *corridor*
se **diriger (vers)** *to make one's way (toward)*
flâner *to stroll*

la **flèche** *arrow*
la **foule** *crowd*
le **plan** *city map*
le **portillon** *gate*

se **renseigner (sur)** *to inquire, ask (about)*
le **sens interdit** *wrong way*

... et comment l'utiliser

A. Trouvez l'équivalent de chaque expression.

1. la carte d'une ville   2. se promener sans hâte   3. une multitude de gens
4. la porte d'entrée sur le quai du métro   5. le corridor   6. une indication de la direction à prendre   7. s'avancer vers   8. s'informer de

B. Complétez le paragraphe suivant avec les mots qui conviennent.

Hier, je me suis perdu dans le métro. La _____ des Parisiens me poussait dans des _____ interminables pour _____ vers la sortie. Je n'avais pas de _____ ; je me suis donc approché d'une dame pour _____ sur la direction à suivre. Elle m'a dit: «Entrez par le _____ , suivez les _____ bleues mais ne passez pas par le _____.» J'ai écouté ses conseils et bientôt j'ai pu _____ tranquillement sur les Champs-Elysées.

[...] Lorsque tu viendras à Paris, dans ce Paris qui vit sous terre, à circuler dans le métro, achète-toi aussitôt un guide. Ça ne te servira à rien dans tes débuts. Il faudrait pourtant l'acheter. Ainsi font les touristes. Procure-toi ensuite un plan du métro. Une autre inutilité. Muni de° ce plan perds-toi dans les dédales° de couloirs et de flèches, de plaques indicatrices° et de coulées° humaines, de sens interdits, de montées et de descentes, laisse partir le métro que tu devais prendre et prends celui que tu ne devais pas, puis descends à une station quelconque,° sors, rentre, butte-toi contre la poinçonneuse° et explique-lui que tu t'es trompé de direction, repars, perds-toi encore, sors enfin, prends le boulevard et va devant toi. Ce n'est qu'à ce prix° que tu te diras Parisien, c'est-à-dire que tu auras compris le sens des flèches, des couloirs, le langage des mains indicatrices. Tu sauras courir, quand il le faut pour ne pas manquer la rame,° ou voir le portillon se fermer à ton nez. Tu arriveras même à temps pour passer de biais.° Descendre du métro, se diriger en automate vers la sortie ou la correspondance, savoir ouvrir la porte sans essayer de la fermer—elle est automatique—sont des détails qui vous situent et démontrent à quel point Paris vous ronge,° vous assimile. Peu bavard et sobre de gestes, le Parisien est le type rassis° qui tolère tout, vit avec lui-même, avec son Paris, ville de lumière.

Muni... *Armed with*
intricacies / plaques... *signs*
streams

any / butte... *go up to the ticket collector*

Ce... *It is only at this price*

(subway) train
passer... *to go through sideways*

vous... *gnaws at you*

sedate

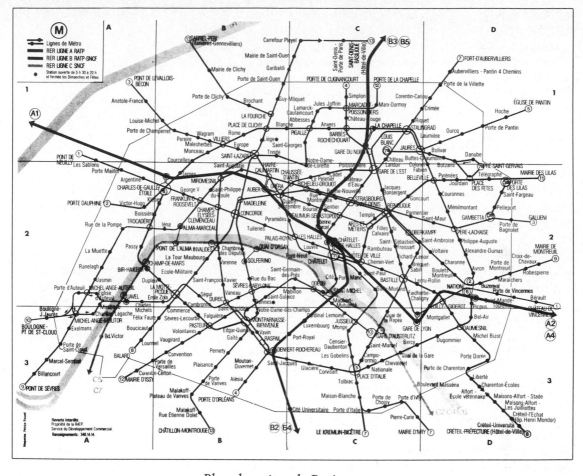

Plan du métro de Paris.

[...] Il fume, les jambes croisées, le Parisien, tout en pensant au métro qu'il prendra tantôt. Sûr de lui, ayant son Paris dans sa tête, il vient, s'installe, ouvre son journal puis à une station, se lève et descend sans avoir une seule fois levé la tête. Un sixième sens, le sens du métro, le sens de la sortie, de la correspondance est né chez le Parisien usager du métro, c'est d'instinct qu'il court pour attraper la correspondance. Et vous êtes chaque fois porté par le flot des coureurs.° Marchez-vous? Vous devenez un obstacle. Les regards vous le disent. Les pas saccadés° derrière vous le crient, les épaules vous le font sentir. On vous demande bien pardon, mais un pardon qui veut dire «moi je n'ai pas du temps à perdre». Et tous des visages tendus.° Ces longs couloirs ne sont pas faits pour engendrer° des sourires. Ce sont des boyaux° servant à la lutte quotidienne; des tranchées° pour aller au front. Il y a bien de la lumière et de l'air, quelquefois un joueur de flûte ou

flot... *wave of rushing people*

pas... *jerky steps*

tense
to produce / bowels
trenches

d'accordéon. Un éclopé.° Et l'on court pour ne pas être comme lui, pour se faire une vieillesse heureuse. Le métro et ses longs couloirs tristes donneraient de Paris une mauvaise impression s'il n'y avait les amoureux. Ceux-là, cultivent l'amour, luttent fiévreusement contre la vie trépidante.° Ils s'embrassent à la vue de tous. Lorsqu'on dit que les amoureux sont seuls au monde, on exprime une constatation de chaque instant. Et il faut avouer que cela rappelle à tous qu'on doit vivre. Paris du reste vit, tant il mêle l'amour à tous ses actes.

[...] De toutes les clartés de Paris, seul le métro m'a ébloui. Je vais faire rire les nombreux touristes hissés° sur la Tour Eiffel ou l'Arc de Triomphe, ces opulents clients des riches hôtels. Chacun ne repart-il pas de Paris, emportant de cette ville, l'image d'un monument, d'un cabaret, d'un dancing et le souvenir troublant d'une amie? Et qu'est-ce que j'emporterai, moi? Le métro. Il faut vraiment être Nègre de pure souche° pour n'admirer à Paris que le métro; cette gigantesque toile d'araignée° souterraine prenant Paris dans tous ses rêts,° représente pour moi l'image des hommes obscurs qui ont bâti les merveilles que nous admirons. Ils les ont construites à la sueur de leurs fronts,° et sur aucun monument ne figurent leurs noms.° Ils servent de piédestal à la gloire. Ils permettent aux autres d'arriver. Qui se souvient du métro lorsqu'il est à son travail, à son rendez-vous? Quel client remarque qu'une machine vieillit, qu'une machine est morte, remplacée? L'essentiel pour l'usager est que le métro soit là, à l'heure. Si l'on peut flâner par les grands boulevards, c'est parce qu'il y a le métro qui se lève avant le jour et se couche bien longtemps après lui. Ce réseau° fait de couloirs, d'escaliers roulants,° de montées et de descentes de stations, est un enchevêtrement° de lignes menant à tous les coins de Paris. C'est dans le métro que l'on saisit le plus le rêve prodigieux du Parisien d'être le roi de ses machines, de se faire porter par elles, d'avoir le droit de paresser,° de jouir de la vie° parce qu'il s'est substitué à lui les machines, sa fièvre de gagner du temps, même sur demain. Il faut ici être en éveil° constant: ne jamais se laisser distraire ni surprendre:° le métro n'attend pas.

Aux heures de pointe, le métro est envahi par des foules d'hommes débouchant° de partout. Ils accourent; la rame vient, s'arrête, les portes s'ouvrent, les gens s'engouffrent dans° les compartiments, les portes se referment et l'on part, serrés° les uns contre les autres. La promiscuité est grande ici. Et c'est pourquoi certaines personnes n'aiment pas prendre le métro.

[...] Il a beau appartenir° à une compagnie, le métro demeure° la chose du Parisien. Il le dit d'ailleurs:° «je vais prendre mon métro.» [...]

---

disabled person

hectic, anxious

taken up

de... of pure stock

toile... spider's web / nets

à... by the sweat of their brows
sur... their names are not engraved on any monument

network / escaliers... escalators
tangling up

to be lazy / jouir... to enjoy life

en... on the alert
ne... never to allow oneself to be distracted or surprised
spilling out

s'engouffrent... rush into
pressed tightly

Il... Even though it belongs
remains / moreover

AVEZ-VOUS COMPRIS?

1. Qu'est-ce que les touristes doivent acheter quand ils arrivent à Paris?
2. Pourquoi l'auteur pense-t-il que les guides et les plans ne servent à rien?
3. Que voit-on quand on descend dans le métro?
4. Pourquoi faut-il enfin sortir du métro et prendre n'importe quel boulevard?
5. Que faut-il apprendre pour pouvoir se dire Parisien?
6. Comment est le vrai Parisien? Quel est son sixième sens?
7. Quelles sont les réactions des Parisiens quand les gens marchent trop lentement?
8. Quelle est l'ambiance du métro? Quelles sortes de gens y voit-on?
9. D'après Dadié, quels endroits les touristes riches fréquentent-ils? Quels souvenirs emportent-ils de Paris?
10. Quel est l'inconvénient de prendre le métro aux heures de pointe?
11. Qu'est-ce qui montre que les Parisiens considèrent le métro comme leur propriété personnelle?

COMMENTAIRE DU TEXTE

1. L'auteur pense qu'il est plus important de se perdre dans le métro que de le parcourir, plan à la main. Pourquoi est-il de cet avis?
2. Comment exprime-t-il son admiration pour le métro? Qu'est-ce qui le fascine?
3. Quelles expressions indiquent qu'il compare le métro à une personne?
4. L'auteur compare successivement le métro à diverses choses. Lesquelles? Pourquoi?
5. Est-ce que le progrès technologique symbolisé par le métro ne présente que des avantages pour l'auteur? Et pour vous?

DE LA LITTERATURE A LA VIE

1. Si vous avez vu le métro à New York, à Paris ou dans une autre ville (même au cinéma), quelles ont été vos impressions? En quoi sont-elles différentes de celles de l'auteur? En quoi y ressemblent-elles?
2. D'après ce que vous avez appris dans ce texte, quelles sont les différences entre la foule d'une grande ville américaine et la foule de Paris?
3. Quelles réactions avez-vous quand vous vous trouvez dans une foule?
4. Quels sont les avantages et les inconvénients des moyens de transport publics?
5. Quand vous arrivez dans une ville, que faites-vous pour vous renseigner sur ce qu'il y a d'intéressant à voir? Quelles difficultés rencontre-t-on quand on arrive dans une ville pour la première fois?

UN PEU DE GRAMMAIRE: L'IMPERATIF

L'auteur s'adresse à son lecteur en utilisant la forme impérative des verbes suivants. Imaginez que votre meilleur(e) ami(e) part en voyage. Employez ces verbes à la forme impérative affirmative ou négative et donnez-lui des conseils pour qu'il/elle profite de son séjour.

1. s'acheter
2. se perdre
3. laisser
4. descendre
5. rentrer
6. expliquer
7. se procurer
8. prendre
9. sortir

LA LEGENDE DU MONT-SAINT-MICHEL

GUY DE MAUPASSANT

Guy de Maupassant (1850–1893) was born near Dieppe in Normandy, where he spent a happy childhood. He learned to love the landscape of northern France. At 21 he took a job as a clerk in a government office, where he had an opportunity to observe the morals and manners of the middle-class French bureaucracy. In the years that followed, he began his literary career, encouraged by Gustave Flaubert, a lifelong friend of his mother. Between 1880 and 1891 he published about 300 short stories and six novels, but neither success nor wealth gave him happiness. As early as 1884 he had begun to suffer from nervous depressions aggravated by his stressful life and by drug abuse. In 1891, he tried to commit suicide and was committed to a mental hospital, where he died two years later. "La Légende du Mont-Saint-Michel,"[1] although not as well known as his other short stories ("La Parure," "Le Parapluie," "La Ficelle"), is a fine example of the subtle skill with which Maupassant structured his *Contes*. It also contains all the elements that have made Maupassant one of the most widely read French authors: lyrical descriptions of the northern landscape, unassuming colloquial dialogue, and a keen sense of human foibles.

Le Vocabulaire essentiel...

l'**ange** (*m.*) angel
le **bijou** jewel
la **chute** fall
le **défaut** fault
le **diable** devil

digne worthy
duper to dupe, fool, trick
errer to wander, roam
le **pré** meadow
la **racine** root

la **rancune** resentment; malice, spite
la **récolte** harvest
le **sable** sand

---

[1]"La Légende du Mont-Saint-Michel" is divided into five sections in this text, with questions following each section.

Guy de Maupassant.

... et comment l'utiliser

A. Trouvez l'équivalent de chaque expression.

1. la prairie, le champ
2. tromper
3. flâner sans but
4. la moisson, la vendange
5. une bague, un bracelet...

B. Trouvez le contraire de chaque mot.

1. Dieu
2. une qualité
3. indigne
4. le pardon, l'indulgence

C. Complétez les paragraphes suivants avec les mots qui conviennent.

1. Quand je traversais les petits villages normands, je voyais des groupes de paysans qui, après la ＿＿＿ des pommes, se reposaient, couchés dans les ＿＿＿ ou assis sur les ＿＿＿ des plus gros arbres. Je me suis approché de la mer. J'＿＿＿ sur la plage de ＿＿＿ fin quand soudain le Mont-Saint-Michel est apparu à l'horizon; il brillait comme un ＿＿＿ précieux au coucher du soleil. Il était magnifique, ＿＿＿ d'un château de conte de fées. La beauté tranquille de cette scène campagnarde a apaisé mon esprit troublé.

2. Lucifer était un ＿＿＿ mais il avait beaucoup de ＿＿＿ . Il aimait ＿＿＿ ses collègues; et surtout il voulait devenir l'égal de Dieu. Pour le punir de sa témérité, Dieu l'a chassé du Paradis. Depuis sa ＿＿＿ , Lucifer a pris le nom de ＿＿＿ et il a gardé une si grande ＿＿＿ contre Dieu qu'il s'efforce de répandre le mal dans l'univers.

I.
=

Je l'avais vu d'abord de Cancale, ce château de fées planté dans la mer. Je l'avais vu confusément, ombre grise dressée sur le ciel brumeux.°

Je le revis d'Avranches, au soleil couchant. L'immensité des sables était rouge, l'horizon était rouge, toute la baie démesurée était rouge; seule, l'abbaye escarpée,° poussée là-bas, loin de la terre, comme un manoir fantastique, stupéfiante comme un palais de rêve, invraisemblablement étrange et belle, restait presque noire dans les pourpres du jour mourant.°

J'allai vers elle le lendemain dès l'aube° à travers les sables, l'œil tendu° sur ce bijou monstrueux, grand comme une montagne, ciselé comme un camée, et vaporeux comme une mousseline.° Plus j'approchais, plus je me sentais soulevé° d'admiration, car rien au monde peut-être n'est plus étonnant et plus parfait.

Et j'errai, surpris comme si j'avais découvert l'habitation d'un dieu à travers ces salles portées° par des colonnes légères ou pesantes, à travers ces couloirs percés à jour,° levant mes yeux émerveillés sur ces clochetons° qui semblent des fusées° parties vers le ciel et sur tout cet emmêlement° incroyable de tourelles,° de gargouilles, d'ornements sveltes et charmants, feu d'artifice de pierre, dentelle de granit, chef-d'œuvre d'architecture colossale et délicate.

Comme je restais en extase, un paysan bas-normand° m'aborda et me raconta l'histoire de la grande querelle de saint Michel avec le diable.

Un sceptique de génie a dit: «Dieu a fait l'homme à son image, mais l'homme le lui a bien rendu.°»

Ce mot est d'une éternelle vérité et il serait fort curieux de faire dans chaque continent l'histoire de la divinité locale, ainsi que l'histoire des saints patrons dans chacune de nos provinces. Le nègre a des idoles féroces, mangeuses d'hommes; le mahométan polygame peuple° son paradis de femmes; les Grecs, en gens pratiques, avaient divinisé toutes les passions.

Chaque village de France est placé sous l'invocation d'un saint protecteur, modifié à l'image des habitants.

Or, saint Michel veille sur° la Basse-Normandie, saint Michel, l'ange radieux et victorieux, le porte-glaive,° le héros du ciel, le triomphant, le dominateur de Satan.

Mais voici comment le Bas-Normand, rusé, cauteleux, sournois et chicanier,° comprend et raconte la lutte du grand saint avec le diable.

dressée... set against the foggy sky

steeply situated

dans... in the purple light of the setting sun
dawn
l'œil... my eyes fixed

vaporeux... as light as a veil / filled (with)

held up
couloirs... open galleries
pinnacles / rockets
tangle
turrets

from the southern part of Normandy

le... really got even with Him

populates

veille... watches over
sword carrier

rusé... sly, cunning, sneaky, and quibbling

*Le Mont-Saint-Michel
vu des prés salés.*

AVEZ-VOUS COMPRIS?

1. Qu'est-ce qui donne au Mont-Saint-Michel l'apparence d'un château de fées?
2. Comment le Mont-Saint-Michel change-t-il selon l'heure et l'endroit d'où il est vu? Quelles images l'abbaye suggère-t-elle à l'auteur?
3. Quels sont les détails d'architecture de cette construction de style gothique?
4. Qu'y a-t-il de sceptique dans le proverbe cité?
5. Donnez les différentes images de Dieu suggérées par le texte.
6. Traditionnellement, comment représente-t-on saint Michel?
7. Comment Maupassant caractérise-t-il le Bas-Normand typique?

II.

Pour se mettre à l'abri° des méchancetés du démon, son voisin, saint Michel construisit lui-même, en plein Océan, cette habitation digne d'un archange; et, seul, en effet, un pareil° saint pouvait se créer une semblable résidence.

Mais comme il redoutait° encore les approches du Malin,° il entoura son domaine de sables mouvants° plus perfides que la mer.

Le diable habitait une humble chaumière sur la côte; mais

se... *to protect himself*

un... *such a*

dreaded / diable
sables... *quicksand*

il possédait les prairies baignées d'eau salée,° les belles terres grasses° où poussent les récoltes lourdes,° les riches vallées et les coteaux féconds° de tout le pays; tandis que° le saint ne régnait que sur les sables. De sorte que Satan était riche, et saint Michel était pauvre comme un gueux.°

Après quelques années de jeûne,° le saint s'ennuya° de cet état de choses et pensa à passer° un compromis avec le diable; mais la chose n'était guère facile, Satan tenant à ses moissons.°

Il réfléchit pendant six mois; puis, un matin, il s'achemina° vers la terre. Le démon mangeait la soupe devant sa porte quand il aperçut le saint; aussitôt il se précipita à sa rencontre, baisa le bas de sa manche,° le fit entrer° et lui offrit de se rafraîchir.°

Après avoir bu une jatte° de lait, saint Michel prit la parole:

«Je suis venu pour te proposer une bonne affaire.»

Le diable, candide et sans défiance, répondit:

«Ça me va.

—Voici. Tu me céderas° toutes tes terres.»

Satan, inquiet, voulut parler.

«Mais...»

Le saint reprit:

«Ecoute d'abord. Tu me céderas toutes tes terres. Je me chargerai de l'entretien,° du travail, des labourages, des semences, du fumage,° de tout enfin, et nous partagerons la récolte par moitié. Est-ce dit°?»

Le diable, naturellement paresseux, accepta.

Il demanda seulement en plus quelques-uns de ces délicieux surmulets° qu'on pêche autour du mont solitaire.

Saint Michel promit les poissons.

Ils se tapèrent dans la main, crachèrent de côté° pour indiquer que l'affaire était faite, et le saint reprit:

«Tiens, je ne veux pas que tu aies à te plaindre de moi. Choisis ce que tu préfères: la partie des récoltes qui sera sur terre ou celle qui restera dans la terre.»

Satan s'écria:

«Je prends celle qui sera sur terre.

—C'est entendu», dit le saint.

Et il s'en alla.

Marginal glosses:

baignées... *soaked in salt water*
fertile / abundant
coteaux... *fertile hillsides /*
tandis... *whereas*

beggar

fasting / s'inquiéta

faire

tenant... *being very attached to his crops*

s'est dirigé

baisa... *kissed the edge of his sleeve* / le... *asked him in*
se... *to have something to drink*
bowl

Tu... *You will turn over to me*

upkeep, maintenance
labourages... *tilling, sowing, fertilizing*
entendu

surmullets (*a fish*)

Ils... *They slapped hands and spat to the side*

AVEZ-VOUS COMPRIS?

1. Qu'a fait saint Michel pour se protéger de Satan?
2. Relevez les différences entre les conditions de vie du diable et celles de saint Michel.

3. A quoi le manque de nourriture a-t-il poussé saint Michel?
4. Sur quel défaut du diable saint Michel compte-t-il pour réaliser sa bonne affaire?
5. Expliquez le choix du diable.

III.

Or, six mois après dans l'immense domaine du diable, on ne voyait que des carottes, des navets, des oignons, des salsifis,° toutes les plantes dont les racines grasses sont bonnes et savoureuses, et dont la feuille inutile sert tout au plus° à nourrir les bêtes.

Satan n'eut rien et voulut rompre le contrat, traitant° saint Michel de «malicieux».

Mais le saint avait pris goût à la culture;° il retourna retrouver le diable:

«Je t'assure que je n'y ai point pensé du tout; ça s'est trouvé comme ça; il n'y a point de ma faute. Et, pour te dédommager,° je t'offre de prendre, cette année, tout ce qui se trouvera sous terre.

—Ça me va», dit Satan.

Au printemps suivant, toute l'étendue° des terres de l'Esprit du mal° était couverte de blés épais, d'avoines grosses comme des clochetons, de lins, de colzas° magnifiques, de trèfles rouges, de pois, de choux, d'artichauts, de tout ce qui s'épanouit° au soleil en graines ou en fruits.

Satan n'eut encore rien et se fâcha tout à fait.

Il reprit ses prés et ses labours° et resta sourd à toutes les ouvertures nouvelles de son voisin.

plural of salsify, a root vegetable	
tout ... at the very most	
calling	
agriculture	
make amends	
expanse	
l'Esprit... le diable	
colzas (a type of grain)	
blooms	
plowed land	

AVEZ-VOUS COMPRIS?

1. Quelles plantes voyait-on dans le domaine du diable? Pourquoi n'a-t-il pas reçu une partie de la récolte?
2. Qu'est-ce que Satan a pensé de saint Michel? Comment le saint s'est-il défendu? Qu'a-t-il proposé au diable?
3. Quelles plantes ont poussé au printemps suivant?
4. Qu'est-ce que Satan a eu cette fois-ci? Comment a-t-il réagi?

IV.

Une année entière s'écoula.° Du haut de son manoir isolé, saint Michel regardait la terre lointaine et féconde, et voyait le diable dirigeant les travaux, rentrant les récoltes, battant

went by

ses grains.° Et il rageait, s'exaspérant de son impuissance. Ne pouvant plus duper Satan, il résolut de s'en venger, et il alla le prier à dîner pour le lundi suivant.

«Tu n'as pas été heureux dans tes affaires avec moi, disait-il, je le sais; mais je ne veux pas qu'il reste de rancune entre nous, et je compte que tu viendras dîner avec moi. Je te ferai manger de bonnes choses.»

Satan, aussi gourmand que paresseux, accepta bien vite. Au jour dit, il revêtit° ses plus beaux habits et prit le chemin du Mont.

Saint Michel le fit asseoir à une table magnifique. On servit d'abord un vol-au-vent° plein de crêtes et de rognons de coq,° avec des boulettes de chair à saucisse,° puis deux gros surmulets à la crème, puis une dinde blanche pleine de marrons confits dans du vin, puis un gigot de pré-salé,° tendre comme du gâteau; puis des légumes qui fondaient dans la bouche et de la bonne galette° chaude, qui fumait en répandant° un parfum de beurre.

On but du cidre pur, mousseux et sucré, et du vin rouge et capiteux, et, après chaque plat, on faisait un trou° avec de la vieille eau-de-vie° de pommes.

Le diable but et mangea comme un coffre,° tant et si bien qu'il se trouva gêné.°

battant... *threshing his wheat*

put on

pastry shell
plein... *filled with kidneys and cockscombs* / boulettes... *sausage meatballs*
de... *fed in salt meadows*
broad, thin cake
en... *while exuding*

faisait... *stopped eating to have a drink*
brandy
mangea... *ate like a pig*
il... *he was sick to his stomach*

AVEZ-VOUS COMPRIS?

1. Comment saint Michel est-il de nouveau entré en contact avec le diable?
2. Pourquoi Satan a-t-il accepté l'invitation?
3. Quel effet ce repas a-t-il eu sur le diable? Pourquoi?
4. Tous les plats du menu sont typiquement français. Lesquels vous semblent-ils étranges?

V.

Alors saint Michel, se levant formidable, s'écria d'une voix de tonnerre: «Devant moi! devant moi, canaille°! Tu oses... devant moi...»

Satan éperdu° s'enfuit, et le saint, saisissant un bâton, le poursuivit.

Ils couraient par les salles basses, tournant autour des piliers, montaient les escaliers aériens,° galopaient le long des corniches,° sautaient de gargouille en gargouille. Le pauvre

scoundrel

bewildered

aerial
cornices

démon, malade à fendre l'âme,° fuyait, souillant° la demeure du saint. Il se trouva enfin sur la dernière terrasse, tout en haut, d'où l'on découvre la baie immense avec ses villes lointaines, ses sables et ses pâturages. Il ne pouvait échapper plus longtemps; et le saint, lui jetant dans le dos un coup de pied furieux,° le lança comme une balle à travers l'espace.

malade... *pitifully sick* / *soiling*

Il fila° dans le ciel ainsi qu'un javelot, et s'en vint tomber° lourdement devant la ville de Mortain. Les cornes de son front et les griffes° de ses membres entrèrent profondément dans le rocher, qui garde pour l'éternité les traces de cette chute de Satan.

lui... *furiously kicking him in the back*
took off / s'en... *landed*

claws

Il se releva boiteux, estropié° jusqu'à la fin des siècles; et, regardant au loin le Mont fatal, dressé comme un pic° dans le soleil couchant, il comprit bien qu'il serait toujours vaincu dans cette lutte inégale, et il partit en traînant° la jambe, se dirigeant vers des pays éloignés, abandonnant à son ennemi ses champs, ses coteaux, ses vallées et ses prés.

boiteux... *lame, crippled*
dressé... *rising like a high peak*

dragging

Et voilà comment saint Michel, patron des Normands, vainquit le diable.

Un autre peuple avait rêvé autrement cette bataille.

—19 décembre 1882

AVEZ-VOUS COMPRIS?

1. Où saint Michel a-t-il poursuivi Satan?
2. Comment cette poursuite s'est-elle terminée?
3. Quelles traces de cette anecdote sont visibles près de la ville de Mortain?

COMMENTAIRE DU TEXTE

1. La qualité la plus remarquable du style de Maupassant réside dans la précision de son choix d'adjectifs par laquelle il réussit à créer des effets inattendus et des images puissantes. Trouvez-en des exemples dans la première partie du conte.
2. A la fin de la première partie du récit, Maupassant caractérise le Bas-Normand comme «rusé, cauteleux, sournois et chicanier». Etudiez la définition de ces adjectifs:

   rusé: qui possède l'art de dissimuler, de tromper
   cauteleux: qui agit d'une manière hypocrite et habile
   sournois: qui dissimule ses sentiments réels, souvent dans une intention méchante
   chicanier: qui cherche querelle sur des riens, des choses sans importance

Ces adjectifs, qui caractérisent les actions de saint Michel, donnent au conte sa structure; chacun illustre l'une des quatre dernières parties. Trouvez la partie à laquelle s'applique chaque adjectif.

3. En quoi la légende normande, telle que Maupassant la raconte, se détache-t-elle de l'image traditionnelle de saint Michel, «héros du ciel»?

4. Maupassant a souvent été critiqué à cause de son athéisme. Dans quelle mesure ce conte pourrait-il donner raison à cette critique?

DE LA LITTERATURE A LA VIE

1. D'après ce conte, quelle idée vous faites-vous des paysages de Normandie?

2. En France, les habitants de chaque région semblent avoir des traits de caractère différents les uns des autres. Est-ce que cela est vrai aussi dans votre pays? En quoi les gens du nord-est sont-ils différents, par exemple, des gens du sud-est? etc.

ACTIVITE

Ecrivez un dialogue dans lequel vous mettez en scène les deux propositions de saint Michel et les réactions du diable aux résultats obtenus.

SENSATION

ARTHUR RIMBAUD

Born in Charleville, near the Belgian border, Arthur Rimbaud (1854–1891) displayed very early the genius and defiant spirit that would mark his work. His schoolmasters recognized him as a student of unusual promise, and he wrote Latin and French verse as an adolescent. Rebelling against his severe upbringing, and contemptuous of his provincial surroundings, he ran away from home several times. Shortly before his seventeenth birthday he met the poet Paul Verlaine, with whom he traveled to Belgium and England. After two stormy years together, they separated following a quarrel in which Verlaine shot Rimbaud, wounding him slightly. (It was Verlaine, nevertheless, who brought Rimbaud to public notice twenty years later in his *Les Poètes maudits*.) In his early twenties Rimbaud abandoned all literary activity and spent his remaining years at various jobs. He moved from place to place, spending a long time in Africa.

Among Rimbaud's most finely crafted compositions are two collections containing both verse and prose poems, *Une Saison en enfer* and *Illuminations*. His work has had a tremendous impact on modern poetry. The images, sometimes startling and even incoherent, are unfailingly poetic. The following poem, written when Rimbaud was only sixteen, suggests his resistance to conformity in art as well as in life. He

Henri Fantin-La Tour:
Tête de Rimbaud
(*détail du tableau* Un
Coin de table*).*

has kept only the rhyme and the twelve-syllable line (**l'alexandrin**) of the traditional sonnet. The tercets are absent; only the quatrains remain.[2] Nature is transformed into a dream landscape and reality disappears, vanishing into free and infinite space.

Par les soirs bleus d'été, j'irai dans les sentiers,
Picoté° par les blés, fouler° l'herbe menue: *lightly stung / to tread on*
Rêveur, j'en sentirai la fraîcheur à mes pieds,
Je laisserai le vent baigner ma tête nue!

Je ne parlerai pas, je ne penserai rien.
Mais l'amour infini me montera dans l'âme;
Et j'irai loin, bien loin, comme un bohémien,°   *gypsy*
Par la Nature,—heureux comme avec une femme.

COMMENTAIRE DU TEXTE

1. Selon le dictionnaire, une «sensation» est l'impression produite sur les sens par les objets extérieurs; par exemple, la sensation éveillée par le froid, par des saveurs, par des odeurs. Le mot «sensation» peut aussi signifier

---

[2]See Chapitre préliminaire, p. 4.

«émotion» et «impression». A votre avis, dans quel(s) sens le poète l'emploie-t-il? Trouvez des exemples qui justifient votre réponse.

2. Le vers quatre contient une métaphore.[3] Laquelle? Quelle impression crée-t-elle? Comment sert-elle à justifier le titre?

3. Pourquoi le poète se propose-t-il de ne pas parler, de ne rien penser? Comment la parole et la pensée pourraient-elles diminuer la fraîcheur ou l'intensité de toutes ces sensations?

4. A votre avis, de quel amour s'agit-il? de l'amour d'une personne? de l'amour de la nature? de l'amour de l'humanité? d'un sentiment de bienveillance plus général? Le poète aimera-t-il ou sera-t-il aimé? Commentez.

5. Quel rapport le dernier vers pourrait-il avoir avec le titre?

6. Pourrait-on intituler ce poème «Evasion»? Expliquez.

7. En quoi reconnaît-on dans ce poème le rêve d'un adolescent?

8. Expliquez pourquoi l'emploi du futur s'accorde avec le thème et les images du poème.

DE LA LITTERATURE A LA VIE

1. Comment aimez-vous vous promener? à pied? à bicyclette? en voiture? Préférez-vous vous promener à la campagne (au bord de la mer, à la montagne...) ou en ville (dans les vieux quartiers, dans les rues piétonnes, dans les jardins publics...)? Pourquoi? Avec qui aimez-vous flâner? seul? avec un(e) ami(e)?

2. Que cherchez-vous lorsque vous vous promenez? le silence et la paix d'un paysage sauvage? l'animation de la ville? l'aventure? l'évasion? Expliquez.

---

[3]Voir le chapitre préliminaire, p. 3.

7 Le Vingtième Siècle

Fernand Léger: Étude (Collection, The Museum of Modern Art, New York).

La première moitié du vingtième siècle a vu la France et l'Europe entière ravagées par deux guerres. Au moment de la mobilisation générale en 1914 le président français Poincaré lance au pays l'appel suivant: «...A cette heure il n'y a plus de partis. Il y a la France éternelle, la France pacifique et résolue. Il y a la patrie de la justice, tout entière unie dans le calme, la vigilance, et la dignité....»

Malgré les nombreuses batailles héroïquement combattues—celles de la Marne en sont un exemple glorieux—l'armée française ne peut pas empêcher que les Allemands arrivent jusqu'aux portes de Paris. Toutefois, la France sort victorieuse de cette guerre en 1918, mais elle a subi des pertes fort douloureuses: 1 400 000 morts et trois millions de blessés.

Pendant les vingt ans qui suivent, l'Europe doit faire face à l'énorme tâche de la reconstruction. Après une période de calme et de travail, une nouvelle guerre mondiale, plus horrible que la précédente, éclate. En 1939 les armées allemandes envahissent la Pologne. La France et l'Angleterre déclarent la guerre à Hitler. Six mois plus tard les Allemands entrent en France, Paris est à nouveau menacé. Le 17 juin 1940 le maréchal Pétain, dans l'espoir de sauver le pays de la destruction totale, signe un accord avec les Allemands. Jusqu'à la fin de la guerre la France restera divisée en deux zones: le nord et la côte atlantique sont occupés par les Allemands qui font de Paris leur capitale en France; le sud est considéré «zone libre» avec Vichy comme siège du gouvernement de l'Etat français, dont Pétain est le chef. Il ne s'agit en effet que d'une liberté dérisoire puisque ce sont les forces d'Hitler qui imposent leur loi à toute la France.

Dans les pays occupés, des groupes d'action clandestins commencent à se former. A ce mouvement, qui prendra le nom de Résistance, participent la plupart des intellectuels français et beaucoup de communistes. Leur but est de collaborer avec les forces alliées, anglaises et américaines, à la destruction de l'Allemagne.

Le 6 juin 1944, les forces anglaises et américaines débarquent en Normandie. Quelques mois plus tard, les Allemands abandonnent Paris. Cette guerre, qui a causé à la France et à l'Europe d'incalculables souffrances, se terminera enfin le 8 mai 1945.

Les lectures de ce chapitre illustrent ces moments historiques de la France moderne. «Le Château blanc» semble inspiré par les mots du président Poincaré: le personnage de la baronne de Chelles est un modèle de «calme, de vigilance, de dignité». Le passage de Simone de Beauvoir révèle l'inquiétude, l'ambiguïté et la soif de liberté qui ont dominé la société française pendant les années de l'occupation allemande.

LE CHATEAU BLANC

RENE BAZIN

La vie de René Bazin (1853–1932) a été si calme qu'on peut dire qu'elle n'a pas d'histoire. Pendant presque quarante ans il est professeur de droit criminel à Angers. Il publie son premier roman, *Stéphanette*, en 1883, mais c'est *La terre qui meurt* (1889) qui lui apporte son plus grand succès, couronné, quelques années plus tard, par son élection à l'Académie française. Les thèmes qui ont inspiré son œuvre sont la nature, la pureté de l'amour, le dévouement à Dieu et à la patrie. On peut retrouver l'essence de ces thèmes dans le conte «Le Château blanc» qui fait partie du recueil *Récits du temps de la guerre* publié en 1915.[1] La baronne de Chelles, secondée par son garde-chasse Bien-Aller, se montre courageuse face aux officiers allemands qui occupent son château.

Le Vocabulaire essentiel...

à l'égard de *in regard to, with respect to*
avant-hier *the day before yesterday*
craindre *to fear*
le **dévouement** *devotion, dedication*

faillir + infinitif *to almost* + verb
filer *to hurry away*
le **fusil** *gun*
s'**inquiéter (de)** *to worry (about)*
s'**installer** *to install oneself, make oneself at home*

le **mépris** *contempt, scorn*
se **mettre à l'abri** *to take shelter*
les **meubles** (*m. pl.*) *furniture*
prévenir *to inform, warn*
tenter *to attempt, try*
voler *to steal, rob*

...et comment l'utiliser

A. Trouvez l'équivalent de chaque expression.

1. essayer   2. mettre au courant   3. s'en aller vite   4. se mettre dans un endroit   5. se préoccuper de   6. prendre ce qui appartient à quelqu'un 7. le jour précédant hier   8. en ce qui concerne   9. le dédain   10. la disposition à servir, à sacrifier ses intérêts à une personne, à une cause 11. chaises, tables, lits...

B. Complétez le paragraphe avec les mots qui conviennent.

Le lieutenant s'avançait vers le camp ennemi. Courageux, il ne _____ rien. Soudain, il a entendu des coups de _____ . Regardant de tous les côtés, il _____ derrière un arbre. Après quelques instants il a vu passer devant lui un bataillon ennemi. Heureusement, aucun des soldats ne l'avait vu. Peu à peu ils ont tous disparu. Le lieutenant respirait: il _____ tomber entre les mains de l'ennemi.

---

[1]Les divisions du conte «Le Château blanc» (texte abrégé) sont celles de l'éditeur.

I.
=

—Bien-Aller, tu es sûr?

—Madame la baronne, je les ai vus.

—Tu les as entendus, c'est évident; la bataille nous rompt les oreilles° depuis avant-hier; mais vus de tes yeux?

—A preuve,° madame la baronne, c'est mal placé,° mais la balle a traversé ma culotte... Il faut laisser les chiens, madame, il faut partir!

[...] Les chiens du chenil, [...] excités par la présence du garde et de leur maîtresse [...], aboyaient, suppliaient et saluaient. Le roulement du canon, au loin, ne cessait pas. Madame de Chelles, une veuve de vrai deuil,° bien qu'elle fût belle encore et d'humeur jeune,° écouta un moment le bruit de la guerre, qui emplissait tout l'horizon au-dessus des bois du Tertre, et entendit nettement le crépitement° des coups de fusil, dans le grondement de la canonnade.

—Voilà la pluie, en effet, mon pauvre Bien-Aller. Tu as raison. Mais il est trop tard pour éviter l'orage. Je reste!

—Si madame m'avait écouté!

—C'est vrai. Je croyais... Tu vas te mettre à l'abri. Ils te fusilleraient,° les Allemands. Moi, je ne risque rien. Où iras-tu?

L'homme étendit° le bras dans la direction des bois.

—Ils ne connaîtront jamais ça° comme moi, répondit-il. J'ai des amis là-dedans.

Puis, abandonnant les formules,° afin de parler plus vite:

—Vous ne m'empêcherez pas de me tenir à votre disposition. Je vous verrai et vous ne me verrez pas. S'ils veulent vous faire un mauvais parti,° j'en tuerai deux, comme deux lapins. Si vous criez, en vous tournant du côté de la futaie° de Maucroix, je ne tarderai pas° à venir, je vous en réponds,° à moins qu'ils ne m'aient découvert et....

Il fit le geste d'épauler.°

—Au revoir, madame. Je vas° recommander toutes les bêtes à la vieille Julie; je vas prendre mon fusil; et puis vous ne me verrez plus, mais je serai toujours là.

Madame de Chelles tendit la main à Michel Tourte, dit° Bien-Aller, qui enfourcha° sa bicyclette, et grommela° en partant:

—Quand je pense qu'elle est restée pour ses chiens, quand tout le monde est parti! Une femme qui a le moyen°! Rester pour ses chiens!

Il fila par la petite allée [...] Une heure plus tard, les che-

---

nous... has been ear-splitting
A... Here is the proof / c'est... it's in a bad place

veuve... widow who sincerely mourned her husband's death
bien... (subj. imparfait) although she was still beautiful and of youthful disposition
crackling sound

would kill

stretched out
les bois

abandonnant... disregarding formalities

vous... to treat you badly
forest
je... I won't delay / je... you can count on it

to shoulder a rifle
Je... (forme paysanne) Je vais

known as
mounted / muttered

financial means

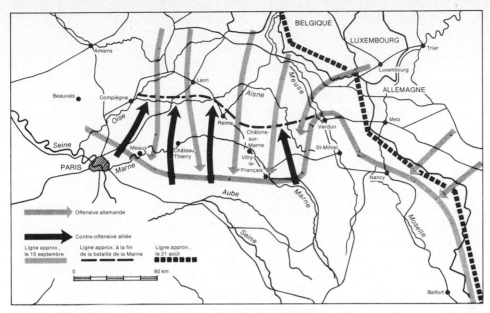

La bataille de la Marne, septembre 1914.

vaux des uhlans° sortaient de tous les taillis;° quelques coups   *Germans / woods*
de feu, vers le sud, indiquaient que l'arrière-garde de quelque
régiment français combattait encore et couvrait la retraite; le
soir tombait; deux automobiles, roulant à toute allure,° ar-   *à... at full speed*
rivaient par la grande avenue qui coupe la forêt de l'est à
l'ouest, et huit officiers casqués, bottés, gantés, montaient le
perron° blanc, le revolver au poing.   *flight of steps*

    Sur le palier° extérieur, devant la porte fermée, madame   *landing*
de Chelles, bien droite et les regardant, souleva un peu vers
eux l'ombrelle noire sur laquelle elle appuyait sa main, et dit:

    —Tant de revolvers sont inutiles, messieurs: je n'ai d'arme
que cette ombrelle, et je suis seule dans le château, avec une
vieille femme de charge° qui a soixante-douze ans.   *femme... governess*

    Le général s'inclina, avec un sourire de chat féroce, et ré-
pondit:

    —Vous déclarez deux habitants; je ne vous l'ai pas de-
mandé; si j'en trouve un de plus, il sera fusillé.

    Il ne trouva personne. Six des officiers [...] firent une per-
quisition en règle,° partagés entre la crainte d'une surprise,   *firent... made a thorough*
d'une mine, d'une tapisserie tout à coup soulevée par un   *search*
traître, et l'admiration pour le mobilier du château. Ils
s'installèrent dans les salons, confisquèrent la cuisine, et permirent à la châtelaine de dormir et de manger dans sa cham-
bre, faveur insigne,° à laquelle ils ajoutèrent cette autre—qui   *extraordinary*
leur parut de la plus haute courtoisie—de se servir de

l'escalier d'honneur, c'est-à-dire de les rencontrer quelquefois, eux, les vainqueurs.

C'était au début de septembre.

Ce que disait Bien-Aller n'était vrai que pour une faible part.° Si madame de Chelles n'était pas partie, c'est d'abord qu'°elle avait organisé le départ de la fermière de Maucroix et de ses deux filles, et que l'attelage,° une forte carriole tirée par un poulain,° n'était pas revenu. Elle devait apprendre, plus tard, que le cheval avait été tué, par un éclat d'obus,° à six kilomètres dans l'ouest. Les écuries étaient vides. Elle aurait eu le temps de gagner à pied° quelque village voisin, du côté où nos troupes se retiraient en combattant, et les avertissements ne lui avaient pas manqué.° Mais son parti était pris:° «C'est bien, je ne m'en irai pas!»

Elle avait passé les dernières vingt-quatre heures, aidée de Bien-Aller, à cacher des objets précieux dans les massifs,° dans les pelouses du parc et sur les chevrons de la charpente,° et, comme le garde insistait, au moment de traverser la forêt et d'aller aux nouvelles° du côté où l'on se battait: «Mon brave, avait-elle répondu, je suis décidée pour trente-six raisons dont voici la dernière: Eh bien! Je ne veux pas qu'ils tuent nos douze briquets;° je veux que mon fils, au retour de la guerre, retrouve au grand complet° son équipage de lièvre.»° C'était un mot de belle humeur° qui cachait son courage, et que le garde avait pris au sérieux.

pour... to some extent

d'abord... first of all because

cart, wagon

colt

éclat... shell splinter

gagner... to reach on foot

les... she had had plenty of warning

son... she had made up her mind

dans... in the shrubbery

rafters

aller... to get news

beagles

au... in full count

équipage... pack of hounds / un... a joke

AVEZ-VOUS COMPRIS?

1. Quelles sont les occupations des personnages principaux?
2. De quelle guerre parle le texte? Qu'est-ce qui montre que la bataille est tout près?
3. Que conseille Bien-Aller à Mme de Chelles?
4. La baronne parle de la pluie et d'un orage. Est-ce un vrai orage? Que veut-elle dire?
5. Que décide la baronne? Pourquoi faut-il que Bien-Aller se mette à l'abri alors que Mme de Chelles ne risque rien?
6. Où Bien-Aller va-t-il se cacher? Pourquoi pense-t-il que les Allemands ne le trouveront pas?
7. Qu'est-ce qui prouve son dévouement pour la baronne?
8. Pourquoi, d'après Bien-Aller, la baronne reste-t-elle au château?
9. Qui arrive au château ce soir-là?
10. Pourquoi la baronne dit-elle que les Allemands n'auront rien à craindre d'elle?
11. Qu'est-ce qui montre que le général allemand a une certaine éducation? Pourtant il menace la baronne. Que lui dit-il?

12. Qu'est-ce que les Allemands se permettent en s'installant dans le château? Quelles libertés laissent-ils à la baronne?
13. Quelles précautions la baronne et Bien-Aller ont-ils prises?
14. Pourquoi la baronne décide-t-elle de rester? Comprenez-vous la raison morale de sa décision? Expliquez.

II.

La cour d'honneur, la grande avenue forestière, furent bientôt envahies. Les automobiles, les cavaliers, les patrouilles de soldats, les régiments même ne cessaient de passer devant la façade blanche et basse, aux fenêtres arrondies. Le premier soir, tous les officiers allemands s'enivrèrent° des vins et des liqueurs de la cave, et le second jour de même. Ils avaient demandé la clef, et se croyaient, dès lors,° tout permis. Dans les escaliers, dans le parc, ils ne saluaient pas madame de Chelles, mais s'ils devaient lui parler, ce qui arrivait presque à toute heure, pour lui réclamer de l'avoine, du foin, des lampes, des bougies, des draps,° ils prenaient une attitude obséquieuse et mécanique. [...] Le troisième jour, l'inventaire, sans doute, ayant été achevé, deux fourragères° furent remplies de meubles, de tentures,° de portraits de famille, et de linge° aussi, à destination de l'Allemagne. Le général ne commandait pas l'opération, mais il s'y intéressait. Ce même jour, madame de Chelles sortit, vers quatre heures après midi, et se dirigea vers la haute futaie,° du côté nord, qui portait le nom de Massif de Maucroix. A plus d'un kilomètre du château, au-delà des pelouses, à la lisière du cirque° de forêt, il y avait, de loin en loin, des bancs de bois.° Elle s'assit, et se mit à faire un passe-montagne° en laine blanche, afin que les surveillants° qui l'avaient suivie à distance, et qui coupaient des gaules° dans les bordures de noisetiers, n'eussent point de doute à son endroit. Elle n'était pas là depuis un quart d'heure qu'une voix bien connue, en arrière, demanda doucement:

—Madame la baronne n'a pas eu de mal?

Elle ne se détourna pas, continua de travailler, et répondit:

—Non, mon ami, seulement peur pour toi.

—Et les briquets?

—Julie et moi, nous les nourrissons.

—Je les entends bien: ils font un hourvari,° à cause de ces bêtes puantes° qui sont partout dans le parc!

—Approche un peu, sans te montrer... je vais lancer un

got drunk

dès... from then on

sheets

wagons
wall hangings
linens

haute... thicker part of the woods

à... at the edge
bancs... wooden benches
knitted hood
sentries
poles

fuss
foul-smelling

petit billet,° que j'ai écrit pour le commandant du poste français le plus voisin;° veux-tu le porter?

—Je crois que je réussirai; c'est-il pressé?°

—Autant que possible avant demain matin. Je le préviens d'une attaque.

—Ça sera fait, madame la baronne.

Madame de Chelles lança en arrière la petite enveloppe lestée d'un grain de sable,° quelques feuilles remuèrent. [...]

Le lendemain, l'attaque projetée et tentée, manqua.° Les officiers allemands ne cachèrent pas leur dépit. Ils parlèrent de «cette damnée malchance», tout haut, devant madame de Chelles, qui, évidemment, ne comprenait pas l'allemand, puisqu'elle ne répondait jamais quand on lui adressait la parole° en une autre langue que le français.

Ce même jour, elle revint s'asseoir sur le même banc, et jeta une autre lettre pour le commandant de nos postes avancés, qui tenaient dur,° dans cette partie de la frontière de guerre. Mais, la troisième fois qu'elle voulut écrire, sur une table à coiffer° de sa chambre, elle faillit ne pas pouvoir signer le billet. Elle avait commencé ainsi: «Monsieur, les Allemands ont achevé le déménagement° de mon château. Il ne reste rien de précieux, je vous assure. L'état-major° que je loge a augmenté en nombre; ils sont au moins vingt officiers: tirez dessus!° le meilleur moment est...»

Ici elle s'arrêta. La porte venait d'être brusquement ouverte. Un capitaine de cavalerie, immobile, regarda tout autour de la chambre, et ne vit pas la lettre commencée, ni l'encrier. Car madame de Chelles s'était levée. En même temps, elle enlevait son peigne d'écaille,° et criait:

—Quel est le malotru° qui entre quand je me coiffe?

Il sortit sans s'excuser.

Elle acheva la lettre, n'ajoutant que ces mots: «Entre six et neuf heures du soir», et descendit.

—Julie, dit-elle à la servante, tu iras coucher, cette nuit, et l'autre nuit,° à la ferme, n'importe où, mais pas ici.

—Et vous?

—Ne t'inquiète pas de moi.

Comme les jours précédents, la lettre fut emportée par le garde,° et, à travers la forêt, celui-ci° s'en alla. Madame de Chelles revint plus lentement que d'habitude, et sans plus travailler. Elle regardait le château, et puis le ciel, du côté de l'occident, où le canon tonnait toujours.

Comme elle approchait du perron, le même officier qui, deux heures plus tôt, avait ouvert la porte de la chambre, s'avança vers la châtelaine, et dit:

---

note

proche

c'est... (forme paysanne) est-ce pressé? *is it urgent?*

lestée... *weighted with sand*

n'a pas réussi

on... *they spoke to her*

qui... *who were holding fast*

table... *dressing table*

stripping

high-ranking staff

tirez... *fire on the château*

peigne... *shell comb*

boor

l'autre... demain soir

le... Bien-Aller/*the latter*

—Nous n'avons pas confiance: vous allez vous rendre à la porterie° là-bas, au bout du parc, où vous serez prisonnière, vous entendez?° gardée par nos soldats, vous entendez?

gatehouse

comprenez

Elle le considéra un instant, et répondit:

—Vous ne savez pas le service que vous me rendez, en me privant° de votre compagnie.

en... by depriving me

Il essaya de comprendre, ne comprit pas, appela deux uhlans, et remonta le perron blanc.

A neuf heures du soir, exactement, l'état-major au complet dînant dans le grand salon, une rafale d'obus° abattait° le château blanc.

rafale... burst of shellfire / leveled

Et le lendemain, c'était la Marne,° et la forêt était reprise.

river where a major German offensive was repulsed by the French

AVEZ-VOUS COMPRIS?

1. Quelle attitude les officiers allemands ont-ils envers la baronne?
2. Que volent-ils dans le château? Pourquoi?
3. Au cours de sa promenade, que fait la baronne pour détourner l'attention des Allemands?
4. Qui parle à la baronne pendant qu'elle est assise sur le banc? Qu'est-ce qu'ils complotent? Quel en est le résultat?
5. Pourquoi les Allemands n'hésitent-ils pas à parler de leurs projets devant Mme de Chelles?
6. Qu'est-ce qui se passe pendant que la baronne écrit son troisième message? Quelle faute de politesse l'officier allemand commet-il? Comment la baronne l'exploite-t-elle?
7. Qu'est-ce que Mme de Chelles explique au commandant français? Que lui suggère-t-elle?
8. Quelle précaution la baronne prend-elle à l'égard de sa servante?
9. Quel ordre l'officier allemand donne-t-il à la baronne? Pour quelle raison?
10. Pourquoi l'ordre de l'officier représente-t-il une solution inespérée pour Mme de Chelles? Qu'y a-t-il d'ironique dans sa réponse?
11. Ce soir-là, que se passe-t-il au château blanc?

COMMENTAIRE DU TEXTE

1. Quelles actions de la baronne montrent sa dignité, son courage et son patriotisme? Quoique Bien-Aller ne soit pas aussi visible que Mme de Chelles, il témoigne des mêmes sentiments. Expliquez.
2. Le portrait que fait l'auteur des Allemands et des Français est loin d'être objectif. Qu'est-ce qui révèle son mépris pour les Allemands? Comment idéalise-t-il la France et les Français?

DE LA LITTERATURE A LA VIE

1. La baronne de Chelles n'hésite pas à sacrifier son beau château—elle aurait même sacrifié sa vie—pour que les officiers allemands soient éliminés. Que pensez-vous de sa décision? Vous semble-t-il possible que l'on puisse avoir tant de courage? Dans quelles circonstances? Qu'est-ce que vous êtes prêt(e) à sacrifier pour votre pays?

2. Le patriotisme est le thème central de ce conte. Avez-vous jamais pensé à ce que votre pays représente pour vous? Quels sentiments avez-vous vis-à-vis de votre patrie? Qu'est-ce que vous admirez? Qu'est-ce qui vous plaît moins?

3. On a appelé la Grande Guerre (la Première Guerre mondiale) «la guerre qui mettra fin à toutes les guerres». Qu'y avait-il d'ironique dans cette déclaration?

UN PEU DE GRAMMAIRE: LE SUBJONCTIF

Terminez les phrases suivantes. Attention aux modes que vous utiliserez.

1. Il faut que Bien-Aller...
2. Il est évident que la bataille...
3. La baronne craint que...
4. Bien-Aller s'est caché dans la forêt pour que...
5. Il est venu parler à la baronne sans que les Allemands...
6. Les Allemands permettent que Mme de Chelles...
7. La baronne écrit au commandant français afin qu'il...
8. Mme de Chelles ne veut pas que sa servante...
9. Les Allemands demandent que la baronne...
10. Je pense que la baronne de Chelles...

LA FORCE DE L'AGE

SIMONE DE BEAUVOIR

Agrégée[2] de philosophie en 1929, alors qu'elle n'avait que vingt et un ans, Simone de Beauvoir (1908–   ) a été professeur jusqu'en 1943. Elle est connue pour ses romans, parmi lesquels il faut souligner *Le Sang des autres* (1944) et *Les Mandarins* (Prix Goncourt 1954), mais surtout pour ses essais. *Le Deuxième Sexe* (1949) a eu beaucoup

---

[2]**L'agrégation:** concours au niveau du doctorat qui assure à ceux qui sont admis (les agrégés) un poste dans l'enseignement secondaire ou universitaire.

d'influence sur l'étude de la condition féminine. C'est pourtant dans son autobiographie, *La Force de l'âge* (1960), qu'elle révèle tout son talent. Elle y donne une
chronique passionnante et stimulante non seulement de son développement intérieur, mais aussi de la société française, telle qu'elle l'a vue à partir de ses premiers
souvenirs d'enfance jusqu'à nos jours.

Dans ce passage, tiré de la deuxième partie de *La Force de l'âge*, elle décrit un
voyage à bicyclette avec son ami Jean-Paul Sartre dans le sud de la France, qui était
alors «zone libre». Sartre avait réussi, en falsifiant son livret militaire, à s'évader
d'un camp de prisonniers en Allemagne. Afin de traverser en cachette la ligne de
démarcation, frontière entre la zone occupée et la zone libre, les deux voyageurs ont
expédié vélos, bagages et tente à Roanne. C'est l'été 1942.[3]

Le Vocabulaire essentiel...

à peine *hardly, barely, scarcely*
démobiliser *to discharge (from military service)*
(s')ennuyer *to bore (become bored)*

franchir *to cross (a border, river, etc.)*
la **paix** *peace*
le **pneu** *tire*
la **roue** *wheel*

le **trajet** *journey, distance covered*
traverser *to cross, pass through*
valoir mieux *to be better*

... et comment l'utiliser

A. Trouvez l'équivalent de chaque expression.

1. passer d'un côté à l'autre   2. rendre à l'état civil   3. le parcours,
l'itinéraire   4. l'absence de conflits   5. être préférable

B. Complétez les phrases avec les mots qui conviennent.

1. Quand on n'a rien à faire, on _____ .
2. Afin de _____ la frontière entre deux pays, il faut avoir une pièce d'identité.
3. Quand j'apprenais à faire du vélo, j'avais une bicyclette à trois _____ .
4. J'ai voulu faire du vélo mais c'était impossible parce que j'avais un _____ crevé.
5. Mais non, je n'ai pas fini mon travail; je l'ai _____ commencé.

I.

Il n'était pas très difficile, si on s'amenait° sans bagage, les   si... *if one arrived*
mains dans les poches, de franchir la ligne de démarcation.
Sartre décida que nous passerions nos vacances en zone libre;
il pourrait ainsi se faire démobiliser; mais surtout, il sou-
haitait établir des liaisons entre «Socialisme et Liberté»° et   «Socialisme... *a secret socialist pulication*
certaines gens de l'autre zone. [...] Nous prîmes° un billet pour   passé simple de «prendre»

---

[3]Les divisions du texte sont celles de l'éditeur.

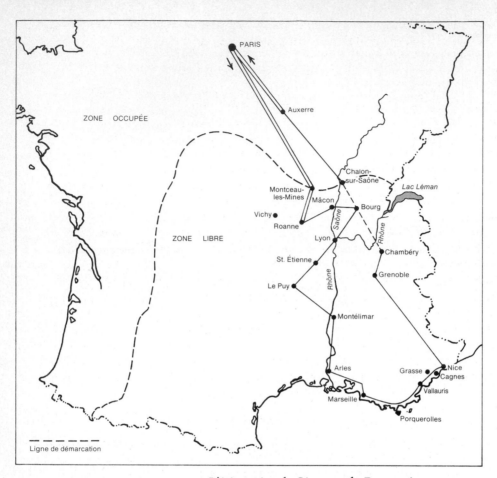

L'itinéraire de Simone de Beauvoir.

Montceau-les-Mines: on nous avait donné l'adresse d'un café où nous trouverions un passeur.°   *someone who smuggles people across a border*

    Le passeur avait été arrêté quelques jours plus tôt, nous dit le patron; mais sans doute pourrait-on s'arranger avec quelqu'un d'autre. Nous restâmes tout l'après-midi dans le café, regardant les gens aller et venir, avec au cœur un plaisant sentiment d'aventure. Vers le soir, une femme en noir, d'une quarantaine d'années, s'assit à notre table: pour un prix raisonnable, elle nous conduirait, cette nuit, à travers la campagne. Nous ne risquions pas grand-chose, mais pour elle l'affaire était plus sérieuse et elle multiplia les précautions. Nous la suivîmes en silence, à travers des prés, des bois à la fraîche odeur nocturne; elle écorcha° ses bas à des barbelés° et   *tore/barbed wire* grommela beaucoup. De temps en temps, elle nous faisait signe de nous arrêter, de ne pas remuer. Soudain, elle nous dit que la ligne était franchie et nous dévalâmes à pas vifs° vers un village. L'auberge était pleine de gens qui venaient de «passer» comme nous; nous couchâmes sur des matelas, dans une chambre où dormaient déjà six personnes; un bébé criait. Mais quelle allégresse,° le lendemain matin, quand nous nous promenâmes sur la route, en attendant l'heure du train pour Roanne! Parce que j'avais enfreint un interdit,° il me semblait avoir reconquis la liberté.

A Roanne, nous lûmes dans un café les journaux de l'autre zone: ils ne valaient guère mieux que les nôtres. Nous récupérâmes° nos bagages. [...] Je passai un long moment à les amarrer° sur nos bicyclettes. Celles-ci me donnaient de grandes inquiétudes. Il était à peu près impossible de se procurer des pneus neufs; les nôtres étaient rapiécés° et gonflés de bizarres hernies;° les chambres à air° ne valaient guère mieux. A peine sortions-nous de la ville, la roue avant de Sartre s'aplatit.° Je ne comprends pas comment je m'étais embarquée dans cette aventure sans avoir appris à réparer, mais le fait est que je ne savais pas. Heureusement, un mécanicien se trouva là qui m'enseigna l'art de démonter° un pneu et de coller des rustines.° Nous repartîmes. Il y avait des années que Sartre n'avait pas fait de long trajet à bicyclette, et, au bout de quarante kilomètres, il était très mal en point;° nous couchâmes dans un hôtel. Il roula plus gaillardement° le lendemain et, au soir, nous plantâmes° la tente dans une grande prairie, aux portes de Mâcon: cela non plus n'alla pas sans peine,° car nous n'étions ni l'un ni l'autre bien adroits. Néanmoins, au bout de quelques jours, nous dressions,° nous démontions la tente en un tournemain.° Nous campions généralement à proximité d'une ville ou d'un village car, à la fin de ces journées champêtres,° Sartre était avide de se retremper° dans la fumée des bistrots. Il se fit démobiliser à Bourg; en examinant son livret maquillé,° l'officier tiqua:° «Vous ne deviez pas falsifier votre livret. —Alors quoi? Je devais rester en Allemagne? demanda Sartre. —Un livret militaire, on ne plaisante pas avec ça, dit l'officier. —Il fallait rester prisonnier?» répéta Sartre. L'officier haussa les épaules;° il n'osait pas aller au bout de sa pensée,° mais sa mimique signifiait clairement: «Pourquoi pas?» Il donna tout de même à Sartre sa feuille de démobilisation.

Nous nous promenâmes sur les collines rousses° de Lyon: dans les cinémas, on projetait des films américains, et nous nous y précipitâmes. Nous traversâmes Saint-Etienne où il me montra l'ancienne maison de ses parents et nous descendîmes sur Le Puy. Sartre préférait de loin° la bicyclette à la marche dont la monotonie l'ennuyait; à bicyclette, l'intensité de

---

Marginal glosses:

dévalâmes... *ran quickly down*

cheerfulness

j'avais... *I had broken a law*

recovered, picked up
to tie on, load

patched
bulges / chambres... *inner tubes*

went flat

disassemble
coller... *to glue on patches*

mal... *in sad shape*
vigorously
pitched

non... *wasn't easy either*
put up
en... *in a flash*

in the country
se... *to reimmerse himself*

livret... *falsified service record* / *winced*

haussa... *shrugged his shoulders* / n'osait... *didn't dare say what he was thinking*
collines... *rolling hills*

de... *by far*

l'effort, le rythme de la course varient sans cesse. Il s'amusait à sprinter dans les côtes;° je m'essoufflai,° loin derrière lui; en plat,° il pédalait avec tant d'indolence que deux ou trois fois il atterrit dans le fossé.° «Je pensais à autre chose», me dit-il. Il aimait comme moi la gaieté des descentes. Et puis le paysage bougeait° plus vite qu'à pied. Moi aussi, je troquai° volontiers mon ancienne passion° contre ces nouveaux plaisirs.

Mais la grande différence entre ce voyage-ci et les précédents tenait surtout, pour moi, à mes dispositions intérieures: [...] je me sentais délicieusement libre; c'était déjà assez extraordinaire de rouler à côté de Sartre, en paix, sur ces routes des Cévennes. [...]

dans... uphill / got winded

en... on level ground

atterrit... landed in the ditch

went by / traded

ancienne... old love (of hiking)

AVEZ-VOUS COMPRIS?

1. Pour quelles raisons Simone de Beauvoir et Jean-Paul Sartre ont-ils décidé de faire un voyage en zone libre?
2. Pourquoi a-t-il fallu qu'ils attendent dans le café à Montceau-les-Mines?
3. Comment sont-ils passés en zone libre? Qui les a aidés?
4. Décrivez leur première nuit en zone libre.
5. Quelles difficultés ont-ils rencontrées au début de leur voyage?
6. Quels endroits choisissaient-ils pour camper? Pourquoi?
7. Où Sartre s'est-il fait démobiliser? Quelle attitude l'officier semblait-il avoir envers le règlement militaire? Expliquez.
8. Pourquoi Sartre préférait-il la bicyclette à la marche?
9. Quel incident lui est arrivé plusieurs fois? Pourquoi?
10. Pour l'auteur, quelle était la différence entre ce voyage et les précédents?

II.

Sartre avait eu, par Cavaillès, l'adresse d'un de ses anciens camarades de Normale,° Kahn, qui participait à la résistance. Par de petites routes tortueuses, nous arrivâmes à un village perdu dans des châtaigneraies;° Kahn y passait ses vacances, avec une femme plaisante et tranquille, des enfants joyeux; ils hébergeaient° une fillette aux tresses brunes, aux yeux bleus, qui était la fille de Cavaillès.[4] Dans une grande cuisine au sol carrelé de rouge,° nous avons mangé un repas savoureux avec, pour dessert, de grandes assiettées d'airelles.° Dans les bois, assis sur la mousse, Sartre et Kahn ont longuement causé. Je

prestigious graduate school for future teachers

chestnut groves

were lodging

sol... red tile floor

assiettées... platefuls of huckleberries

---

[4]Ma mémoire m'a trompée, l'aînée des fillettes était elle aussi la fille de Pierre Kahn. Cavaillès n'a jamais eu d'enfant. [*note de l'auteur*]

Jean-Paul Sartre et Simone de Beauvoir avec un ami dans un restaurant, 1964.

les écoutais, mais il était difficile de croire, dans cette lumière d'été, près de cette maison heureuse, que l'action et ses dangers eussent° unc réalité. Les rires des enfants, la fraîcheur des baies° sauvages, l'amitié de cette journée défiaient toutes les menaces. Non, malgré ce que m'avaient enseigné ces deux années, j'étais incapable de soupçonner que bientôt, et pour toujours, Kahn serait arraché aux siens,° qu'un matin le père de la fillette brune serait adossé à° un mur et fusillé.

De la haute Ardèche à la vallée du Rhône, pendant toute une journée, la métamorphose du paysage me grisa: le bleu du ciel s'allégeait,° le sol s'asséchait, l'odeur des fougères° mourait dans la senteur des lavandes, la terre prenait des couleurs ardentes: ocre, rouge, violet. Les premiers cyprès apparurent, les premiers oliviers: toute ma vie, j'éprouvai° la même intense émotion quand, arrivant du cœur montagneux d'un pays, j'abordai° au bassin méditerranéen. Sartre fut sensible lui aussi aux beautés de cette descente. [...]

A Marseille, nous trouvâmes des chambres modestes, mais très jolies, qui donnaient sur° le Vieux-Port. Nous refîmes avec émotion les promenades d'autrefois, du temps où le monde était en paix, du temps où la guerre menaçait. Les cinémas de la Canebiere projetaient des films américains, et certains ouvraient dès 10 heures du matin. Il nous arriva d'aller à trois séances° dans une journée. Nous retrouvâmes comme de vieux amis très chers Edward Robinson, James Cagney, Bette Davis dans *Victoire sur la mort;* nous voyions n'importe quoi, tout à

subj. imparfait d'«avoir»
berries

arraché... torn from his family
adossé... backed up to

became lighter / ferns

felt

approached

donnaient... looked out on

showings

la joie de contempler des images d'Amérique. Le passé nous refluait au° cœur. [...]

    [L]'automne s'annonçait sur les routes du Jura. Quand nous sortions de l'hôtel, le matin, une vapeur blanche cachait la campagne d'où montait déjà une odeur de feuilles mortes; peu à peu, le soleil la° déchirait, elle s'effilochait,° la chaleur nous transperçait, je sentais sur ma peau un grand bonheur d'enfance. Un soir sur une table d'auberge, Sartre se mit de nouveau à sa pièce. Non, il ne renonçait pas aux Atrides;° il avait trouvé le moyen d'utiliser leur histoire pour attaquer l'ordre moral, pour refuser les remords dont Vichy et l'Allemagne essayaient de nous infester, pour parler de la liberté. [...]

    Colette Audry nous avait indiqué un village, près de Châlons, d'où on «passait» facilement. Je ne sais combien nous étions, au matin, arpentant° la grand-rue, visiblement dans le même dessein.° L'après-midi, nous nous retrouvâmes à plus de vingt, tous montés sur des bicyclettes, autour d'un passeur. Je reconnus un couple souvent aperçu au Flore:° un beau garçon blond, avec une légère barbe dorée, et une jolie fille, blonde elle aussi, une Tchèque. D'étroits sentiers, à travers bois, nous amenèrent à une route bordée de barbelés; nous nous glissâmes sous les fils,° et nous nous dispersâmes le plus vite possible. Je suppose que les sentinelles allemandes étaient de mèche,° car le passeur n'avait pris aucune précaution.

    Je trouvai la Bourgogne très belle, avec ses vignobles richement colorés par l'automne; mais nous n'avions plus un sou en poche, et la faim nous tenailla° jusqu'à Auxerre où nous attendait un mandat;° dès que nous l'eûmes touché,° nous courûmes vers un restaurant: on nous servit tout juste° un plat d'épinards. Nous rentrâmes à Paris par le train.

refluait... flowed back into

la vapeur / thinned out

characters in a Greek tragedy reinterpreted by Sartre in Les Mouches

pacing up and down
dans... with the same intentions
café in the Latin Quarter, later a meeting place for Existentialists

wires

de... in cahoots

tortured
money order / cashed
tout... seulement

AVEZ-VOUS COMPRIS?

1. A qui Sartre et Simone de Beauvoir ont-ils rendu visite?
2. Comment l'accueil de cette famille leur a-t-il fait oublier la guerre?
3. Quel allait être le destin de leur ami Kahn?
4. Pendant qu'ils se dirigeaient vers le sud, quels changements ont-ils remarqués dans le paysage?
5. A Marseille comment ont-ils occupé leur journée?
6. A quel aspect de l'automne Simone de Beauvoir s'est-elle montrée sensible dans le Jura? Expliquez.
7. Quel était le thème de la pièce de Sartre? Quel rapport avait-elle avec la France occupée?

8. Etaient-ils seuls à franchir la ligne de démarcation pour rentrer en zone occupée? Commentez.
9. Qu'ont-ils fait à Auxerre?

COMMENTAIRE DU TEXTE

1. D'après ce passage, en quoi la France non occupée différait-elle de la France occupée? Quelles impressions avez-vous de la vie en France pendant la Deuxième Guerre mondiale?
2. Pourquoi les films américains ont-ils plu à Sartre et à Simone de Beauvoir? Que représentaient ces films pour deux Français de la zone occupée?
3. On a tendance à considérer Sartre et Simone de Beauvoir comme des intellectuels indifférents aux plaisirs de la vie de tous les jours. D'après le texte, à quoi sont-ils sensibles pendant leur voyage? En quoi ressemblent-ils aux gens ordinaires? A quels moments se sentent-ils tristes, heureux, émus, déçus?
4. Décrivez Simone de Beauvoir d'après ce passage. A quoi prend-elle plaisir? Quelle sorte de femme est-elle? Vous semble-t-elle pratique? idéaliste? sensible? aventureuse?... Appuyez votre réponse sur des exemples précis.

DE LA LITTERATURE A LA VIE

1. Quels voyages avez-vous faits ou aimeriez-vous faire? Que faites-vous pour ne pas oublier vos voyages? Achetez-vous des cartes postales? Tenez-vous un journal intime? Prenez-vous des photos?...
2. D'après les histoires que vous avez entendues, les livres que vous avez lus, les films que vous avez vus, racontez un incident qui vous a frappé à propos de la Deuxième Guerre mondiale.

ACTIVITE

Bien que la Deuxième Guerre mondiale n'ait pas touché le sol américain, le pays en a été profondément affecté. Préparez un exposé oral dans lequel vous expliquerez à la classe une de ses conséquences dans la vie quotidienne des citoyens civils. Vous pourrez parler, par exemple,

1. de la crise de main-d'œuvre due à l'engagement militaire de milliers de jeunes gens.
2. du rationnement (d'aliments ainsi que d'autres produits) dû à la fabrication de matériel de guerre.
3. de la prise en charge par les femmes de certaines tâches qui revenaient traditionnellement aux hommes.
4. de la propagande faite par le gouvernement pour s'assurer de l'appui des citoyens.

8 Spectacles

Henri de Toulouse-Lautrec: Programme pour le théâtre libre d'André Antoine.

Bien que les origines de l'art dramatique en France remontent au Moyen Age, c'est le dix-septième siècle qui est considéré comme le siècle du théâtre par excellence, grâce au génie de Corneille, de Racine et de Molière. La fondation de la Comédie-Française date aussi de cette époque. Fondé par Louis XIV, ce théâtre a toujours insisté sur le haut mérite littéraire des pièces jouées et sur la perfection technique de la mise en scène. Depuis trois siècles, la Comédie-Française a pour rôle de sauvegarder la grande tradition du théâtre classique.

La fin du dix-neuvième siècle voit apparaître un autre type de spectacle, plus commercial, moins sérieux peut-être, mais qui attire un public qui veut faire d'une soirée au théâtre un événement mondain. On l'appelle le «théâtre de boulevard».

Pourtant, ce genre de spectacle ne pouvait pas satisfaire un public exigeant. Au vingtième siècle des écrivains comme Paul Claudel, Jean Giraudoux, Jean Cocteau refusent de continuer la tradition du drame bourgeois et choisissent des thèmes de portée universelle, tels que la destinée de l'homme et le problème de son existence. Pendant la Deuxième Guerre mondiale, l'occupation allemande inspire *Les Mouches* à Jean-Paul Sartre et *Antigone* à Jean Anouilh.

Les années cinquante marquent le début du «théâtre de l'absurde». Ses auteurs— Eugène Ionesco, Arthur Adamov, Samuel Beckett, pour ne nommer que les plus célèbres—ne connaissent pas le succès tout de suite. Il faudra plusieurs années pour que leurs pièces soient comprises et acceptées par le grand public. Elles étaient jouées dans de petits théâtres du Quartier latin, ensuite elles ont été souvent représentées au Théâtre de France, célèbre pour son répertoire d'avant-garde.

Pour que Paris ne reste pas le seul centre important d'art dramatique, le gouvernement a donné son appui financier à plusieurs troupes théâtrales de province. Le Théâtre National Populaire s'est installé à Lyon et le festival d'Avignon attire en été un vaste public international.

Les deux extraits qui suivent, l'un tiré de Molière, l'autre de Ionesco, indiquent les goûts des Français pour le théâtre. Fiers de leur culture et de leurs traditions, ils admirent toujours les grands auteurs classiques, surtout Molière, qui est peut-être le plus aimé. Mais ils sont aussi attirés par la nouveauté, par tout ce qui prête à discussion, au défi intellectuel. Cela explique dans une certaine mesure pourquoi, malgré un essor difficile, le théâtre de l'absurde a pu s'affirmer à Paris.

LE MALADE IMAGINAIRE

MOLIERE

Le Malade imaginaire est la cinquième pièce dans laquelle Molière[1] affiche son scepticisme envers la médecine. C'est aussi sa dernière pièce. Elle est représentée pour la première fois le 10 février 1673. Molière, qui souffre depuis plusieurs années d'une grave maladie de poitrine, y joue le rôle d'Argan, malade imaginaire. Quelques jours plus tard, lors de la quatrième représentation, Molière se sent très mal, mais refuse de quitter la scène. Rentré chez lui, il meurt le soir même.

Argan, hypocondriaque crédule et superstitieux, est complètement subjugué par la prétendue autorité de ses médecins. Dans l'extrait qui suit, tiré du troisième acte, son frère Béralde essaie de le persuader de laisser la nature suivre son cours.

Le Vocabulaire essentiel...

s'**attaquer à** *to criticize*
croire à *to believe in*
étendre *to stretch, extend*
se **fier à** *to trust*

gâter *to spoil*
guérir *to cure, heal*
l'**ordonnance** (*f.*) *prescription*
le **remède** *remedy*

le **secours** *help, asssistance*
le **soin** *care*
avoir, prendre soin de *to take care of*

... et comment l'utiliser

A. Trouvez les mots de la même famille que les mots suivants.

1. ordonner   2. soigner   3. secourir   4. extension

B. Trouvez l'équivalent de chaque expression.

1. rendre la santé à
2. faire confiance à
3. critiquer
4. avoir la responsabilité de

C. Complétez les phrases avec les mots qui conviennent.

1. On dit que les grands-parents _____ toujours leurs petits-enfants.
2. Quand on est malade, on cherche _____ à sa maladie.
3. Est-ce que vous _____ la vie après la mort?

Acte 3, scène III

BERALDE: Est-il possible que vous serez toujours embéguiné° de vos apothicaires° et de vos médecins, et que vous vouliez être malade en dépit des gens et de la nature?   *infatuated*   *pharmacists*

ARGAN: Comment l'entendez°-vous, mon frère?   *le comprenez*

[1]Voir la note biographique à la page 40.

BERALDE: J'entends, mon frère, que je ne vois point° d'homme qui soit moins malade que vous, et que je ne demanderais point une meilleure constitution que la vôtre. Une grande marque que vous vous portez bien et que vous avez un corps parfaitement bien composé, c'est qu'avec tous les soins que vous avez pris vous n'avez pu parvenir encore à gâter la bonté de votre tempérament,° et que vous n'êtes point crevé° de toutes les médecines° qu'on vous a fait prendre.

(litt.) pas

health

(fam.) mort / mot démodé pour «médicaments»

ARGAN: Mais savez-vous, mon frère, que c'est cela qui me conserve; et que monsieur Purgon dit que je succomberais, s'il était seulement trois jours sans prendre soin de moi?

BERALDE: Si vous n'y prenez garde,° il prendra tant de soin de vous, qu'il vous envoiera° en l'autre monde.

n'y... n'y faites pas attention
forme démodée pour «enverra»

ARGAN: Mais raisonnons un peu, mon frère. Vous ne croyez donc point à la médecine?

BERALDE: Non, mon frère, et je ne vois pas que, pour son salut,° il soit nécessaire d'y croire.

salvation

ARGAN: Quoi! vous ne tenez° pas véritable une chose établie° par tout le monde et que tous les siècles ont révérée?

consider / supported

BERALDE: Bien loin de la tenir véritable, je la trouve, entre nous, une des plus grandes folies qui soient parmi les hommes; et, à regarder les choses en philosophe, je ne vois point une plus plaisante momerie,° je ne vois rien de plus ridicule, qu'un homme qui se veut mêler° d'en guérir un autre.

plaisante... ridiculous masquerade

se... forme démodée pour «veut se mêler»
ne... don't you accept

ARGAN: Pourquoi ne voulez-vous pas,° mon frère, qu'un homme en puisse guérir un autre?

BERALDE: Par la raison, mon frère, que les ressorts de notre machine° sont des mystères, jusques ici, où les hommes ne voient goutte;° et que la nature nous a mis au-devant des yeux des voiles trop épais pour y connaître quelque chose.

body
ne... don't see anything

ARGAN: Les médecins ne savent donc rien, à votre compte?

BERALDE: Si fait,° mon frère. Ils savent la plupart de fort belles humanités, savent parler en beau latin, savent nommer en grec toutes les maladies, les définir et les diviser; mais, pour ce qui est de° les guérir, c'est ce qu'ils ne savent pas du tout.

Si... Yes indeed

pour... when it comes to

ARGAN: Mais toujours faut-il demeurer d'accord° que, sur cette matière, les médecins en savent plus que les autres.

demeurer... (to) agree

Le fauteuil de Molière, employé dans sa dernière représentation de Le Malade imaginaire.

[...] Il faut bien que les médecins croient leur art véritable, puisqu'ils s'en servent pour eux-mêmes.

BERALDE: C'est qu'il y en a parmi eux qui sont eux-mêmes dans l'erreur populaire, dont-ils profitent; et d'autres qui en profitent sans y être. Votre monsieur Purgon, par exemple, n'y sait point de finesse;° c'est un homme tout médecin, depuis la tête jusqu'aux pieds; un homme qui croit à ses règles plus qu'à toutes les démonstrations° des mathématiques, et qui croirait du crime° à les vouloir examiner; qui ne voit rien d'obscur dans la médecine, rien de douteux, rien de difficile; [...] c'est de la meilleure foi du monde qu'il vous expédiera; et il ne fera, en vous tuant, que ce qu'il a fait à sa femme et à ses enfants, et ce qu'en un besoin° il ferait à lui-même.

 subtlety

 proofs
 croirait... *would think it a crime*

 en... *in case of necessity*

ARGAN: C'est que vous avez, mon frère, une dent de lait° contre lui. Mais, enfin, venons au fait.° Que faire donc quand on est malade?

 une... *a childish grudge*
 venons... *let's get to the point*

BERALDE: Rien, mon frère.

ARGAN: Rien?

BERALDE: Rien. Il ne faut que demeurer en repos.° La nature, d'elle-même, quand nous la laissons faire, se tire doucement du désordre où elle est tombée. C'est notre inquiétude, c'est notre impatience qui gâte tout; et presque tous les hommes meurent de leurs remèdes, et non pas de leurs maladies.

 demeurer... *to rest*

ARGAN: Mais il faut demeurer d'accord,° mon frère, qu'on peut aider cette nature par de certaines choses.

il... we must agree

BERALDE: Mon Dieu, mon frère, ce sont de pures idées dont nous aimons à nous repaître;° et, de tout temps, il s'est glissé parmi les hommes de belles imaginations que nous venons à croire, parce qu'elles nous flattent et qu'il serait à souhaiter° qu'elles fussent° véritables. Lorsqu'un médecin vous parle d'aider, de secourir, de soulager la nature, de lui ôter ce qui lui nuit° et lui donner ce qui lui manque, de la rétablir et de la remettre dans une pleine facilité de ses fonctions; [...] et d'avoir des secrets pour étendre la vie à de longues années, il vous dit justement le roman de la médecine. Mais, quand vous en venez à° la vérité et à l'expérience, vous ne trouvez rien de tout cela; et il en est comme° de ces beaux songes, qui ne vous laissent au réveil que le déplaisir de les avoir crus.

à... to nourish ourselves on

il... it is to be hoped / subj. imparfait d'«être»

lui... harms it

en... get down to

il... it is like

ARGAN: C'est à dire que toute la science du monde est renfermée dans votre tête, et vous voulez en savoir plus que tous les grands médecins de notre siècle.

BERALDE: Dans les discours et dans les choses, ce sont deux sortes de personnes que vos grands médecins. Entendez les parler, les plus habiles gens du monde; voyez les faire, les plus ignorants de tous les hommes.

ARGAN: Ouais°! vous êtes un grand docteur, à ce que je vois, et je voudrais bien qu'il y eût° ici quelqu'un de ces messieurs, pour rembarrer° vos raisonnements et rabaisser votre caquet.°

(fam.) Oui!
subj. imparfait d'«avoir»
rebut
rabaisser... make you shut up

BERALDE: Moi, mon frère, je ne prends point à tâche de combattre la médecine; et chacun, à ses périls et fortune,° peut croire tout ce qu'il lui plaît. Ce que j'en dis n'est qu'entre nous; et j'aurais souhaité de pouvoir° un peu vous tirer de l'erreur où vous êtes et, pour vous divertir, vous mener voir, sur ce chapitre,° quelqu'une des comédies de Molière.

à... at his own risk

souhaité... forme démodée pour «souhaité pouvoir»
sur... on this subject

ARGAN: C'est un bon impertinent que votre Molière, avec ses comédies! et je le trouve bien plaisant° d'aller jouer° d'honnêtes gens comme les médecins!

presumptuous / aller... to make fun

BERALDE: Ce ne sont point les médecins qu'il joue, mais le ridicule de la médecine.

ARGAN: C'est bien à lui à faire, de se mêler de contrôler la médecine! Voilà un bon nigaud,° un bon impertinent, de se moquer des consultations et des ordonnances,

fool

de s'attaquer au corps des médecins, et d'aller mettre sur son théâtre des personnes vénérables comme
ces messieurs-là.

BERALDE: Que voulez-vous qu'il y mette, que° les diverses professions des hommes? On y met bien tous les jours
les princes et les rois qui sont d'aussi bonne maison°
que les médecins.

if not

bonne... high status

ARGAN: Par la mort non de diable°! si j'étais que des médecins,°
je me vengerais de son impertinence; et, quand il
sera malade, je le laisserais mourir sans secours. Il
aurait beau faire et beau dire,° je ne lui ordonnerais
pas la moindre petite saignée,° le moindre petit lavement;° et je lui dirais: «Crève, crève; cela
t'apprendra une autre fois à te jouer à la Faculté.°»

Par... What the devil! / si... if I were a doctor

Il... Regardless of what he might do or say
blood-letting
enema
te... to make fun of the medical school

BERALDE: Vous voilà bien en colère contre lui.

ARGAN: Oui, c'est un malavisé;° et, si les médecins sont sages,
ils feront ce que je dis.

unwise, foolish person

BERALDE: Il sera encore plus sage que vos médecins, car il ne
leur demandera point de secours.

ARGAN: Tant pis pour lui, s'il n'a point recours° aux remèdes.

n'a... does not resort

BERALDE: Il a ses raisons pour n'en point vouloir, et il soutient
que cela n'est permis qu'aux gens vigoureux et ro-
bustes, et qui ont des forces de reste° pour porter° les
remèdes avec la maladie; mais que, pour lui, il n'a
justement de la force que pour porter son mal.°

de... in reserve / supporter

illness

ARGAN: Les sottes raisons que voilà! Tenez, mon frère, ne parlons point de cet homme-là davantage; car cela
m'échauffe la bile° et vous me donneriez mon mal.°

m'échauffe... me met en colère / vous... you would make me ill

AVEZ-VOUS COMPRIS?

1. Selon Béralde, quelles sont les preuves de la bonne santé de son frère?
2. Qui est M. Purgon? Quelle opinion Béralde a-t-il de lui?
3. Pourquoi Argan pense-t-il que la médecine est une science véritable? Qu'en pense Béralde? Pourquoi est-il de cet avis?
4. D'après Béralde, que savent les médecins? Qu'est-ce qu'ils sont incapables de faire?
5. Pourquoi Argan pense-t-il que les médecins croient leur art véritable? Comment Béralde réagit-il à cette observation? Que reproche-t-il à M. Purgon?
6. Selon Béralde, que faut-il faire quand on tombe malade? D'après lui, de quoi meurent presque tous les hommes?
7. Béralde dit: «Lorsqu'un médecin vous parle d'aider... la nature... et d'avoir

des secrets pour étendre la vie à de longues années, il vous dit justement le roman de la médecine.» Expliquez.

8. Pourquoi Béralde aimerait-il emmener son frère voir les comédies de Molière? Pourquoi Argan trouve-t-il Molière impertinent? Comment Béralde justifie-t-il Molière?

9. Que ferait Argan s'il était le médecin de Molière? Que fera Molière s'il tombe malade? Pourquoi?

10. Comment pourrait-on rapprocher le titre de la pièce et la dernière réplique du passage étudié?

COMMENTAIRE DU TEXTE

1. Quelles faiblesses humaines Molière critique-t-il dans cette scène? Pour répondre à cette question, analysez les traits de caractère dont Argan fait preuve au cours du dialogue. Est-il hypocondriaque? superstitieux? crédule? Ou bien est-il raisonneur? calme? réfléchi? Se maîtrise-t-il ou est-il dominé par ses passions?

2. Comme la plupart des écrivains du siècle classique, Molière croyait à la raison, au bon sens, à la modération. D'après lui, il est inutile et même dangereux de vouloir intervenir dans les choses de la nature. Dans quelle mesure peut-on considérer Béralde comme le porte-parole de l'auteur?

3. Molière se moque des médecins de son époque. Après avoir lu cette scène, que pensez-vous de la médecine au dix-septième siècle? Quel rapport y a-t-il entre le nom «Purgon» et l'un des remèdes préférés de l'époque?

4. Molière ne fait pas uniquement une satire des médecins; il ridiculise aussi ceux qui se fient aveuglément à la tradition et à l'autorité des savants. Trouvez les phrases ou les passages qui appuient cette constatation.

5. Quels aspects de cette satire sont encore valables de nos jours? Pour répondre à cette question, analysez le caractère des personnages, les sujets de discussion et le point de vue de l'auteur.

6. Bien que l'on ne voie pas Molière sur la scène, il est presque un personnage de la pièce. Béralde et Argan parlent de lui et de la satire qu'il fait de la médecine. Ironiquement, Molière est mort après la quatrième représentation du *Malade imaginaire*, dans laquelle il jouait le rôle d'Argan. Comment cela ajoute-t-il à la satire et au caractère poignant de cette scène?

DE LA LITTERATURE A LA VIE

1. Si Argan est hypocondriaque, qu'est-ce que cela veut dire? En quoi est-ce différent d'une maladie psychosomatique? Consultez un dictionnaire si besoin est.

2. Vous considérez-vous plutôt sensible à la maladie (prenez-vous des médicaments au moindre malaise?) ou avez-vous tendance à refuser d'admettre que vous êtes malade? Commentez.

3. Dans le cas d'une maladie incurable, pensez-vous que les médecins doivent laisser la nature suivre son cours, ou bien doivent-ils s'efforcer de prolonger la vie du malade à n'importe quel prix? Justifiez votre réponse.
4. Que faites-vous pour conserver votre santé? Quelles habitudes avez-vous qui risquent de la compromettre? Vivez-vous au jour le jour ou bien prenez-vous des précautions pour vous préparer un avenir meilleur? Pourquoi?

SUJET DE DEBAT

Comment envisagez-vous les responsabilités des médecins dans la société actuelle? Soutenez l'un des arguments suivants:

1. En choisissant leur profession, les médecins en ont accepté toutes les obligations; c'est-à-dire qu'ils doivent assumer leurs responsabilités en toute situation. La vie de leurs patients est entre leurs mains et s'ils font une erreur de jugement, on a le droit de les poursuivre en justice.
2. Bien que les médecins reçoivent une formation rigoureuse, on ne peut pas leur demander d'être parfaits. La médecine est une science inexacte et on consulte un médecin comme on consulte n'importe quel autre spécialiste, à ses risques et périls.

LE NOUVEAU LOCATAIRE

EUGENE IONESCO

Malgré la nouveauté de son contenu, le théâtre français de l'avant-guerre ne dépasse pas les limites de la vraisemblance et du réalisme représentés de façon traditionnelle. La fin dè la Deuxième Guerre mondiale, dont les horreurs ont remis en question les valeurs traditionnelles, marque une nouvelle étape dans le théâtre français. C'est dans les années cinquante que naît le théâtre de l'absurde, qui refuse un réalisme superficiel et opte pour une irréalité qui se manifeste tant dans la forme que dans le fond. Il réexamine la fonction de la parole qui, souvent dépourvue de sens et de profondeur, est un obstacle à la communication véritable. En usant de l'humour pour souligner l'absurdité de la condition humaine, les dramaturges ridiculisent les stéréotypes du langage bourgeois. Pour eux, la bourgeoisie représente non pas une classe sociale mais toute personne qui ne sait pas penser par elle-même.

   Dans son livre *Notes et contre-notes* Ionesco[2] écrit qu'il s'est rendu compte pour la première fois de sa vocation théâtrale en apprenant l'anglais. Ce qui l'avait frappé c'était la banalité du langage dans les manuels de grammaire.

L'apprentissage d'une langue étrangère lui a donc révélé «les automatismes du langage, du comportement des gens, le parler pour ne rien dire, le parler parce qu'il n'y

---

[2]Voir l'introduction au chapitre 1, et la note biographique à la page 9.

a rien à dire de personnel, l'absence de vie intérieure, la mécanique du quotidien....»

Dans la première partie de *Le Nouveau Locataire*, la Concierge reçoit le Monsieur, qui vient louer un appartement récemment évacué. Se contredisant sans cesse, parlant à son nouveau locataire de gens qu'il ne connaît pas, elle passe d'un sujet à l'autre, sans transition logique. Bavarde et curieuse, elle s'oppose au Monsieur, taciturne et distant. Les quelques propos qu'il prononce sont mal interprétés par la Concierge, dont les tirades sont ponctuées de lieux communs («on ne sait jamais», «tout le monde ne peut pas», «le temps passe»...). En tant que moyen de communication, la parole perd toute sa valeur.

Le Vocabulaire essentiel...

l'**ascenseur** (*m.*) *elevator*
s'**attendre à** *to expect*
bavard(e) *talkative*
la **bêtise** *foolishness*
déménager *to move* (*from one dwelling to another*)

dire des bêtises *to say foolish things*
dire du mal de *to speak ill of*
enlever *to remove, take off*
s'**entendre** *to get along with one another*

le/la **gérant(e)** *manager*
le **locataire** *tenant*
susceptible *easily offended, touchy*
tenir sa parole *to keep one's word*

... et comment l'utiliser

A. Trouvez l'équivalent de chaque expression.
1. une personne qui loue un logement
2. qui parle beaucoup
3. la sottise
4. transporter des objets d'un logement dans un autre
5. qui se vexe facilement
6. ôter

B. Complétez les phrases avec les mots qui conviennent.

1. Pour monter au sixième étage, on doit prendre ＿＿＿ .
2. Au travail, il vaut mieux ＿＿＿ avec ses collègues.
3. Vous avez tort de ＿＿＿ eux. Ils sont gentils.
4. Elle ＿＿＿ ; je ne comprenais rien.
5. C'est une surprise. Je ne ＿＿＿ pas ＿＿＿ cela.
6. Aux Etats-Unis, on appelle ＿＿＿ les gardiens d'immeuble.
7. On peut lui faire confiance; il ＿＿＿ toujours ＿＿＿ .

Acte 1, scène I

Au lever du rideau, assez grand tintamarre:° on entend, en provenance des coulisses,° des bruits de voix, de marteaux, des bribes de refrains,° des cris d'enfants, des pas dans les escaliers. Cependant que le vacarme° continue et que la Concierge est pen-

bruit

en... *coming from the wings*
des... *little fragments of songs*
racket

chée très fort° par la fenêtre, entre par la gauche, silencieuse-
ment, le Monsieur, d'âge moyen, petite moustache noire, tout de
sombre vêtu.° [...]

LE MONSIEUR: Madame la Concierge?

LA CONCIERGE: (*se retourne et, mettant la main sur son cœur, elle
crie*) Aaaah! Aaah! Aaah! (*Elle hoquette.°*) Pardon
Monsieur, j'ai le hoquet! (*Le Monsieur demeure
immobile.*) Vous venez d'entrer?

LE MONSIEUR: Oui, Madame.

LA CONCIERGE: Je voulais voir si Gustave, ou bien Georges, ou
bien un autre était dans la cour!... C'est pour
aller chez Monsieur Clérence. Enfin!... Bref,°
vous êtes arrivé, alors?

LE MONSIEUR: Vous le voyez, Madame.

LA CONCIERGE: Je ne vous attendais pas pour aujourd'hui... Je
croyais que vous deviez venir demain... Vous
êtes le bienvenu.° Avez-vous bien voyagé? Pas
fatigué? Ce que vous m'avez fait peur°! Vous
avez sans doute fini plus tôt que vous ne
croyiez! C'est ça. C'est parce que je ne m'y
attendais pas. (*Elle hoquette.*) C'est le hoquet.
C'est la surprise. Tout est en ordre.
Heureusement que° vos prédécesseurs, oui, les
locataires qui étaient là avant vous, ont tout
déménagé à temps. [...] C'étaient de bien braves°
gens. Ils me racontaient tout. Oh, moi, j'ai
l'habitude des confidences. Je suis discrète! La
vieille dame, elle, ne travaillait pas. Elle n'a
jamais rien fait de sa vie. Je faisais leur ménage,
elle avait quelqu'un pour les commissions,°
quand elle venait pas c'était encore moi! (*Elle
hoquette.*) La surprise! Vous m'avez fait peur!
C'est que je ne vous attendais que demain. Ou
après-demain. [...] Enfin, ils étaient bien gentils.
Et vous? Dans le commerce? Employé?
Rentier°? Retraité°? Oh, pas encore retraité,
vous êtes encore trop jeune, on ne sait jamais, il
y en a qui se retirent plus tôt, quand on est
fatigué, n'est-ce pas, et qu'on a les moyens,° tout
le monde ne peut pas, tant mieux pour ceux qui
peuvent! Vous avez de la famille?

LE MONSIEUR: (*déposant sa valise et son pardessus par terre*) Non,
Madame.

---

penchée... *leaning way out*

tout... *dressed in somber
clothing*

hiccups

In short

le... *welcome*
Ce... *How you frightened
me!*

Heureusement...
Fortunately
good

errands

Stockholder/Retired

financial means

La concierge.

LA CONCIERGE: Déposez votre valise, Monsieur. C'est du bon cuir, ne vous fatiguez pas. Mettez-la où vous voulez. Tiens, j'ai plus le hoquet, c'est passé la surprise! Enlevez donc votre chapeau. (*Le Monsieur enfonce légèrement son chapeau sur sa tête.*)

LA CONCIERGE: C'est pas la peine° d'enlever votre chapeau, Monsieur. Mais, oui, vous êtes chez vous. La semaine dernière c'était pas encore chez vous,° comme ça change, c'était chez eux, que voulez-vous, on vieillit, c'est l'âge, maintenant vous êtes chez vous, c'est pas moi qui dirai le contraire, moi ça me regarde° pas, on est très bien ici, une bonne maison, ça fait vingt ans, hein, ça fait bien loin déjà.... (*Le Monsieur, sans mot dire, fait plusieurs pas dans la pièce vide qu'il inspecte*

C'est... *It's not worth the trouble*

c'était... *it wasn't your place yet*

concern

du regard, ainsi que les murs, les portes, le pla-
card; il a maintenant les mains derrière le dos.
Elle continue.) Ooh, Monsieur, ils ont tout laissé
en bon état! Des gens propres, des personnes
distinguées, quoi, enfin, ils avaient des défauts,
comme vous et moi, ils n'étaient pas aimables,
et pas bavards, pas bavards, ils m'ont jamais
rien dit grand-chose, que des bêtises, lui, le
vieux, ça allait à peu près,° elle, pas du tout, elle
a jeté son chat par la fenêtre, c'est tombé sur la
tête du gérant, heureusement pas sur mes fleurs,
ça a fait «pif» et lui, il la battait, si c'est
croyable, Monsieur, dans notre siècle, c'est leur
affaire, moi je me mêle pas de ça, une fois je
suis montée, il cognait dessus,° [...]enfin, ils ne
sont plus là, faut pas en dire du mal, ils sont
comme morts, pas tout à fait, d'autant plus
qu'il n'y a pas de quoi,° ils étaient bien aimables, j'ai pas eu à m'en plaindre, sauf pour le
jour de l'an°... Oh, ne craignez rien, Monsieur,
c'est solide, la maison, c'est pas d'hier,° on n'en
fait plus comme ça aujourd'hui... Vous serez
bien ici... Oh, pour ça... les voisins sont bien
gentils, c'est la concorde, c'est toujours très
calme, jamais j'ai appelé ici la police, sauf au
troisième, c'est un inspecteur, il crie tout le
temps, il veut arrêter tout le monde...

LE MONSIEUR: (*montrant du doigt*) Madame, la fenêtre!... (*Sa voix
est égale et terne.*°)

LA CONCIERGE: Ah, mais oui, Monsieur! Je veux bien faire votre
ménage. Je ne demande pas cher, Monsieur. On
s'entendra, vous n'aurez pas les assurances à
payer...

LE MONSIEUR: (*même geste, même calme*) La fenêtre, Madame!

LA CONCIERGE: Ah, oui, Monsieur, pardon, j'oubliais. (*Elle ferme
la fenêtre; le vacarme diminue un peu.*)... Vous
savez, Monsieur, une parole en amène une autre
et le temps passe... (*Le Monsieur continue ses
vérifications.*)

LA CONCIERGE: J'ai fermé votre fenêtre, vous voyez, c'est
comme vous avez voulu, ça ferme facilement.
(*Le Monsieur vérifie la fermeture de la fenêtre, examine la fenêtre elle-même.*) Ça donne sur la cour,
c'est pourtant clair,° vous voyez, c'est parce que
c'est le sixième...

ça... he wasn't so bad

il... he was hitting her

*d'autant... all the more
because there is no
reason (to speak ill of
them)*
jour... New Year's Day
*c'est... it wasn't built
yesterday*

égale... even and flat

well lighted

LE MONSIEUR: Il n'y avait rien de libre au rez-de-chaussée.

LA CONCIERGE: Ah, je vous comprends, vous savez; pas facile le sixième, la maison n'a pas d'ascenseur...

LE MONSIEUR: (*plutôt pour lui*) Ça n'est pas pour ça. Je ne suis pas fatigué, Madame.

LA CONCIERGE: Ah! alors, c'est pourquoi, Monsieur? Vous n'aimez pas le soleil? C'est vrai, ça fait mal aux yeux! A partir d'un certain âge, on peut s'en dispenser,° ça brunit trop la peau...

s'en... *do without it*

LE MONSIEUR: Non, Madame.

LA CONCIERGE: Pas trop, c'est vrai, pas trop... Vous n'avez pas dans quoi vous coucher° ce soir? Je peux vous prêter un lit! (*Depuis quelques instants, le Monsieur, toujours examinant la pièce, calcule les endroits où il va disposer les meubles qui vont arriver; du doigt, il montre, pour lui-même, les emplacements;° il sort de sa poche un ruban-mètre,° mesure.*) Je vais vous aider à placer vos meubles, ne vous en faites pas,° je vous donnerai des idées, ça ne manque pas,° c'est pas la première fois, puisque je vais faire votre ménage, c'est pas aujourd'hui qu'ils vont venir vos meubles, ils vont pas les apporter si vite, allez, je la connais leur galerie,° des marchands quoi, ils sont comme ça, tous comme ça...

dans... *anything to sleep in*

locations
measuring tape
ne... *don't worry*
ça... *I've got plenty of them*

je... *I know their game*

LE MONSIEUR: Si, Madame.

LA CONCIERGE: Vous croyez qu'ils vont les apporter aujourd'hui, vos meubles? Tant mieux pour vous, moi ça m'arrange,° j'ai pas de lit à vous prêter, mais ça m'étonnerait, comme je les connais, ah là, là, j'en ai vu, c'est pas les premiers,° ils ne viendront pas, ils ne viendront pas, c'est samedi, ah non c'est mercredi, j'ai un lit pour vous... puisque je fais votre ménage... (*Elle veut ouvrir la fenêtre.*)

me convient

c'est... *they are not the first ones I've had to deal with*

LE MONSIEUR: Pardon, Madame!

LA CONCIERGE: Qu'est-ce qu'il y a ? (*Elle fait de nouveau semblant d'ouvrir la fenêtre.*) Je veux appeler Georges pour qu'il dise à Gustave d'aller voir Monsieur Clérence...

LE MONSIEUR: Laissez la fenêtre, Madame.

LA CONCIERGE: C'est parce que Monsieur Clérence voudrait bien savoir si Monsieur Eustache qui est l'ami de

Monsieur Gustave, de Georges aussi, puisqu'ils sont un peu parents,° pas tout à fait, mais un peu...

un... *sort of related*

LE MONSIEUR: Laissez la fenêtre, Madame.

LA CONCIERGE: Bon, bon, bon, bon! J'ai compris, vous ne voulez pas, j'aurais pas fait de mal, c'est votre droit, votre fenêtre, pas la mienne, je n'en veux pas, j'ai compris, vous commandez, comme vous voudrez, j'y touche plus, vous êtes propriétaire de l'appartement, pour pas bien cher, bref, ça ne me regarde pas, la fenêtre avec, elle est à vous, tout s'achète avec de l'argent, c'est ça la vie, moi je dis rien, je ne me mêle pas, c'est votre affaire, faudra descendre les six étages pour chercher Gustave, une pauvre vieille femme, ah là, là, les hommes sont capricieux, ça ne pense à rien du tout,° mais moi je vous obéis, vous savez, je veux bien, ça ne me gêne pas, je suis même contente, je vais faire votre ménage, je serai comme qui dirait° votre domestique, n'est-ce pas, Monsieur, c'est entendu?

ça... *they just don't think of anything*

je... *I will be, so to speak*

LE MONSIEUR: Non, Madame.

LA CONCIERGE: Comment, Monsieur?

LE MONSIEUR: Je n'ai pas besoin de vos services, Madame.

LA CONCIERGE: Ça c'est trop fort! C'est pourtant vous qui m'avez priée,° c'est malheureux,° j'ai pas eu de témoin, je vous ai cru sur parole, je me suis laissé faire°... je suis trop bonne...

begged / *unfortunate*

je... *I let myself be led along*

LE MONSIEUR: Non, Madame, non. Ne m'en veuillez pas.°

Ne... *Don't be cross with me*

LA CONCIERGE: Mais alors! (*On frappe à la porte de gauche.*)

LE MONSIEUR: Les meubles!

LA CONCIERGE: Je vais ouvrir. Ne vous dérangez pas, c'est à moi d'ouvrir, pour vous servir, je suis votre domestique. (*Elle veut aller ouvrir la porte, le Monsieur s'interpose, l'arrête.*)

LE MONSIEUR: (*toujours très calme*) N'en faites rien, Madame, je vous en prie! (*Il va vers la porte à gauche, l'ouvre, tandis que la Concierge, les mains sur les hanches, s'exclame:*)

LA CONCIERGE: Ah, ça, par exemple! Ils vous enjôlent,° ils vous promettent tout, et ils ne tiennent pas leur parole!

coax, wheedle

AVEZ-VOUS COMPRIS?

1. Pourquoi la Concierge est-elle surprise de voir le Monsieur?
2. Quelle sorte de gens étaient les anciens locataires? Quelles habitudes avaient-ils? Quels étaient leurs rapports avec la Concierge?
3. Que demande la Concierge au Monsieur? De quelle manière le Monsieur manifeste-t-il sa ferme intention de garder ses distances vis-à-vis de la Concierge?
4. Comment réagit la Concierge quand le Monsieur refuse d'enlever son chapeau?
5. Comment la deuxième description des anciens locataires contraste-t-elle avec la première?
6. Racontez l'épisode du chat.
7. Expliquez: «...ils sont comme morts, pas tout à fait...».
8. Comment la Concierge se contredit-elle au sujet de la maison et des locataires?
9. Selon la Concierge, quels sont les avantages et les inconvénients d'un appartement au sixième étage?
10. Comment la Concierge veut-elle aider le Monsieur?
11. Pourquoi la Concierge pense-t-elle que les meubles n'arriveront pas comme prévu?
12. Comment se contredit-elle au sujet du lit?
13. Pourquoi la concierge veut-elle rouvrir la fenêtre? Commentez ses justifications.
14. Quand le Monsieur lui dit de laisser la fenêtre, en quoi la Concierge se montre-t-elle susceptible?
15. Le Monsieur refuse les services de la Concierge. Comment réagit-elle? Que suggère-t-elle en disant qu'elle l'a cru sur parole?
16. Quand les meubles arrivent, pourquoi la Concierge se sent-elle insultée?

COMMENTAIRE DU TEXTE

1. Dans les grandes villes françaises le personnage de la Concierge est presque une institution. Il s'agit en général d'une femme âgée, bavarde, curieuse, qui souvent se mêle trop des affaires des autres. Elle est chargée de faire le nettoyage des escaliers, elle distribue le courrier et, en échange de ces travaux, elle occupe gratuitement un appartement au rez-de-chaussée. Elle est au courant de tout ce qui se passe dans l'immeuble, rien ne lui échappe. Si Ionesco n'a pas donné de nom à la Concierge, c'est peut-être parce qu'elle est le stéréotype de la profession, elle représente toutes les concierges. Quels sont les détails qui la rendent typique?
2. Comment voyez-vous le caractère du Monsieur et celui de la Concierge d'après leurs comportements?

3. La Concierge se sert très souvent de phrases toutes faites comme, par exemple, «nous n'avons pas tous les mêmes goûts», «on sait jamais», «tout le monde ne peut pas». Relevez d'autres exemples de banalités dans le texte.

4. La Concierge dit que les anciens locataires étaient «de bien braves gens», «des gens rangés», « des gens propres», « des personnes distinguées». Ce sont là encore des expressions toutes faites. Pourquoi la Concierge les emploie-t-elle, alors qu'en fait elle affirme le contraire?

5. On fait preuve de mauvaise foi quand on fait tomber sur une autre personne la responsabilité de ses propres actions. A propos de quel incident la Concierge fait-elle preuve de mauvaise foi?

6. La façon de parler de la Concierge montre que ce n'est pas une personne cultivée. Quelles fautes de grammaire fait-elle? Donnez-en des exemples.

7. Selon Ionesco, souvent les gens parlent pour ne rien dire. Comment le montre-t-il dans cette scène?

8. Cette scène vous semble-t-elle amusante ou y avez-vous trouvé aussi un côté amer? Expliquez.

DE LA LITTERATURE A LA VIE

1. Si vous deviez monter (*stage*) *Le Nouveau Locataire*, à quel type d'acteurs confieriez-vous les rôles de la Concierge et du Monsieur? Comment seraient-ils habillés? Quel décor choisiriez-vous? Quelle sorte de publicité imagineriez-vous pour cette représentation...?

2. Y a-t-il un équivalent de la concierge aux Etats-Unis? Quelles caractéristiques les gérants d'appartements ont-ils en commun?

3. Quand vous louez une chambre ou un appartement, à qui vous adressez-vous? Quels sont, d'habitude, les règlements imposés aux locataires? Certains propriétaires refusent de louer leurs maisons aux gens de couleur, à ceux qui ont des enfants ou des animaux, aux couples qui ne sont pas mariés, etc. Quelles raisons en donnent-ils? Qu'en pensez-vous?

UN PEU DE GRAMMAIRE: LE PRONOM RELATIF

Référez-vous au texte pour compléter les phrases suivantes en utilisant un pronom relatif. (Utilisez autant de pronoms différents que possible.)

1. La Concierge est une personne...
2. Elle dit que les anciens locataires étaient des gens...
3. La vieille dame...
4. Les anciens locataires avaient un chat...
5. La Concierge dit qu'elle ne se mêle pas de...
6. Elle se décrit comme une pauvre vieille femme...
7. Le Monsieur est un homme...
8. Il calcule les endroits où il va placer ses meubles...

9 Sports et loisirs

Georges Seurat: La Grande Jatte, *collection of the Art Institute of Chicago.*

Pour les Français, les grandes vacances sont une institution. Il va sans dire que tout le monde veut les prendre en été, et particulièrement pendant les trois premières semaines du mois d'août. Les touristes ont la joie de se promener dans un Paris presque sans circulation, mais ils ont aussi la surprise de trouver neuf fois sur dix les boutiques et les restaurants fermés.

Pour beaucoup de Français, partir en vacances veut simplement dire quitter l'appartement en ville et s'installer dans un hôtel à la campagne ou au bord de la mer. On cherche de plus en plus le silence et la tranquillité des endroits isolés, mais trop souvent on se retrouve avec des milliers de gens qui recherchent la même chose. C'est pour cette raison que le Club Méditerranée a eu tant de succès dès sa fondation en 1949. Le Club a établi des «villages» sur les plages les moins fréquentées, d'abord, comme son nom l'indique, de la mer Méditerranée, ensuite dans beaucoup d'autres pays et récemment dans les montagnes du Colorado.

Selon la saison, les Français pratiquent la chasse et la pêche; les jeunes font du ski ou jouent au tennis, et des gens de tout âge sont les spectateurs enthousiastes des matches de football. Malgré la grande popularité du «Tour de France», seuls les coureurs qui désirent y participer pratiquent sérieusement le cyclisme.

La pêche sous-marine est un sport relativement récent qui doit une grande partie de sa popularité à l'océanographe Jacques-Yves Cousteau. Les films qu'il a tournés sur la flore et la faune sous-marines ont paru sur les écrans de la télévision dans le monde entier. Les plongeurs qu'on voit un peu partout sur les côtes rocheuses de la mer Méditerranée ont peut-être au fond du cœur des rêves plus ambitieux.... Dans son livre *Le Monde du silence*, d'où est tiré l'extrait de ce chapitre, Jacques-Yves Cousteau révèle le côté périlleux de ses recherches sur le comportement des requins.

Pendant l'été de 1961, *Réalités*, une grande revue française, a demandé à la journaliste Muriel Reed de faire un séjour au Club Méditerranée de Corfou pour étudier l'ambiance toute particulière du Club. L'article dont vous allez lire un extrait, est le résultat de cette expérience.

LE MONDE DU SILENCE

JACQUES-YVES COUSTEAU

Jacques-Yves Cousteau (1910–   ) est né à Saint-André-de-Cubzac (Gironde). Après ses études à l'Ecole Navale, il commence sa carrière d'officier de marine. En 1943 il perfectionne avec Emile Gagnan un scaphandre autonome (*aqualung*) qui permet de plonger jusqu'à cent mètres de profondeur et d'y rester pendant une heure. Ses premiers documentaires filmés sur la faune sous-marine datent de 1946. Ses films et ses livres ont fait connaître au grand public les trésors, la beauté et les dangers du «monde sans soleil». M. Cousteau a reçu d'innombrables prix aussi bien que le titre de Docteur ès Sciences *honoris causa* de l'université de Californie à Berkeley et de Brandeis University.

L'extrait ci-dessous est tiré du plus célèbre de ses livres, *Le Monde du silence*, publié en 1953. Cousteau et son ami Dumas se sont éloignés de leur bateau, l'Elie-Monnier, pour filmer les évolutions d'un requin qui a l'air assez amical. Mais, à l'apparition de deux autres requins, il change vite d'attitude.

Le Vocabulaire essentiel...

agiter *to shake; to wave*
s'**éloigner** *to move off, go away*
épuisé(e) *exhausted*
mordre *to bite*

le **museau** *muzzle, snout*
la **plongée (sous-marine)**
   (scuba, deep-sea) diving
plonger *to dive*

le **plongeur** *diver*
la **queue** *tail*
le **requin** *shark*

... et comment l'utiliser

Complétez le paragraphe avec les mots qui conviennent.

L'hiver dernier j'ai passé mes vacances aux Antilles. Je me considérais comme un
_____ exceptionnel. Un jour, pendant que je _____ , j'ai vu un gros _____ s'approcher
de moi. Il avait un énorme _____ ; je croyais qu'il allait me _____ . Pour lui faire
peur, j'_____ les bras mais bien vite j'ai été trop _____ pour continuer. Finalement,
le requin _____ d'un grand coup de _____ . J'ai décidé de ne plus faire de _____ à cet
endroit-là.

Face aux requins

Mon camarade suit l'animal, l'approche, le prend par la
queue, partagé entre le désir de tirer fort [...] et la crainte
qu'il ne se retourne pour mordre. Il lâche donc prise° et
calque ses évolutions° sur celles du requin. Il lui faut nager
aussi vite qu'il en est capable pour ne pas se laisser distancer
par l'animal qui, lui, avance presque sans bouger. La bête n'a
pas l'air de s'intéresser beaucoup à nous, mais son petit œil
immobile nous fixe.

   Notre requin gris nous a peu à peu entraînés à vingt
mètres de profondeur. Alors Dumas pointe son doigt vers le
bas. Apparaissant dans le bleu sombre, à la limite de la visibilité, deux autres requins montent lentement vers nous. Ils
sont beaucoup plus grands, ils dépassent quatre mètres. Ils
sont plus effilés,° plus bleus, plus sauvages d'apparence. Ils
s'installent au-dessous de nous: ils n'ont pas de poissons pilotes.°

   Notre vieil ami, le requin gris, se rapproche de nous,
réduisant le rayon° des cercles qu'il décrit. Mais il paraît toujours maniable.° Le mécanisme qui le faisait tourner autour

Il... So he lets go
calque... patterns his movements

slender

poissons... petits poissons qui accompagnent les requins
radius
controllable

Plongeur face à un requin.

de nous comme les aiguilles d'une montre semblait au point,° et ses pilotes restaient en place. Nous étions parvenus,° jusqu'ici, à maîtriser notre peur, nous n'y pensions plus. L'apparition des deux grands bleus nous rappelle durement à la réalité.

Nous nous creusons désespérément la mémoire,° Dumas et moi, pour y retrouver° des conseils sur la manière d'effrayer les requins.

«Gesticulez», dit un sauveteur;° et nous faisons de grands gestes désordonnés. Nous avons un peu honte: le gris n'a pas daigné sourire.°

«Envoyez-leur un jet de bulles», dit un scaphandrier à casque.° Dumas attend que le requin ait atteint le point le plus proche de sa trajectoire et souffle de toutes ses forces: le requin ne réagit pas.

«Criez aussi fort que possible», dit Hans Hass. Nous poussons des hurlements jusqu'à en perdre la voix. Le requin paraît sourd.

«Des tablettes d'acétate de cuivre° fixées à la ceinture empêcheront les requins d'approcher,» dit un officier instructeur de l'aviation américaine. Nous en avons mis deux, et notre ami nage à travers le bouillon de cuivre° sans sourciller.° Son œil glacé nous jauge° comme une conscience. Il a l'air de savoir ce qu'il veut: le temps travaille pour lui.

Il se produit alors un petit incident affreux. Le minuscule poisson pilote, qui nage devant le museau du requin, s'envole

au... *well regulated*

étions... *avions réussi*

Nous... *We wrack our brains*
pour... *trying to remember*

rescuer

le... *the gray shark didn't bother to smile*

scaphandrier... *diver (in diving suit)*

acétate... *copper acetate*

bouillon... *copper cloud / flinching*
nous... *sizes us up*

de son perchoir et frétille° vers Dumas. Il papillonne° tout contre son masque et mon ami secoue la tête comme pour se débarrasser d'un moustique. Mais en vain. Dumas se sent marqué, il est devenu une succursale° du requin.

Je sens mon camarade se rapprocher instinctivement de moi. Je vois sa main chercher son poignard de ceinture et dégainer.° Au-delà du couteau et de la caméra, le requin gris s'éloigne un peu, comme pour prendre son élan,° se retourne, et vient droit sur nous.

Nous battre au couteau avec un requin, c'est dérisoire,° mais le moment est venu où couteau et caméra sont notre dernier moyen de défense. Sans réfléchir, je brandis la caméra comme un bouclier,° j'appuie sur le levier de déclenchement,° et je me trouve en train de filmer la bête qui fonce sur moi. Le museau plat ne cesse de grandir; bientôt il n'y a plus au monde qu'une gueule. La colère m'envahit.° De toutes mes forces, je pousse la caméra en avant et frappe en plein sur le museau. Je sens le déplacement d'eau d'un grand coup de queue, un corps lourd passe près de moi en un éclair,° et le requin se retrouve à quatre mètres, indemne,° inexpressif, décrivant lentement autour de nous sa ronde obstinée.°

Les deux requins bleus montent sans cesse et entrent dans la danse. Il est grand temps de rentrer. Nous faisons surface et sortons nos têtes de l'eau. Horreur! l'Elie-Monnier est à trois cents mètres sous le vent.° Il a perdu notre trace. Nous agitons frénétiquement les bras, mais le bateau ne répond pas. Nous flottons en surface avec la tête en dehors; c'est la meilleure méthode pour se faire dévorer. Des jambes qui pendent peuvent être cueillies° comme des saucissons à un mât de cocagne.°[1] Je regarde vers le bas: les trois requins se dirigent vers nous en une attaque concertée. Nous plongeons et nous leur faisons front,° ils reprennent leur manœuvre d'encerclement. Tant que nous sommes à deux ou trois mètres de profondeur, ils hésitent à s'approcher de nous. Nous esquissons une retraite° vers le bateau. Malheureusement, sans point de repère,° ni boussole de poignet,° il est impossible de faire dix mètres en ligne droite.

Nous pensons avant tout à nos jambes, et nous improvisons une formation défensive, en restant côte à côte, mais tête-bêche,° afin que chacun de nous puisse surveiller les pieds de l'autre. A tour de rôle,° l'un de nous monte en flèche° vers la surface et agite les bras pendant quelques secondes, tandis que l'autre le protège en adoptant une attitude aussi

wriggles / flutters

offshoot

unsheathe (it)
comme... *as if to gather momentum*

ridiculous

shield / levier... *release lever*

overcame me

en... *in a flash*
unscathed
sa... *his relentless circling*

sous... *downwind*

plucked
comme... *like sausages hanging from a greased pole*
faisons... *face them*

esquissons... *begin a retreat*
point... *reference point* / boussole... *wrist compass*

head to foot
A... *Taking turns* / en... *straight up*

---

[1]**mât de cocagne**: dans un carnaval, long poteau de bois recouvert de graisse auquel on doit grimper afin de décrocher des gourmandises suspendues au sommet.

agressive que possible. Tandis que Dumas lance un nouvel
appel désespéré, un des requins bleus s'approche tout près de
ses pieds. Je crie. Dumas se retourne et plonge, résolument,
face à la bête, qui s'écarte et revient à son carrousel.° Quand   *circling*
nous montons pour regarder, nous sommes étourdis par
toutes ces girations sous l'eau, et il nous faut tourner la tête
comme une lanterne de phare° pour tâcher de retrouver   *lighthouse*
l'Elie-Monnier.

    Nous sommes presque à bout de force; le froid nous
gagne.° J'estime qu'il y a plus d'une demi-heure que nous   *le... we are getting cold*
sommes sous l'eau. Bientôt notre provision d'air sera épuisée.
Après ce sursis,° nous abandonnerons nos embouts,° nous nous   *reprieve / air hoses*
débarrasserons de nos scaphandres° et nous remonterons en   *aqualungs*
surface, nous acharnant° à nous protéger tant bien que mal   *trying desperately*
par des plongées libres. Notre fatigue sera décuplée,° tandis   *sera.. will increase tenfold*
que nos formidables adversaires resteront à leur aise, in-
lassables, indestructibles. Mais l'attitude des requins change.
Ils s'agitent, font un dernier tour de piste° et disparaissent.   *tour... lap (around the*
Nous n'y pouvons croire. Nous nous regardons. Une ombre   *divers)*
passe sur nous: c'est le canot de l'Elie-Monnier. Les requins se
sont enfuis à son approche.

AVEZ-VOUS COMPRIS?

1. Expliquez les sentiments partagés de Dumas lorsqu'il prend le requin gris
   par la queue. Pourquoi doit-il faire des efforts pour suivre l'animal?
2. Qu'est-ce que les deux plongeurs découvrent au-dessous d'eux? Comment
   réagissent-ils?
3. Cousteau et Dumas s'efforcent de se rappeler différentes manières d'effrayer
   les requins. Quels résultats obtiennent-ils quand ils essaient d'appliquer ces
   conseils?
4. Pourquoi l'incident avec le poisson pilote est-il «affreux»?
5. Quels moyens de défense les plongeurs ont-ils à leur disposition? Comment
   le requin réagit-il quand Cousteau le frappe sur le museau?
6. Comment les plongeurs essaient-ils d'échapper au danger? Que découvrent-
   ils quand ils remontent à la surface? Pourquoi est-il dangereux d'y rester?
7. Que font Cousteau et Dumas pour se défendre contre les requins?
8. Pourquoi les requins s'éloignent-ils?

COMMENTAIRE DU TEXTE

1. Cousteau est un spécialiste de la vie sous-marine. Que vous a-t-il appris sur
   les requins?
2. Qu'est-ce qui donne du suspense au récit (choix des détails, emploi de la
   première personne et du présent...)?
3. Comment qualifieriez-vous le ton du récit? (dramatique? léger? amusant?...)

DE LA LITTERATURE A LA VIE

1. Les océans ont toujours fasciné l'homme. Qu'est-ce qui vous attire en particulier: exploration d'un monde inconnu, beauté de la faune et de la flore sous-marines, recherche de trésors perdus...?
2. Cousteau a consacré sa vie à l'exploration de la nature. D'après vous, quelle est la valeur d'un tel travail pour l'amélioration des connaissances humaines?
3. Pourquoi fait-on du sport? Quelle leçon peut-on tirer des sports? confiance en soi? connaissance de ses limites? réactions face au danger? esprit de corps dans les sports d'équipe? attraits de la nature?...

UN PEU DE GRAMMAIRE: L'EMPLOI DU CONDITIONNEL AVEC *SI*

Si vous aviez le choix, où et comment passeriez-vous votre temps libre? Pourquoi?

CHEZ LES GENTILS MEMBRES DU CLUB MEDITERRANEE

MURIEL REED

Muriel Reed (1924–1965) est née à Paris de mère française et de père américain. Après ses études à l'université de Swarthmore aux Etats-Unis, elle rentre en France et y habite jusqu'à sa mort. Pendant quinze ans elle travaille pour *Réalités*, une des revues les plus élégantes de France. Ses articles sur la société française sont remarquables par la profondeur de l'analyse et par la vivacité du style.

L'extrait qui suit est intéressant aussi à cause de l'emploi de différents niveaux de langage. L'auteur se sert du passé simple, exigé dans le style littéraire, pour les parties narratives, mais elle introduit, surtout dans les dialogues, des mots et des idiotismes tirés de la langue familière et populaire. Evidemment, en vacances même la langue se transforme. En adoptant ce qu'on appelle «l'argot des vacances», on a l'impression d'éliminer toute distinction de classe.

Le Vocabulaire essentiel...

l'**accueil** (*m.*) *welcome*
l'**ambiance** (*f.*) *atmosphere*
maigre *thin, skinny*
la **méfiance** *distrust*

s'**occuper de** *to take care of, attend to*
le **renseignement** *piece of information*
la **réussite** *success*

le **souci** *worry, care*
le **surlendemain** *two days later, day after the next day*
le **tutoiement** *familiar form of address using* **tu**

... et comment l'utiliser

A. Trouvez les noms qui correspondent aux verbes suivants.

1. renseigner   2. réussir   3. tutoyer   4. accueillir   5. se méfier

B. Complétez les phrases avec les mots qui conviennent.

1. On trouve une _____ cordiale au Club Méd.
2. Les organisateurs du Club Méd _____ de tout.
3. Ce n'est que quand je pars en vacances que je peux oublier mes _____ .
4. Ce n'était pas le lendemain mais le _____ de notre arrivée que nous avons fait une excursion dans les environs.
5. C'est une petite femme très _____ ; elle ne pèse que quarante kilos.

[...] Le Club Méditerranée est le plus grand et le plus étonnant de tous les «clubs» de vacances. Il existe depuis 1949 et, en douze ans, a fondé douze «villages» d'été et d'hiver, en Corse, en Afrique, en Italie, en Grèce, etc. Il compte aujourd'hui 180 000 Gentils Membres (G.M.) fort attachés à leur Club [...] Sa réussite est telle que° des sociologues l'ont étudiée et ont conclu que le Club avait réussi à édifier° une société idéale et nouvelle, basée sur la joie, la liberté et les sentiments de cordialité, de confiance, de franche camaraderie.

> telle... *such that*
>
> établir

Personnellement, tout ce qui est obligatoirement grégaire, «bon copain», «esprit club», me hérisse comme un cactus,° et c'est avec la plus vive méfiance que j'avais contemplé mes futurs «potes»,° attroupés° sur le quai de la Gare de Lyon. Chargés de fourre-tout,° de sacs de couchage, culottés° de blue-jeans, ils avaient l'air assez déguenillés,° genre saucisson, vin rouge et chansons à boire° (en fait, c'était des gens qui savaient comment s'habiller pour passer deux jours en train et c'est moi qui étais grotesque). Mais le voyage se passa dans le calme. Les G.M. étaient vraiment gentils. [...]

> me... *makes me bristle*
>
> (*pop.*) copains / *assembled*
> Chargés... *Loaded with duffel bags* / *dressed ragged*
> genre... allusion à des habitudes peu raffinées de voyage

Ce n'est que le surlendemain de notre départ qu'après une nuit en bateau nous arrivâmes à Corfou. [...]

Des G.O. (Gentils Organisateurs) vinrent au-devant de° nous à ski nautique et nous saluèrent. Sur le ponton° du Club, nous commencions à distinguer une foule grouillante.°

«Ah, mon vieux, dit un grand barbu° à son voisin, moi, l'accueil du Club, chaque fois ça me fout° la larme à l'œil.» L'accueil était en effet adorable. Vêtus de paréos à ramages,° une foule de filles et de garçons bronzés nous acclamaient, chantaient, nous lançaient des couronnes de fleurs. A peine avions-nous mis pied à terre qu'ils nous serraient dans leurs bras comme des vieux amis et que, comble de gentillesse,° ils s'emparaient de nos valises les plus lourdes en criant «Venez, venez bouffer.»° Assez émus, nous nous laissions embrasser et entraîner vers le restaurant de plein air° où, sous les oliviers,

> au-devant... *to meet*
>
> *dock*
>
> *swarming*
> un... *a big bearded man*
> ça... (*pop.*) ça me met
> paréos... *floral-printed wraparounds*
>
> comble... *height of courtesy*
>
> (*fam.*) manger
> de... *outdoor*

*Le Club Méditerranée
en Martinique.*

nous attendait un bon petit déjeuner et un speech d'accueil
charmant prononcé par le «chef de Village», qui, à Corfou, est
une belle jeune femme plantureuse° nommée Didy. Encore un
peu étourdis mais le cœur réchauffé par cet accueil, nous
avons passé le reste de la journée dans l'euphorie à acquérir
notre premier coup de soleil° sur la plage. Et le soir, entre
deux danses et deux séries de jeux sur la piste° du Club, c'est
avec ferveur que j'ai tressé de hideuses couronnes (je suis
maladroite) pour le convoi de G.M. qui arrivait le lendemain.

    Dès l'aube, j'étais sur le ponton, mon paréo neuf tortillé
comme un vieux torchon° (j'ai dit que j'étais maladroite),
mais l'âme cordiale, les bras chargés de fleurs, soufflant dans
une trompette en bois. L'animateur du Club, Jean-Paul
Richez, nous encourageait:

    «Gueulez un bon coup,° les enfants! Et haut les bras, haut
les mains° comme à un hold-up!»

    Les nouveaux G.M. étaient aussi attendris° que nous
l'avions été la veille. Cependant, j'entendis quelques Gentils
Organisateurs discuter à mi-voix:

    «Ils ont l'air aussi caves° que ceux d'hier.

    —Ça, oui. Et les bonnes femmes,° hum... Côté nanas,° on
n'est pas gâté.»

    [...] Quand on pense au Club, on se demande si l'ambiance
est très... enfin très libre... Elle l'est, bien sûr, mais pas plus
en somme que partout ailleurs entre filles et garçons. [...]

    Tandis que je me maquillais, un jeune homme à mon côté

buxom

coup... *dose of sun*
dance floor

tortillé... *twisted like an
old dishrag*

Gueulez... (*fam.*) Criez
  très fort
haut... *hands up*
moved

(*pop.*) bêtes
(*fam.*) dames / (*pop.*) côté...
  *as far as chicks are
  concerned*

se rasait en chantant «Et, pendant ce temps-là, la Méditerranée...» Il s'interrompit pour me dire:

«Viens un peu ici, ma grande.° Ton paréo est foutu comme
l'as de pique.° Tu permets? Voilà: un bon nœud sec° sur les
nénés° tu drapes ici et te voilà parée°... Et pendant ce temps-
là la Méditerranée...»

Il m'assena° sur les fesses une tape cordiale et recommença tranquillement à se raser.

J'appris plus tard que ce jeune homme passe à Paris pour
être assez snob et qu'il est un des espoirs du Quai d'Orsay.°
Nous étions tellement heureux (je dirai pourquoi plus tard) et
tellement dépaysés que nos mœurs, et même notre langage,
changeaient en vingt-quatre heures.

[...] Moi-même, quoiqu'un peu lente à la détente,° au bout
de huit jours, à table, je prenais des initiatives, j'empoignais
louche et soupière° et clamais: «Alors, m'sieurs dames, qui
veut de la fripe°?» Tous les Français se tiennent bien à table,
si bien que je n'avais aucune idée à qui je m'adressais. Sauf
que je finis par remarquer que celui ou celle qui me répondait: «Moi, s'il vous plaît», était généralement ouvrier
fondeur° ou demoiselle des P.T.T.,° tandis que celui qui rétor-
quait «Petite mère, t'as les portugaises ensablées° j'ai dit que
la soupe ça me fait vomir», était souvent soit un sénateur, soit
un médecin ou un architecte.

Car nous formions un groupe très mélangé. Y dominaient
les petits et petites employés. Mais on y trouvait aussi des
membres des professions libérales.° Tout le monde coexistait
avec enthousiasme et il est exact qu'au bout de huit jours on
se tutoyait volontiers et on se parlait facilement avec une
sorte de tendresse.

[...] Dans notre «société idéale», au bout d'une dizaine de
jours, je constatai quelques failles.° Certes° tout le monde
s'aimait et la fille la plus laide qui, en ville, devait souffrir de
la solitude, était ici accueillie, intégrée tout au moins à un
groupe d'autres filles. Mais notre gentillesse était à fleur de
peau.° Certes nous adorions le cuisinier et les jeunes filles
grecques qui nous servaient de si bons repas (car ils étaient
très bons), qui se précipitaient pour emplir de vin nos pichets
à peine vides (car le vin est à discrétion° au village). Nous les
adorions, mais nous ne leur adressions jamais la parole.
D'autre part, un jour je pris part à une promenade à dos
d'âne.° Chaque âne était fermement tenu en main par un petit
garçon grec. Poussant des cris énergiques, ces petits garçons
nous menèrent en courant à travers champs et bois jusqu'à
une guinguette° de village. Ils étaient adorables à la fois de
gaîté et de gentillesse et quand notre guide grec nous proposa

---

ma... (fam.) mon amie
foutu... tied wrong / hard
(fam.) seins / all decked out

gave me

Quai... Ministère des
    Affaires Etrangères

lente... slow to loosen up

louche... ladle and soup
    tureen
(fam.) soupe

ouvrier... metal worker /
    Postes, Télégraphes,
    Téléphones
t'as... (pop.) tu es sourde?

professions... professional
    class

faults / Certainement

à... skin-deep

à... free-flowing, as much
    as one wants

promenade... donkey ride

open-air café

de leur acheter des bonbons, nous le fîmes avec joie. «Pauvres petits loupiots,° ils sont si maigres, ça fait plaisir de les gâter un peu», dit une grosse dame en gavant° son enfant ânier° de loukhoums° et de chocolats.

C'est alors que surgirent trois autres petits garçons venus d'on ne sait où,° encore plus maigres et déguenillés. Ils regardaient les friandises, sans rien dire mais avec une envie évidente. Tous les G.M. les toisèrent° froidement.

«Ah! non», dit la grosse dame en ramassant ses plaques de chocolat, «rien pour ceux-là; ils ne sont pas des nôtres.°»

Au fond, nous étions d'un égoïsme féroce parce qu'au bout de huit jours de séjour au Club nous retombions en enfance.° Il arrive, paraît-il, que les G.O. entre eux «bouffent du° G.M.», c'est-à-dire en parlent avec condescendance. En effet, les G.O., généralement très jeunes et très dynamiques, sont avec tact et mine de rien° les bonnes d'enfants° des G.M. Tout au long du voyage ils s'occupaient de nos valises, de nos repas, de nos billets, nous facilitaient les formalités de la douane, allant jusqu'à° nous distribuer des petites lettres: «Chers amis, vous avez rendez-vous avec le soleil mais aussi avec la douane grecque. Faites ceci, faites cela...» Au village également, nous n'avions pas le moindre souci: pas de ménage, pas de cuisine, à peine l'embarras du choix° entre les divers plaisirs que nous proposait le Club. D'autre part, les G.O. savaient si bien créer une atmosphère de cordialité tutoyeuse° que nous nous empressions d'oublier nos âges, nos professions, nos soucis et jusqu'à° nos noms de famille. Nous étions «Michou» ou «Marinette», et nous jouions dans notre jardin d'enfants. Comme à des enfants, il fallait d'ailleurs nous répéter trois fois, quatre fois chaque renseignement, chaque horaire. Le soir, sur la piste de danse,° nous jouions à des jeux d'enfants, nous disputant des patates ou nous battant à coups de polochon.° Le fait que nous vivions dans un cadre très beau et que nous avions l'impression «d'en avoir vraiment pour notre argent»° ajoutait à notre affection pour le Village. Nous n'aimions pas quitter ce paradis et ceux qui revenaient de Delphes ou d'Athènes disaient: «Ah! rien ne vaut° notre Village!»

La veille de mon départ pour la «grande excursion de 49 semaines à Paris», «Jacquot», un G.M. avocat [...], s'était amusé «comme un grand fou» à faire un numéro,° coiffé d'un couvercle de poubelle et armé d'un balai. Convulsée de rire, je lui tapais dans le dos en lui disant: «Ah, l'esprit club, on peut dire que tu l'as, toi!» Quelques semaines plus tard, à Paris, j'eus à consulter un avocat. A ma surprise et à ma joie, dans le cabinet° de Maître° G... je me retrouvai en face de «Jacquot».

«Jacquot! Dans mes bras, mon pote! lui dis-je.

(fam.) enfants

stuffing / enfant... *child donkey-leader* oriental sweets

d'on... *no one knows from where*

les... *eyed them up and down*

des... *of our group*

nous... *we regressed into childhood*
bouffent... *(pop.)* parlent mal du

mine... *without pretense* / bonnes... *governesses*

allant... *going so far as to*

l'embarras... *the problem of choosing*

informal

even

piste... *dancing area*

battant... *having a pillow fight*

«d'en...» *of getting our money's worth*

rien... *there is nothing like*

faire... *acting the clown*

office / titre donné aux avocats

—Ah! c'est cette bonne Muriel, dit-il assez distant.
Quel plaisir... Que puis-je pour vous? Je suis malheureusement assez pressé....»

Il était encore bronzé mais visiblement il n'avait déjà plus
l'«esprit club».

AVEZ-VOUS COMPRIS?

1. Dites ce que vous savez du Club Méditerranée. Pourquoi les sociologues s'y
sont-ils intéressés?   2. Expliquez le manque d'enthousiasme de la part de
l'auteur le jour du départ.   3. Décrivez ses compagnons de voyage.   4. Par
qui et comment les voyageurs sont-ils accueillis à Corfou? Donnez une réponse
détaillée.   5. Pourquoi le groupe est-il sur le ponton le lendemain? Pourquoi
Muriel Reed commence-t-elle à mettre en question la «sincère» cordialité des
organisateurs?   6. Décrivez le comportement du jeune snob parisien.
7. En quoi la manière dont on se tient à table est-elle un exemple de la transformation des mœurs et du langage des G.M.?   8. Malgré l'égalité apparente,
deux incidents montrent que l'ambiance du club est «gentille» seulement en
surface. Racontez-les.   9. Quels sont les rapports réels entre les membres et
les organisateurs? Dans quelle mesure les G.M. sont-ils responsables de
l'organisation et du succès de leurs vacances?   10. Qu'est-ce que la «grande
excursion de 49 semaines à Paris»?   11. Décrivez le changement d'attitude
du jeune avocat lorsque l'auteur le retrouve à Paris.

COMMENTAIRE DU TEXTE

1. Quels changements psychologiques l'auteur a-t-elle remarqués en elle et
   chez les membres du Club? Comment les explique-t-elle?
2. Comment Muriel Reed réagit-elle à la familiarité (argot, tutoiement...) du
   Club? En quoi le langage transforme-t-il les rapports sociaux chez ces va-
   canciers? Donnez plusieurs exemples.
3. Présentez le point de vue et les conclusions de l'auteur sur le Club Méditerranée. Que considère-t-elle comme positif? négatif? A votre avis, son article est-il objectif ou subjectif? Expliquez.

DE LA LITTERATURE A LA VIE

1. Les conventions sociales ont-elles tendance à disparaître quand on est en
   vacances? Justifiez votre réponse. Agissez-vous différemment lorsque vous
   n'êtes pas dans votre environnement habituel (avec des inconnus, en
   voyage...)? Pourquoi?
2. Pour quelles raisons se fait-on des amis plus facilement quand on est en va-

cances? Comment une amitié de vacances naît-elle et de quoi a-t-elle besoin pour durer?

3. Quels peuvent être les avantages des vacances en groupe? Quels en sont les inconvénients?

4. Le niveau de langue compte beaucoup dans les rapports sociaux des Français. Par exemple, on parle respectueusement à ses parents; on n'appelle pas les personnes que l'on connaît peu par leurs prénoms; on n'utilise pas d'argot avec ses supérieurs; dans le monde du travail, on évite la familiarité (avec ses collègues, ses professeurs, les commerçants...). Quelles sont les règles de politesse dans votre pays? Quel système préférez-vous et pourquoi?

ACTIVITE

Les Français ne renoncent pas volontiers à des vacances en famille. Voici plusieurs sortes de vacances typiquement françaises: louer une maison au bord de la mer ou à la montagne pendant un mois; installer sa caravane ou sa tente sur un terrain de camping; passer une partie de l'été chez un membre de la famille; faire des voyages organisés exotiques (en particulier, pour les gens aisés). D'après ce modèle, décrivez plusieurs sortes de vacances typiquement américaines.

Le Français dans le monde

Art africain.

En Europe, le français ne se parle pas seulement en France mais aussi en Belgique, au Luxembourg et dans une partie de la Suisse. Outre-mer, on le parle aux Antilles, au Québec, dans les anciennes colonies françaises d'Afrique et dans certains pays d'Extrême-Orient.

Bien que l'influence linguistique et culturelle française sur les littératures d'outre-mer remonte au dix-huitième et au dix-neuvième siècles, celles-ci n'ont trouvé leur véritable expression qu'au vingtième siècle.

Pendant les années de l'entre-deux-guerres, plusieurs écrivains noirs, venus du monde entier, ont fait de Paris leur centre de rencontre. Il y avait parmi eux trois grands poètes: le Sénégalais Léopold Senghor, le Martiniquais Aimé Césaire et le Guyanais Léon Damas. C'est justement Césaire qui a employé pour la première fois en 1939 le mot «négritude» dont il a donné cette définition: «La négritude est la simple reconnaissance d'être noir et l'acceptation de ce fait, de notre destin de noir, de notre histoire, de notre culture.» Les écrivains d'Afrique noire ont choisi de s'exprimer en français, parce qu'il n'existe pas de langue littéraire négro-africaine et pour en établir une, il aurait fallu attendre au moins deux générations.

Le roman canadien-français a fait son début au commencement du dix-neuvième siècle. Il s'agissait surtout de récits d'amour et d'aventure, liés par les thèmes et par la forme aux grands courants du romantisme français. Plus tard, à la fin du dix-neuvième et pendant la première partie du vingtième siècle, le roman s'est développé, mais il s'est aussi figé sur le thème de l'attachement à la terre et aux traditions. Après la guerre (1945), les écrivains canadiens ont essayé de sortir du «roman paysan» et d'aborder des thèmes universels—le travail dans les villes et dans les grands espaces, la solitude, la condition féminine. Ils se sont surtout efforcés de prendre conscience de

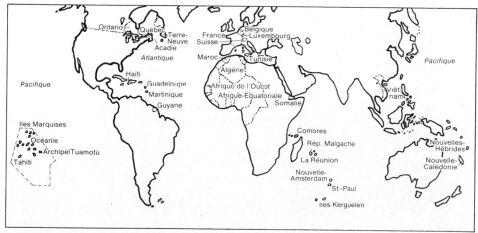

Pays francophones.

ce que signifie tout simplement «être canadien» en dehors de toute influence française ou anglaise.

La littérature canadienne contemporaine partage donc avec les autres littératures francophones le refus d'imiter passivement les civilisations colonisatrices et l'exigence de s'affirmer, de se définir en tant que Canadien, Antillais, Africain.

Cette prise de position ne signifie pas forcément le refus de ces civilisations. Au contraire, les écrivains d'outre-mer semblent souhaiter une forme d'équilibre qui permette à chaque culture de garder ou de redécouvrir ses valeurs et ses traditions.

Le premier texte est tiré du roman *La Petite Poule d'Eau* (1950), par Gabrielle Roy. Si l'auteur canadien rend hommage à la civilisation française, elle souligne aussi le fait que les anciens colons français sont maintenant devenus des Canadiens. Le deuxième extrait est tiré du roman africain *Dramouss* (1966). Malgré son long séjour en France, le protagoniste du roman de Camara Laye n'a jamais oublié les coutumes et les traditions de son pays. Le poème «A mon mari», par Yambo Ouologuem, fait partie du recueil *Nouvelle Somme de poésie du monde noir* (1966). Il tourne en ridicule ceux qui adoptent certains usages européens parce qu'ils ont honte de leurs origines et de leur héritage. En cela, ils ressemblent beaucoup au bourgeois qui veut devenir gentilhomme.

LA PETITE POULE D'EAU

GABRIELLE ROY

Gabrielle Roy (1909–1983) est née à Saint-Boniface, Manitoba. Elle fait ses études à l'Ecole Normale de Winnipeg et s'intéresse beaucoup au théâtre. En 1937 elle part pour l'Europe afin d'étudier l'art dramatique à Paris et à Londres. Son premier roman *Bonheur d'occasion* lui attire l'attention du public international et lui vaut le prestigieux Prix Femina (1945).

L'extrait ci-dessous est tiré de *La Petite Poule d'Eau*, paru en 1950. Dans ce roman, Gabrielle Roy peint de façon émouvante la vie et les valeurs d'un couple canadien d'origine française. Luzina Bastien et Hippolyte Tousignant ont quitté le sud du Manitoba pour s'installer dans une partie isolée de la province qui s'appelle la Petite Poule d'Eau. C'est là où, loin du confort moderne, ces pionniers du vingtième siècle élèvent leurs enfants et cultivent la terre. Luzina exige quand même que les enfants apprennent à lire, à écrire et qu'ils suivent un programme d'études régulier. Elle écrit au gouverneur de la région et obtient qu'une institutrice soit envoyée chez eux. Hippolyte bâtit une petite cabane, tout près de la maison, qui sert d'école aux enfants Tousignant.

C'est le premier jour d'école. La maîtresse, qui donne une leçon de géographie et d'histoire, essaie de rendre ses élèves conscients de leurs origines françaises. Luzina, qui écoute sous la fenêtre de l'école, est vite captivée par les beaux récits que raconte Mlle Côté.[1]

---

[1]Les divisions du texte sont celles de l'éditeur.

Le Vocabulaire essentiel...

l'**ancêtre** (*m.*) *ancestor*
attirer *to attract*
féliciter *to congratulate*
la **honte** *shame*

avoir honte (de) *to be ashamed (of)*
l'**humeur** (*f.*) *disposition, mood*

mal à l'aise *ill at ease*
obéir à *to obey*
rêvasser *to daydream*
supporter *to bear, tolerate*

... et comment l'utiliser

A. Trouvez le contraire de chaque expression.

1. repousser   2. à l'aise   3. ne pas tolérer   4. la fierté   5. un descendant

B. Complétez le paragraphe avec les mots qui conviennent.

L'autre jour, pendant que je rentrais du bureau, je ____ . J'étais de bonne ____ car mon patron m' ____ sur mon travail. Je roulais assez vite. J'____ lorsqu'un agent de police m'a arrêté pour me dire qu'il fallait ____ la limitation de vitesse.

I.

L'école était commencée depuis environ une heure. De temps en temps, de sa cuisine, Luzina entendait une explosion de petites voix; vers neuf heures et demie, un éclat de rire lui parvint, un vrai petit fou rire d'enfants à l'école, nerveux, agité et subitement réprimé;° mais, le plus souvent, elle eut beau guetter,° marcher sur la pointe des pieds, s'avancer jusqu'à sa porte ouverte, elle ne saisissait° aucun bruit.

    Luzina n'était pas de ces femmes que dérange beaucoup le tapage des enfants. Les nerfs tranquilles, l'humeur rêveuse et portée au beau,° elle l'oubliait facilement en se racontant des histoires. Ces histoires comportaient° évidemment des incidents, des drames assez sinistres même, mais c'était uniquement pour le plaisir d'en avoir raison à la fin et de tout voir s'arranger dans son cœur.° Quelquefois, elle imaginait des malheurs irréparables: Hippolyte se noyait° subitement; elle restait° veuve avec neuf enfants; deux de ses fils tournaient° mal et épousaient° des sauvagesses;° mais tout cela n'était inventé qu'en vue du soulagement° qu'obtenait toujours Luzina lorsque, sortant de ses histoires macabres, elle voyait à quel point aucune ne tenait debout.° Les bruits habituels, le criaillement des poules et des enfants, favorisaient cette évasion de Luzina. Ce matin, c'était le silence qui la dérangeait.

    Que pouvaient-ils faire maintenant à l'école? Qu'est-ce qui

repressed

eut... *watched in vain*

ne... *didn't catch*

l'humeur... *with a dreamy disposition and a penchant for all things beautiful*
included

d'en... *of having (the stories) end the way she wanted*
drowning
becoming/turning out
marrying/Indiennes
relief

aucune... *none (of the stories) was real*

les avait fait rire tous, un instant auparavant? Mais surtout, à quelle occupation pouvaient-ils se livrer° dans un tel silence?

Vers dix heures et demie, Luzina eut besoin de copeaux° pour alimenter° son four où cuisait un gâteau à la mélasse, et elle s'en alla tout naturellement ramasser ceux qui étaient tombés du rabot° d'Hippolyte tout autour de l'école. Loin d'elle, l'idée d'épier° la maîtresse. Luzina était bien déterminée à respecter l'indépendance de Mademoiselle Côté. Ce matin même, elle croyait avoir tranché° une fois pour toutes cette question du partage° de l'autorité dans l'île de la Petite Poule d'Eau. «A l'école, avait prononcé Luzina, vous obéirez aveuglément à votre maîtresse.» Elle ne serait pas de ces femmes qui tiennent pour° leurs enfants contre la maîtresse, les plaignent° d'une petite correction reçue et nuisent ainsi au° prestige de l'autorité.

Le dos penché, la tête rentrée dans les épaules,° elle s'apprêtait° à dépasser le coin de l'école sans être vue par la fenêtre ouverte, lorsqu'une question bien précise cloua Luzina sur place.°

—Dans quelle province vivons-nous? voulait savoir Mademoiselle Côté.

Quelle question! Luzina s'apprêtait à répondre. Il se trouvait une souche,° tout contre l'école, exactement sous la fenêtre ouverte. Luzina s'y laissa choir.°

—Quel est le nom de notre province? répéta Mademoiselle Côté.

Aucun enfant ne répondait.

Luzina commença de se sentir mal à l'aise. «Bande de petits ignorants!» pensa Luzina. «Vous devriez pourtant savoir cela.» Ses lèvres formaient la réponse, en détachaient les syllabes. Toute sa volonté était tendue à° la faire passer dans l'esprit des écoliers. «Si c'est pas une honte, pas même savoir où on vit!»

Une voix s'éleva enfin, défaillante, peureuse:°

—La Poule d'Eau, Mademoiselle.

Luzina avait reconnu la voix de Pierre.

«Si c'est pas honteux, un grand garçon de onze ans! se dit Luzina. Je m'en vas lui en faire° des Poule d'Eau quand il va revenir à la maison, celui-là!»

La maîtresse continuait avec patience.

—Non, Pierre, la Poule d'Eau est le nom de cette région seulement. Encore, je ne sais pas trop si c'est le véritable nom géographique. C'est plutôt, je crois, une expression populaire. Mais je demande le nom de la grande province dans laquelle est comprise° la Poule d'Eau et bien d'autres comtés.° Quelle est cette province?

se... *to engage in*

shavings
feed (fuel to)

carpenter's plane
Loin... *Far be it from her to spy on*

avoir... *to have settled*

allocation

tiennent... *side with*
les... *sympathize with them*
nuisent... *undermine*
Le... *Stooping down, hunched over*
was getting ready

cloua... *nailed Luzina to the spot*

stump
s'y... *collapsed on it*

Toute... *Her whole being was bent on*

défaillante... *faint, timid*

Je... (Je m'en vais...) *I'll show him*

included / counties

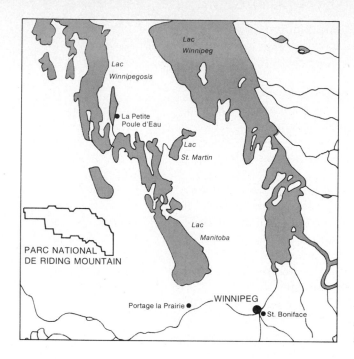

*Le Manitoba et la
Petite Poule d'Eau.*

Aucune illumination ne frappait l'esprit des écoliers Tousignant.

—C'est une très grande province, les aida encore un peu
plus Mademoiselle Côté. Elle est presque aussi grande à elle
seule° que toute la France. Elle part des Etats-Unis et va
jusqu'à la baie d'Hudson.

—Le Manitoba!

C'était Edmond qui venait de lancer° le mot. Sa petite
voix pointue° avait pris l'accent même de la victoire. De
l'autre côté du mur de l'école, Luzina était tout aussi fière.
Son gras visage rose s'attendrissait.° Edmond vraiment! Une
petite graine° qui n'avait pas encore huit ans! Où est-ce qu'il
avait appris celui-là que l'on vivait dans le grand Manitoba?
Il avait le nez partout° aussi, cet Edmond, fureteur,° toujours
occupé à écouter les grandes personnes. Luzina lui accorda
une vaste absolution.

—Très bien, approuvait la maîtresse. Cette province est en
effet le Manitoba. Mais elle est comprise ainsi que huit autres
provinces dans un très grand pays qui se nomme...

—Le Canada, offrit Pierre sur un ton de voix humble,
comme s'excusant.

—Mais oui, mais oui, très bien, Pierre. Puisque nous ha-
bitons le Canada, nous sommes des... Cana... des Canadi...

—Des Canadiens, trouva Pierre.

à... *by itself*

venait... *had just blurted
out*
shrill

softened
Une... *A little tyke*

avait... *was very curious /
nosy*

—C'est cela, c'est très bien, le félicita Mademoiselle.

Luzina convint° que Pierre s'était quelque peu racheté.°   *admetta / redeemed*
Tout de même: aller dire qu'on vivait dans la province de la
Poule d'Eau. Quel enfant imbécile!

—Nous sommes des Canadiens, poursuivait la maîtresse,
mais nous sommes surtout des Canadiens français. Il y a bien
longtemps, il y a plus de trois cents ans, le Canada n'était
habité que par des Peaux-Rouges.° Le roi de France envoya a-   *Indians*
lors un Français découvrir le Canada. Il se nommait Jacques
Cartier.

Le soleil réchauffait Luzina, bien à l'abri du vent,° le dos   à... *sheltered from the wind*
contre le mur de l'école. Elle avait croisé les mains. Ravie,
elle écoutait la belle, vieille, vieille histoire, qu'elle avait connue un jour et, par la suite, presque oubliée. C'était beau! Plus
beau encore que dans les livres à l'entendre raconter par la
maîtresse avec tout ce talent, cette jeunesse fervente qu'elle y
mettait. Luzina avait envie de rire, de pleurer.

—Les premiers colons furent des Français... le gouverneur
de Montréal, Maisonneuve... Celui de Québec se nommait
Champlain... les explorateurs du Nouveau-Monde, presque
tous étaient des Français: Iberville, des Groseilliers, Pierre
Radisson. Le Père Marquette et Louis Joliet avaient découvert
le chemin des Grands Lacs. La Vérendrye était allé à pied
jusqu'aux Rocheuses.° Cavelier de la Salle avait navigué   (les montagnes Rocheuses)
jusqu'à l'embouchure° du Mississippi. Tout ce pays était à la   *the Rocky Mountains*
France.   *mouth (of the river)*

—La Poule d'Eau aussi? demanda Edmond.

—La Poule d'Eau aussi, acquiesça° la maîtresse en riant.   *agreed*

Bien sûr, la France était maîtresse de tout le pays! En
bonne écolière, Luzina suivait attentivement la leçon, mais
elle était tout de même plus avancée que les enfants; sa mémoire, délivrée de soucis ménagers, affranchie° de presque   *set free*
toute sa vie, déterrait° des dates, certaines batailles qu'elle   *unearthed*
retrouvait avec délices. Tout en écoutant,° Luzina avait même   Tout... *Even while listening*
commencé de mener° pour son propre compte le récit du   *to trace*
passé.

AVEZ-VOUS COMPRIS?

1. Qu'est-ce que Luzina essaie d'entendre de sa cuisine le premier jour d'école?
2. Comment l'auteur caractérise-t-il Luzina?   3. D'habitude, quelles histoires
s'imagine-t-elle pendant qu'elle s'occupe de la maison? Pourquoi aime-t-elle rêvasser?   4. Pourquoi le silence la dérange-t-il ce matin-là?   5. Quelle est
son attitude à propos de l'indépendance et de l'autorité de Mlle Côté dans son
rôle de maîtresse d'école?   6. Quel prétexte amène Luzina près de l'école?
7. Pourquoi Luzina s'arrête-t-elle brusquement sous la fenêtre de l'école? A

quelle question les enfants ne peuvent-ils pas répondre? Pourquoi Luzina a-t-elle honte d'eux?   8. Pourquoi la réponse de Pierre n'est-elle pas correcte?
9. Qu'est-ce qui rend Luzina fière d'Edmond?   10. Comment Pierre se rachète-t-il?   11. Sur quel aspect de leur passé la maîtresse essaie-t-elle d'attirer l'attention des écoliers? Quels événements historiques évoque-t-elle?
12. Comment Luzina réagit-elle lorsqu'elle entend raconter l'histoire des Canadiens français?

Séduite par les beaux récits que raconte Mlle Côté, Luzina se laisse aller à la rêverie. Se représentant l'histoire des familles Bastien et Tousignant, elle s'identifie aux premiers Canadiens français. Comme eux, elle travaille avec Hippolyte à civiliser cette région presque inhabitée, ce qui lui donne l'impression de suivre les traces non seulement de ses propres ancêtres, mais aussi de tous ceux qui ont colonisé le pays.

II.

Certainement, parmi ces premiers colons venus de France, il y avait eu des Tousignant et des gens de sa famille à elle, des Bastien. Luzina s'était laissé dire° que les colons français a-vaient été triés sur le volet;° qu'aucun bandit ou paresseux n'avait pu se glisser° dans leur nombre. Tous du bon monde.° Ils s'étaient établis dans ce que l'on appelait autrefois le Bas-Canada et qui devait plus tard être compris dans la province de Québec. Les Tousignant et les Bastien en étaient.° Mais, aventuriers et courageux tels que les voyait Luzina en ce mo-ment, quelques-uns de ces Tousignant et de ces Bastien du Bas-Canada avaient émigré à l'Ouest, jusqu'au Manitoba. Déjà, ils étaient loin, bien loin de leur endroit d'origine. Mais attendez! dit Luzina à voix haute. Il s'était trouvé° une Bas-tien et un Tousignant de Manitoba qui avaient dans le sang le goût des ancêtres, coureurs° de bois et coureurs de plaine. On n'allait plus à l'Ouest, dans ce temps, mais il restait le Nord.° Pas de chemin de fer, pas de route, presque pas d'habitations; ils avaient été attirés par le Nord. Pas de communications, pas d'électricité, pas d'école, cela les avait tentés.° Comment expliquer cette folie d'ailleurs,° puisque, à peine installés dans le Nord, ils s'étaient mis à l'œuvre pour lui donner la res-semblance d'ailleurs! Ils avaient quitté des villages tout é-tablis, elle Saint-Jean-Baptiste sur la rivière Rouge, Hippolyte son beau village de Letellier; et, depuis ce temps-là, ils tra-vaillaient à changer le Nord, ils travaillaient à y amener les coutumes, l'air, l'abondante vie du Sud. Peut-être étaient-ils de ces bâtisseurs de pays° dont Mademoiselle parlait avec tant

s'était... *had told herself*

triés...*screened*

se... *to infiltrate* / bon... *respectable people*

en... *were among them*

Il... *There had been*

hunters, trappers
il... *there was still the North*

tempted
cette... *this longing for distant places*

bâtisseurs... *colonizers*

de chaleur. Ah! si tel était le cas, Luzina n'en pourrait supporter la gloire sans pleurer un peu. Son œil s'humecta.° Elle ne pouvait pas soutenir d'entendre les trop beaux récits. Ceux qui étaient tristes non plus. Mais c'étaient les plus beaux qui en définitive jouaient davantage° avec son cœur. Elle écrasa° une petite larme au coin de sa paupière gonflée.°

Oh, mais attendez encore! D'être venu à la Poule d'Eau n'était pas le mieux de l'histoire. La plus belle partie de l'histoire, c'était d'être rejoint dans l'île de la Petite Poule d'Eau par les ancêtres, les anciens Tousignant, les Bastien inconnus, le Bas-Canada, l'histoire, la France, La Vérendrye, Cavelier de la Salle. Luzina renifla.° C'était cela le progrès, bien plus grand que la vieille Ford du facteur, les catalogues du magasin. Comment dire! Les vents pourraient hurler° six mois de l'année sans dérougir;° la neige pourrait ensevelir° la maison jusqu'au toit; et c'était comme si les Tousignant, dans leur île, ne seraient plus jamais seuls.

—Mon gâteau! pensa Luzina.

Elle fuyait fâchée contre elle-même, rouge jusqu'au front et perdant des copeaux de son tablier.° Quelle sorte de femme était-elle pour négliger ainsi son devoir! A chacun sa tâche dans la vie: à la maîtresse d'expliquer, aux enfants d'apprendre; et à elle, Luzina, de les servir.

became moist

jouaient... had a special place / brushed away
paupière... puffy eyelid

sniffled

howl
sans... without letting up / to bury

apron

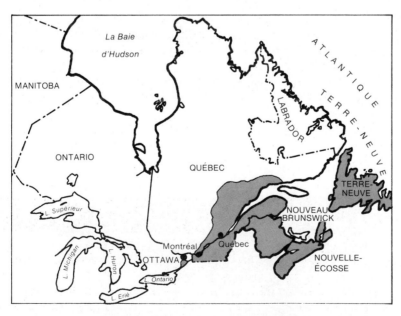

Régions francophones du Canada.

AVEZ-VOUS COMPRIS?

1. Racontez l'histoire des ancêtres de Luzina (Bastien) et d'Hippolyte (Tousignant). Dans quelle partie du Canada se sont-ils d'abord établis? Où ont-ils émigré ensuite? Quels traits de caractère Luzina leur attribue-t-elle?
2. Qu'est-ce qui a attiré Luzina et son mari vers le Nord? A peine installés dans la région, à quoi travaillent-ils? Comment Luzina s'explique-t-elle cette attitude contradictoire?
3. Pourquoi pleure-t-elle? Quelles sortes de récits la touchent le plus?
4. Qu'est-ce qui la rend particulièrement fière d'être venue à la Petite Poule d'Eau? Pourquoi a-t-elle l'impression que les Tousignant ne seront plus jamais seuls?
5. Pourquoi a-t-elle tout à coup honte d'avoir oublié son gâteau? Quel est, d'après elle, son devoir?

COMMENTAIRE DU TEXTE

1. Luzina est «d'humeur rêveuse et portée au beau». Dans quelles parties du récit ces traits de caractère se manifestent-ils? Quelles autres facettes de sa personnalité pouvez-vous relever?
2. Luzina a le goût du drame: elle invente des histoires dramatiques; elle est facilement émue; elle s'identifie aux premiers colons venus de France. A votre avis, qu'est-ce qui la distingue des femmes ménagères stéréotypées qui aiment regarder les drames larmoyants à la télévision?
3. Caractérisez Luzina en tant que mère. Analysez la conception qu'elle se fait de son devoir, sa réaction aux réponses de ses enfants et son intention de respecter l'autorité de Mlle Côté.
4. Comment Luzina idéalise-t-elle l'histoire de ses propres ancêtres? De quoi est-elle fière? Comment voit-elle son rôle et celui de sa famille dans l'histoire du Canada?
5. Mlle Côté raconte aux petits Tousignant l'histoire des Canadiens français. Elle en parle avec enthousiasme, mais c'est le récit de Luzina qui rend cette histoire vivante et humaine. Expliquez pourquoi.

DE LA LITTERATURE A LA VIE

1. Qu'y a-t-il chez Luzina qui vous touche? Pouvez-vous vous identifier à elle? Aimez-vous rêvasser? Quels besoins psychologiques les rêveries satisfont-elles?
2. Qu'est-ce qui peut pousser un homme et une femme à partir à l'aventure pour vivre dans des lieux tout à fait isolés? Si on vous proposait de faire une telle expérience, quelles seraient vos raisons d'accepter ou de refuser?

3. Que savez-vous de vos ancêtres, de ce qui les a amenés à l'endroit où ils se sont installés? Avez-vous l'impression de marcher dans la voie qu'ils ont tracée ou poursuivez-vous d'autres buts? Expliquez.

ACTIVITE

Préparez une rédaction ou un exposé sur un aspect (une région, un personnage, un événement...) de l'influence française sur l'Amérique du Nord. Si vous faites un exposé en classe, trouvez des cartes ou des photos qui rendront votre présentation plus intéressante.

DRAMOUSS

CAMARA LAYE

Camara Laye (1928–1980) est né à Karoussa en Haute-Guinée. Il fait ses études au collège Poiret de Conakry où il montre un certain talent pour les mathématiques. Grâce à une bourse, il part en France où il est admis au Centre Ecole Automobile d'Argenteuil, près de Paris. Pour gagner sa vie, il travaille à la chaîne aux usines Simca. C'est pendant cette période qu'il connaît le découragement, l'isolement et la pauvreté dont souffrent tant d'étudiants et de travailleurs africains en Europe. Son premier livre, *L'Enfant noir*, naît de son besoin de retrouver la chaleur et l'amour de sa terre natale. La publication de ce livre lui vaut à l'âge de vingt-six ans le Prix International du Roman Français. Deux ans après, il rentre définitivement en Afrique. Le président de la Haute-Guinée lui confie la direction du Centre de Recherches et d'Etudes. Ce poste permet à l'écrivain d'achever son livre *Dramouss*, dans lequel il envisage un programme de réformes sociales pour son pays. Mais la publication du livre est interdite; *Dramouss* sort à Paris en 1966 et son auteur est obligé de prendre la voie de l'exil. Grâce à la généreuse hospitalité de Léopold Senghor, Camara Laye s'établit au Sénégal. *Le Maître à parole*, son dernier livre, est une étude sur la tradition orale du conte africain.

Dans la première partie du roman *Dramouss*, Camara Laye, sous le nom de Fatoman, raconte son retour en Haute-Guinée après six ans d'absence. Il y retrouve Mimie, la jeune institutrice avec qui il s'était fiancé avant son départ et qu'il épouse aussitôt. Quelques jours après, les nouveaux mariés vont rendre visite aux parents de Fatoman, qui habitent Karoussa.

Le Vocabulaire essentiel...

la **case** *hut*
dépendre de *to depend on*
entendre dire que *to hear (it said) that*

éprouver *to feel, experience (sensation, pain, etc.)*
exiger *to require, demand*

l'**impuissance** (*f.*) *helplessness*
jouir de *to enjoy; to be in full possession of*

... et comment l'utiliser

Répondez aux questions suivantes.

1. Quels sentiments éprouvez-vous quand vous retrouvez des amis après un certain temps?   2. Dans quels pays ou quelles régions trouve-t-on des cases?   3. Jouissez-vous d'une bonne santé?   4. Quelles qualités exigez-vous de vos amis?   5. D'après vous, de quoi dépend le bonheur?   6. Regrettez-vous parfois vos difficultés à résoudre vos problèmes?   7. Avez-vous déjà entendu dire que rien ne vaut son chez soi?

[...] Nous gagnâmes° notre «concession».°   *reached / plot of land with several huts on it, all belonging to a single family*

Ma mère, qui se tenait à l'entrée du vestibule, n'eut aucun mal à nous apercevoir. Sur le seuil, on eût dit° qu'elle attendait une visiteuse. Mais peut-être prenait-elle l'air, simplement. Et avant même que je n'eusse le temps de libérer° nos deux porteurs et de ranger nos valises dans une case, la «concession» fut envahie par nos voisines, car elles avaient été averties de notre arrivée par les cris de joie de ma mère. Elles ne tardèrent pas° à improviser une danse, qui, très vite, prit de l'ampleur.° L'une après l'autre, les femmes se détachaient de la ronde pour nous serrer la main, dans des éclats de rire sans retenue.°

on... (cond. litt.) one would have said
avant... (subj. imparfait) before I had a chance to dismiss

Elles... They didn't hesitate
prit... became more animated

sans... unbridled

Nous serrâmes ainsi d'innombrables mains, nous répondîmes à d'innombrables salutations.

—Bonne arrivée! s'écriaient-elles le plus souvent, donnant libre cours à leur allégresse.° Vos camarades se portent-ils bien? Vos amis, vos maîtres et connaissances jouissent-ils d'une bonne santé?

joy

La tradition exigeait que nous répondions à chacune, dans l'ordre même des questions posées:

—Oui, très bien! Tout va bien là-bas. Nos maîtres, nos amis et connaissances vous saluent. Ils jouissent d'une bonne santé.

Au bout d'un certain temps, cependant, nous nous avisâmes° que nous ne nous conformions plus strictement à la règle de civilité, parce que nous étions fatigués, parce que nous avions quitté Conakry à l'aube et qu'il était vingt heures.

nous nous... we realized

Nous prîmes congé° du groupe, non sans discrétion, et pénétrâmes dans la case de ma mère. Et les voisines, ces danseuses si souples, aux joyeuses improvisations, ne tardèrent pas à rejoindre leur domicile. Mon père s'était joint à nous. Et puis, je ne sais pas, je ne sais plus, dans quel état je me trouvais à cet instant. J'étais heureux, sans doute, d'avoir retrouvé les miens;° j'étais triste aussi, affreusement frappé de les voir vieillis, marqués par l'âge et par l'âpreté° d'une pénible exis-

Nous... We took leave

les... my folks
hardship

tence. Je pensai subitement à la mort. Mais ma conscience me répondit que la mort n'est pas toujours fonction de l'âge. M'avisant° que j'étais pour le moment, et peut-être pour long-temps encore, incapable pécuniairement de porter secours à° mes parents, des larmes subitement noyèrent mes yeux. Me voyant désolé, ils se mirent eux aussi à pleurer. Mais certaine-ment pas pour les mêmes raisons que moi. Moi je pleurais sur mon impuissance. J'aurais souhaité disposer de° plus de moyens matériels, pour les en faire profiter. Mais eux, ne pleuraient-ils pas de joie? La joie de retrouver leur fils, l'aîné des fils, devenu si grand, et à présent marié [...]

Mimie assistait à cette scène, troublée et la tête baissée.

Ma mère, soudain, leva la tête pour la regarder...

—Belle-Fille, murmura-t-elle, ta mère se porte-t-elle bien?

—Oui, Belle-Mère.

Realizing
porter... *to help*

disposer... *have at my disposal*

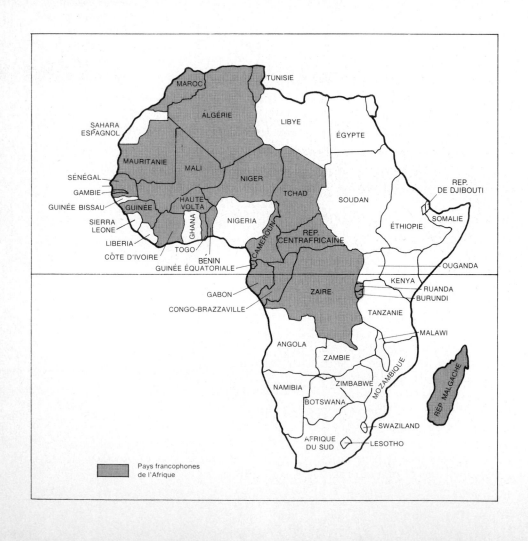

Pays francophones de l'Afrique

—Et les frères et sœurs sont-ils en bonne santé?

—Oui. Ils vous saluent.

—Et toi, Belle-Fille, comment vas-tu?

—Je ne sais pas, Belle-Mère, répondit-elle tristement.

—Es-tu triste?

—Oh non! fit-elle d'un air mécontent.

—N'es-tu pas contente d'être venue me voir? demanda ma mère dans un sourire.

—Si!... Si!

—Alors, pourquoi cette mine d'enterrement°?   cette... *this long face*

Mimie réfléchit un moment, puis répondit timidement:

—J'aurais voulu ne pas quitter Maman aussi vite.

—Mais ne l'avais-tu donc pas déjà quittée assez long-temps?

—Si, si, Belle-Mère. Pendant quatre ans.

—Alors, sois brave, ma fille. Ta nostalgie te passera.

Puis, après quelques minutes de silence, d'un ton maternel elle ajouta:

—Repose-toi. Tu trouveras auprès de moi° le même ac-   auprès... *with me*
cueil et la même affection que chez ta mère.

—Je n'en doute pas, s'écria Mimie, l'air heureux.

Mon père, plus calme, qui n'avait pas pris une part active à la discussion, était sorti. Et déjà ma mère ne pleurait plus. Les sanglots avaient cessé. Mimie, de son côté s'était de nouveau parfaitement résignée. Je me mis à questionner ma mère:

—As-tu reçu ma récente lettre?

—Oui. Mais tu avais oublié d'indiquer la date de ton ar-   *Therefore*
rivée. Aussi° regrettons-nous de n'avoir pas pu aller chercher
notre belle-fille à la gare.

—Je l'ai fait sciemment,° ne voulant pas que vous vous   *on purpose*
dérangiez pour nous.

—Crois-tu que cela nous dérange?

—Non, Mère, mais la discrétion!... J'aime la discrétion. Te souviens-tu de l'époque où tu m'appelais *Saadéni?*

—Il y a longtemps de cela!

—Et pourquoi m'avais-tu baptisé *Saadéni?*

—Parce que tu aimais la solitude. Tu es toujours aussi solitaire?

Mimie, amusée par les taquineries que je faisais à ma mère, souriait gentiment.

—A présent, j'aime la foule, dis-je pour l'apaiser.

—Hé! cria-t-elle tout à coup, dis-moi, Fatoman, tu mangeais bien là-bas?

—Très bien, répondis-je.

Mais cette réponse ne semblait pas la satisfaire, et elle s'inquiétait toujours.

—C'est une femme qui préparait tes repas?

—Une femme? Non! C'était moi-même.

—Faire la cuisine toi-même, comme une femme?

Mimie et moi, nous éclatâmes de rire, trouvant amusante cette réplique° de ma mère. Mais, à la réflexion, nous l'estimâmes raisonnable, car, durant sa vie, elle n'avait jusqu'alors jamais entendu dire qu'un homme eût fait la cuisine° pour lui-même.

remark

eût... would do the cooking

—Oui, Belle-Mère, expliqua Mimie avec un sourire complaisant,° là-bas la cuisine n'est pas un art exclusivement réservé aux femmes.

kind

—Alors, toi, ma fille, tu laisseras ton mari faire la cuisine pour lui-même? Si tu ne te dévoues° pas, comment tes enfants auront-ils de la chance dans la vie? Tu le sais, la chance des enfants dépend, d'après nos traditions, du dévouement de la femme envers son mari.

te... devote yourself (to your duties)

—Belle-Mère, ne sois pas inquiète! Désormais Fatoman ne s'approchera pas de la cuisine. A présent, je suis là.

—Mère, interrompis-je, n'aurais-tu pas un peu d'eau chaude pour nous? Nous voudrions nous débarbouiller.°

nous... to wash up

—Si. L'eau est dans le *tata.*° Allez, allez maintenant vous laver, puis manger et vous coucher.

tub made of tightly woven reeds

A tour de rôle,° nous nous débarbouillâmes à l'eau tiède, avant de gagner la case qui nous était attribuée. Harassée,° Mimie s'endormit aussitôt. Quant à moi, j'avais beau me contraindre° à dormir, le film de ma vie, des six années passées loin de ma terre natale, resurgissait du tréfonds° de mon être. Au lieu de dormir, je restais les yeux fixés sur la charpente° et sur le toit de chaume, éclairés par la lueur chiche° de la lampe-tempête;° et les souvenirs, cette nuit-là, affluaient dans ma mémoire et me brouillaient° la vue. Le film tournait, tournait...

A... In turn

exhausted

j'avais... no matter how hard I tried to force myself
depth
framework
faint / storm lantern
blurred

AVEZ-VOUS COMPRIS?

1. Comment se manifeste la joie générale à l'arrivée de Fatoman et de son épouse? 2. Pourquoi Fatoman éprouve-t-il un sentiment de tristesse, malgré la joie du retour? Pourquoi pleure-t-il? et sa famille? 3. Comment la mère de Fatoman essaie-t-elle d'établir le contact avec sa belle-fille? Que lui dit-elle pour la rassurer? 4. Quelles raisons Fatoman donne-t-il de son silence au sujet de la date de leur arrivée? 5. Quels souvenirs de l'enfance de Fatoman sont évoqués? Pensez-vous qu'il a changé? 6. Qu'est-ce qui choque la mère de Fatoman dans sa vie d'étudiant? 7. Comment la mère voit-elle le rôle de la femme à la maison? 8. Malgré la fatigue du voyage quelles pensées empêchent Fatoman de trouver le sommeil?

COMMENTAIRE DU TEXTE

1. Fatoman et Mimie ont subi une influence européenne tout en restant profondément africains. Par quels détails peut-on le comprendre?
2. Comparez le comportement du père et de la mère de Fatoman. D'après le texte, quelle est l'importance des femmes dans la vie familiale?
3. Dans ce passage, on peut percevoir des différences entre l'Europe et l'Afrique. Quelles règles de politesse faut-il observer dans le pays de Fatoman? Comment sont les rapports entre parents et enfants?

DE LA LITTERATURE A LA VIE

1. Quels sentiments avez-vous eus la première fois que vous êtes rentré(e) chez vous après une absence plus ou moins longue? Comment vos réactions envers votre famille ont-elles changé quand vous êtes devenu(e) adulte? Quels changements vos rapports avec vos parents ont-ils subis?
2. Les relations entre voisins diffèrent d'une région à l'autre ou d'une culture à l'autre. Comment expliquez-vous ces différences? Dans votre pays, dans quelle mesure la vie familiale est-elle partagée par les voisins?
3. Michel de Montaigne (seizième siècle) a écrit que quand on voyage il faut se débarrasser des «lunettes» de son village. Pourquoi ce conseil est-il précieux pour comprendre un milieu différent de celui d'où l'on vient?

UN PEU DE GRAMMAIRE: ADJECTIFS ET PRONOMS INDEFINIS

En vous aidant du texte et du vocabulaire essentiel, traduisez les phrases suivantes.

1. Fatoman's mother had no trouble seeing her son and daughter-in-law when they arrived at the hut.   2. Several of the neighbors greeted Fatoman and Mimie and asked them some questions.   3. Tradition required that they answer each one of them.   4. Everyone was happy to see the young couple.
5. Unfortunately, certain thoughts prevented Fatoman from sleeping.

A MON MARI

YAMBO OUOLOGUEM

Yambo Ouologuem est né au Mali en 1940. Très doué, il se distingue dans ses études de littérature et de sociologie qu'il poursuit à Paris. Il se fait connaître grâce à sa chronique romanesque *Le Devoir de violence* qui reçoit en 1968 le Prix Renaudot. Sa veine parodique peut se transformer en satire mordante et parfois féroce de l'Europe

comme de l'Afrique. Le poème «A mon mari», au ton doux-amer, présente, en micro-cosme, les thèmes qui animent l'œuvre de cet écrivain prometteur.

Tu t'appelais Bimbircokak
Et tout était bien ainsi
Mais tu devins Victor-Emile-Louis-Henri-Joseph
Et achetas un service de table°   service... *set of dishes*

5 J'étais ta femme
Tu m'appelas ton épouse
Nous mangions ensemble
Tu nous séparas autour d'une table

Calebasse° et louche°   *large gourd scooped out*
10 Gourde° et couscous°   *and dried (can also be*
Disparurent du menu oral°   *made of earthenware) /*
Que me dictait ton commandement paterne°   *ladle*
          Flask / dish made of
Nous sommes modernes précisais-tu   *crushed wheat, usually*
          served with meat and
          vegetables
Chaud chaud chaud est le soleil   du... *daily conversation*
15 A la demande des tropiques°   *paternalistic*
Mais ta cravate ne quitte   A... *As is customary in the*
Point ton cou menacé d'étranglement   *tropics*

Et puisque tu boudes° quand je te rappelle ta situation   *pout*
Eh bien n'en parlons plus mais je t'en prie
20 Regarde-moi
Comment me trouves-tu

Nous mangeons des raisins du lait pasteurisé du pain d'épice°   pain... *cake similar to*
D'importation   *gingerbread*
Et mangeons peu

25 Ce n'est pas ta faute
Tu t'appelais Bimbircokak
Et tout était bien ainsi
Tu es devenu Victor-Emile-Louis-Henri-Joseph
Ce qui
30 Autant qu'il m'en souvienne
Ne rappelle point ta parenté
Roqueffelère°   *with Rockefeller*
(Excuse mon ignorance je ne m'y connais pas° en finances et   *je... I'm not an expert*
en Fétiches)
35 Mais vois-tu Bimbircokak
Par ta faute
De sous-développée je suis devenue sous-alimentée.

COMMENTAIRE DU TEXTE

1. Que signifie, pour le mari et la femme, le nom français du mari?
2. Quels personnages historiques connaissez-vous qui portent ces prénoms français?
3. Analysez les changements que le nouveau nom a apportés dans la maison.
    a. Quelle différence y a-t-il entre «femme» et «épouse»?
    b. Comment les habitudes de manger de ce couple africain ont-elles changé?
    c. Le mari a supprimé certains mots de la conversation de tous les jours. Quelle attitude ou quel trait de caractère cela révèle-t-il?
    d. Qu'est-ce que la femme a à reprocher à son mari concernant sa manière de s'habiller?
    e. Que représentent les trois aliments (vers 22)? Pourquoi mangent-ils peu?
    f. Que symbolise le nom de Roqueffelère? D'après vous, pour quelle raison la femme déclare-t-elle son ignorance des finances et des «Fétiches»? Qu'y a-t-il d'ironique dans son attitude? Quels autres exemples d'ironie trouvez-vous dans ce poème?
4. Quels sont les rapports entre le mari et la femme? Pourquoi le mari refuse-t-il la discussion? A votre avis, pourquoi le poète a-t-il choisi d'adopter l'optique de la femme? Quels traits de caractère observez-vous chez elle?
5. Le poète semble opposer deux façons de vivre, l'africaine et l'européenne. Quel est en réalité le vrai objet de sa critique?
6. Quand on n'a pas assez à manger, on devient «sous-alimenté». Dans ce poème, faut-il prendre le mot à lettre? Quels autres sens peut-il avoir?
7. Expliquez l'emploi du passé simple par rapport à l'imparfait dans ce poème. Quels autres temps sont employés et pour quelles raisons?
8. La répétition est un procédé littéraire qui sert à mettre en valeur un mot ou une idée. Quel est l'effet de la répétition de l'adjectif «chaud» (vers 14)? Aux vers 26 à 28 le poète reprend les mots qui ouvrent le poème. Quelle est la valeur de cette répétition?

DE LA LITTERATURE A LA VIE

1. Quand vous vous trouvez dans un milieu différent du vôtre, qu'il s'agisse de nationalité, d'âge, d'éducation, de niveau social ou intellectuel, d'ethnie, etc., quelle est votre attitude? Etes-vous prêt à tout accepter? Préférez-vous rester fidèle à vos habitudes, à vos traditions? Vous donnez-vous la peine de chercher un compromis?

2. D'après vous, lorsqu'une femme se marie, doit-elle prendre le nom de son mari ou garder son nom de jeune fille? Pourquoi? Quelles autres raisons pourrait-on avoir pour changer de nom? Suffit-il de changer de nom pour changer d'identité? Justifiez votre réponse.

3. En s'industrialisant, les pays du tiers-monde intègrent dans leurs cultures des usages nouveaux, différents des leurs. Les conflits qui en résultent sont-ils inévitables? Si oui, comment les éviter? Comment les résoudre?

11 Les Beaux-Arts

Honoré Daumier: Connoisseurs: «Les Amateurs de peinture».

La fondation de l'Académie des Beaux-Arts remonte, comme celle de l'Académie française, au dix-septième siècle. Après les temps difficiles de la Révolution, l'Académie reprend ses fonctions au dix-neuvième siècle et organise, dès cette époque, de grandes expositions, comme le «Salon de peinture et de sculpture».

Etre admis au Salon n'est pas chose facile. Aux Beaux-Arts, on préfère les sujets qui s'inspirent de l'histoire, de la mythologie, de la littérature ou bien des grandes œuvres de l'Antiquité classique. Plusieurs artistes, aujourd'hui célèbres, ont subi l'humiliation de voir leurs œuvres refusées au Salon. C'est le cas de Manet: exclu par trois fois, il expose ses tableaux au «Salon des refusés», organisé par Napoléon III. Même là ses œuvres provoquent des attaques violentes de la part des critiques. *Olympia* et *Le Déjeuner sur l'herbe* choquent le public à cause de leur réalisme. Bientôt, Claude Monet, Edgar Degas, Paul Cézanne, Auguste Renoir et bien d'autres subiront le même sort.

Monet raconte qu'il avait envoyé un tableau au «Salon des refusés» et, comme on lui en avait demandé le titre pour le catalogue, il avait suggéré celui d'«Impression». On jugeait très sévèrement les œuvres des refusés et les critiques ont donné au mot *impressionnisme* un sens fort péjoratif.

Au début du vingtième siècle, le fauvisme, le cubisme et le surréalisme rencontrent les mêmes difficultés que l'impressionnisme.

On peut comprendre ce genre de réaction si l'on considère le fait que les Français, tout en admirant l'individualisme et l'originalité, restent fort attachés aux traditions. D'ailleurs, l'esprit critique français se méfie du succès trop vite gagné, de la célébrité trop facilement acquise.

Les extraits qui suivent sont tirés des articles qu'Emile Zola a écrits en faveur de Manet. L'écrivain y souligne aussi l'importance du jugement personnel, même s'il se heurte à l'opinion de la majorité.

«La Naissance d'un maître», d'André Maurois, dénonce justement le danger qu'il y a à se laisser influencer par les caprices des goûts à la mode; ce qui est vrai pour les artistes aussi bien que pour le public.

«EDOUARD MANET»

EMILE ZOLA

En 1866 Emile Zola[1] réussit à quitter son poste à la librairie Hachette et commence à travailler comme critique littéraire pour *L'Evénement*. Il fréquente aussi, avec son

---

[1] Voir la note biographique, à la page 27.

ami Paul Cézanne, les cafés où se réunissent de jeunes peintres. Lors de l'ouverture du «Salon des refusés», il consacre à Manet un article enthousiaste (dans *L'Evénement*, 7 mai 1866) qui soulève une violente réaction de la part des critiques d'art.

Deux ans après, Zola écrit une série d'articles sur le «Salon de peinture». Le jury a finalement ouvert ses portes à Manet, Monet, Renoir, Degas et Pissarro. C'est de nouveau à Edouard Manet que Zola donne la place d'honneur. Dans le passage tiré de *L'Evénement illustré* du 10 mai 1868, il commente son propre portrait.

Malgré les contradictions dans lesquelles Zola est plus tard tombé à propos de l'art de son temps, il conserve le mérite d'avoir été parmi les premiers défenseurs de la jeune peinture impressionniste.

Le Vocabulaire essentiel...

l'**atelier** (*m.*) *studio*
la **douceur** *gentleness*

entretenir (quelqu'un de) *to talk (to someone about)*
la **justesse** *precision, accuracy*
la **taille** *size; height*

traiter (quelqu'un) de *to call (someone) a; to treat (someone) as*

... et comment l'utiliser

Complétez le paragraphe avec les mots qui conviennent.

Le peintre travaillait dans son _____ lorsque le critique est entré. Le critique l'_____ de ses dernières toiles et puis il a insulté le peintre. Il l'_____ de peintre inférieur, disant que ses tableaux manquaient de _____ . Le peintre a répondu avec _____ parce qu'il n'était pas de _____ à se défendre autrement.

(L'Evénement, 7 mai 1866)

[...] Je ne suis allé qu'une fois dans l'atelier de M. Manet. L'artiste est de taille moyenne, plutôt petite que grande; blond de cheveux et de visage légèrement coloré, il paraît avoir une trentaine d'années; l'œil est vif et intelligent, la bouche mobile, un peu railleuse° par instants; la face entière, irrégulière et expressive, a je ne sais quelle expression de finesse et d'énergie. Au demeurant,° l'homme, dans ses gestes et dans sa voix, a la plus grande modestie et la plus grande douceur.

mischievous

Au... Besides

Celui que la foule traite de rapin gouailleur° vit retiré, en famille.° Il est marié et a l'existence réglée° d'un bourgeois. Il travaille d'ailleurs avec acharnement,° cherchant toujours, étudiant la nature, s'interrogeant et marchant dans sa voie.

rapin... cynical artist
en... in privacy / well-ordered
avec... relentlessly

Nous avons causé ensemble de l'attitude du public à son égard. Il n'en plaisante pas, mais il n'en paraît pas non plus découragé. Il a foi en lui, il laisse passer tranquillement sur sa tête la tempête des rires, certain que les applaudissements viendront.

Edouard Manet: Le Joueur de fifre.

J'étais enfin en face d'un lutteur convaincu, en face d'un homme impopulaire qui ne tremblait pas devant le public, qui ne cherchait pas à apprivoiser° la bête, mais qui s'essayait plutôt à la dompter,° à lui imposer son tempérament.

C'est dans cet atelier que j'ai compris complètement M. Manet. Je l'avais aimé d'instinct: dès lors, j'ai pénétré son talent, ce talent que je vais tâcher d'analyser. Au Salon, ses toiles criaient° sous la lumière crue,° au milieu des images à un sou° qu'on avait collées au mur autour d'elles. Je les voyais enfin à part, ainsi que tout tableau doit être vu, dans le lieu même où elles avaient été peintes.

Le talent de M. Manet est fait de simplicité et de justesse. Sans doute, devant la nature incroyable de certains de ses confrères,° il se sera décidé à interroger la réalité, seul à seule;° il aura refusé toute la science acquise, toute l'expérience ancienne, il aura voulu prendre l'art au commencement, c'est-à-dire à l'observation exacte des objets.

tame

subdue

grated/harsh
à... *cheap*

fellow painters
seul... *privately*

Il s'est donc mis courageusement en face d'un sujet, il a vu ce sujet par larges taches, par oppositions vigoureuses, et il a peint âprement° chaque chose telle qu'il la voyait. Qui ose parler ici de calcul mesquin,° qui ose accuser un artiste consciencieux de se moquer de l'art et de lui-même? Il faudrait punir les railleurs,° car ils insultent un homme qui sera une de nos gloires, et ils l'insultent misérablement, riant de lui qui ne daigne même pas rire d'eux. Je vous assure que vos grimaces et que vos ricanements° l'inquiètent peu. [...]

 ruthlessly

 petty

 moqueurs

 sneering laughter

Mais l'œuvre que je préfère est certainement le *Joueur de fifre,* toile refusée cette année. Sur un fond gris et lumineux, se détache° le jeune musicien, en petite tenue,° pantalon rouge et bonnet de police. Il souffle dans son instrument, se présentant de face.° J'ai dit plus haut que le talent de M. Manet était fait de justesse et de simplicité, me souvenant surtout de l'impression que m'a laissée cette toile. Je ne crois pas qu'il soit possible d'obtenir un effet plus puissant avec des moyens moins compliqués.

 se... stands out / en... *in his little uniform*

 se... facing (the observer)

Le tempérament de M. Manet est un tempérament sec,° emportant le morceau.° Il arrête° puissamment ses figures, il ne recule pas devant les brusqueries° de la nature; il passe du blanc au noir sans hésiter, il rend dans leur vigueur les différents objets se détachant les uns sur les autres. Tout son être le porte à voir par taches, par morceaux simples et énergiques. On peut dire de lui qu'il se contente de chercher des tons justes et de les juxtaposer ensuite sur une toile. Il arrive que la toile se couvre ainsi d'une peinture solide et forte. Je retrouve dans le tableau un homme qui a la curiosité du vrai et qui tire de lui un monde vivant d'une vie particulière et puissante.

 cold

 emportant... *biting* / *captures*

 sharp contrasts

AVEZ-VOUS COMPRIS?

1. Faites le portrait physique de Manet d'après le premier paragraphe.
2. Comment Zola juge-t-il la manière de vivre et de travailler du peintre?
3. Quelle attitude le peintre gardait-il vis-à-vis d'un public qui ne le comprenait pas? 4. Qu'est-ce qui empêchait une juste appréciation des toiles de Manet au Salon? 5. D'après Zola, de quoi le talent du peintre était-il fait? Qu'est ce que Manet essayait de représenter? Quelle était sa méthode de travail? 6. Qu'est-ce que Zola reprochait aux critiques du peintre? Quelle prédiction a-t-il faite sur l'avenir de Manet? 7. Pourquoi Zola aimait-il particulièrement le *Joueur de fifre?* 8. Tâchez de préciser l'art de Manet d'après le dernier paragraphe de cet article. En quoi ses tableaux reflètent-ils son tempérament? Quel est l'effet produit par les taches de couleur juxtaposées sur ses toiles?

(L'Evénement illustré, 10 mai 1868)

[...] Un de mes amis me demandait hier si je parlerais de ce tableau, qui est mon portrait. «Pourquoi pas?» lui ai-je répondu; je voudrais avoir dix colonnes pour répéter tout haut° ce que j'ai pensé tout bas, pendant les séances,° en voyant Edouard Manet lutter pied à pied° avec la nature. Est-ce que vous croyez ma fierté assez mince pour prendre quelque plaisir à entretenir les gens de ma physionomie? Certes, oui, je parlerai de ce tableau, et les mauvais plaisants° qui trouveront là matière à faire de l'esprit,° seront simplement des imbéciles.»

Je me rappelle les longues heures de pose. Dans l'engourdissement° qui s'empare des membres immobiles, dans la fatigue du regard ouvert sur la pleine clarté,° les mêmes pensées flottaient toujours en moi, avec un bruit doux et profond. Les sottises qui courent les rues,° les mensonges des uns° et les platitudes des autres,° tout ce bruit humain qui coule inutile comme une eau sale, était loin, bien loin. Il me semblait que j'étais hors de la terre, dans un air de vérité et de justice, plein d'une pitié dédaigneuse pour les pauvres hères° qui pataugeaient° en bas.

Par moments, au milieu du demi-sommeil de la pose, je regardais l'artiste, debout devant sa toile, le visage tendu,° l'œil clair, tout à son œuvre. Il m'avait oublié, il ne savait plus que j'étais là, il me copiait comme il aurait copié une bête humaine quelconque, avec une attention, une conscience artistique que je n'ai jamais vue ailleurs. [...]

Je pensais pendant des heures entières à ce destin des artistes individuels qui les fait vivre à part, dans la solitude de leur talent. Autour de moi, sur les murs de l'atelier étaient pendues ces toiles puissantes et caractéristiques que le public n'a pas voulu comprendre. Il suffit d'être différent des autres, de penser à part,° pour devenir un monstre. On vous accuse d'ignorer votre art, de vous moquer du sens commun, parce que justement° la science de votre œil, les poussées° de votre tempérament vous mènent à des résultats particuliers. Dès qu'on ne suit pas le large courant de la médiocrité, les sots vous lapident,° en vous traitant de fou ou d'orgueilleux.

C'est en remuant° ces idées que j'ai vu la toile se remplir. Ce qui m'a étonné moi-même a été la conscience extrême de l'artiste. Souvent, quand il traitait un détail secondaire, je voulais quitter la pose, je lui donnais le mauvais conseil d'inventer.

—Non, me répondait-il, je ne puis rien faire sans la nature. Je ne sais pas inventer. Tant que j'ai voulu peindre d'après des leçons apprises, je n'ai produit rien qui vaille.° Si

tout... *aloud*
sittings
lutter... *wrestle*

mauvais... *evil tongues*
à... *to make clever remarks*

numbness
ouvert... *facing broad daylight*
qui... *which people say*
des... *of some* / des... *of others*

pauvres... *poor devils* / *were wading in the mud*

tense

à... *independently*

precisely / *drive*

critiquent durement
going over

rien... *nothing of value*

Edouard Manet:
Portrait de Zola
(détail).

je vaux quelque chose aujourd'hui, c'est à l'interprétation exacte, à l'analyse fidèle que je le dois.

Là est tout son talent. Il est avant tout un naturaliste. Son
œil voit et rend les objets avec une simplicité élégante. Je sais
bien que je ne ferai pas aimer sa peinture aux aveugles; mais
les vrais artistes me comprendront lorsque je parlerai du
charme légèrement âcre° de ses œuvres.

légèrement... *slightly bitter*

Le portrait qu'il a exposé cette année est une de ses meilleures toiles. La couleur en est très intense et d'une harmonie
puissante. C'est pourtant là le tableau d'un homme qu'on accuse de ne savoir ni peindre ni dessiner. Je défie tout autre
portraitiste de mettre une figure dans un intérieur avec une
égale énergie, sans que° les natures mortes environnantes nuisent à° la tête.

sans... *so that*
nuisent... *do not distract
from*

Ce portrait est un ensemble de difficultés vaincues; depuis
les cadres° du fond, depuis le charmant paravent° japonais qui
se trouve à gauche, jusqu'aux moindres détails de la figure,
tout se tient dans une gamme savante,° claire et éclatante, si
réelle que l'œil oublie l'entassement° des objets pour voir simplement un tout harmonieux.

background decor/screen

gamme... *artful range of
colors*
accumulation

Je ne parle pas des natures mortes, des accessoires et des
livres qui traînent° sur la table: Edouard Manet y est passé
maître. [...]

are left lying

Edgar Degas: Portrait
de Manet (détail).

AVEZ-VOUS COMPRIS?

1. Pourquoi Zola a-t-il accepté de parler de son portrait?
2. Quelles impressions l'auteur avait-il pendant les longues heures de pose?
3. Qu'est-ce que Zola admirait dans la manière de travailler de Manet?
4. Pourquoi, d'après Zola, les vrais artistes sont-ils destinés à vivre dans la solitude? Qu'est-ce qui les distingue des gens ordinaires? Comment Zola explique-t-il l'attitude critique du public?
5. Que répondait Manet quand Zola lui conseillait de quitter son modèle et d'inventer?
6. Selon Zola, le portrait que Manet a fait de lui est «une de ses meilleures toiles». Quelles qualités extraordinaires a-t-il trouvées à ce tableau?

COMMENTAIRE DU TEXTE

1. Zola, chef de l'école naturaliste, a insisté sur l'obligation qu'a l'écrivain de représenter fidèlement la réalité. Cependant, son réalisme se colore souvent d'images très poétiques. Relevez les détails qui pourraient faire de Manet le héros d'un roman.
2. Zola admirait chez Manet «l'observation exacte des objets». Il a écrit, en plus, que le peintre était «avant tout un naturaliste». A votre avis, ce jugement convient-il aux peintres impressionnistes?
3. Observez avec attention le portrait de Zola par Manet. Dans quelle mesure les remarques de l'auteur vous ont-elles aidé(e) à apprécier ce tableau?
4. Quelle impression ces articles vous donnent-ils de Manet? de l'impressionnisme?

DE LA LITTERATURE A LA VIE

1. Zola a défendu Manet contre les attaques des critiques, qu'il trouvait fort injustes. Croyez-vous que les critiques d'art soient parfois sévères par peur d'être considérés comme des personnes sans discernement? A votre avis, le public est-il bon juge des œuvres d'art? Justifiez vos réponses.
2. Quand il s'agit d'apprécier une œuvre d'art (ou un ouvrage littéraire, une composition musicale, un film), dans quelle mesure vous laissez-vous influencer par les critiques ou par les opinions de vos amis?
3. Vous avez déjà vu peut-être certains tableaux de peintres impressionnistes dans un musée ou en reproduction. Desquels vous souvenez-vous en particulier? Qu'est-ce qui vous a frappé et pourquoi?
4. Avez-vous jamais posé pour un peintre ou pour un photographe? A quoi peut-on penser pendant ces moments-là?

ACTIVITES

1. Vous pouvez facilement trouver à la bibliothèque de votre université des livres sur la peinture française de n'importe quelle époque. Choisissez un ou plusieurs tableaux d'un artiste que vous connaissez déjà ou que vous venez de découvrir et partagez vos impressions avec vos camarades de classe.
2. Certains artistes ont eu une vie très aventureuse et, dans certains cas, tragique. Tel a été, par exemple, le sort de Van Gogh, de Gauguin, de Toulouse-Lautrec. Faites des recherches sur la vie et sur le milieu d'un artiste—peintre, sculpteur, musicien—dont vous admirez l'œuvre et faites-en une présentation en classe.

«LA NAISSANCE D'UN MAITRE»

ANDRE MAUROIS

André Maurois (1885–1967), après ses études dans le nord de la France, travaille pendant dix ans dans l'entreprise textile familiale. Sa parfaite connaissance de l'anglais lui permet de remplir les fonctions d'interprète et d'agent de liaison lors de la Première Guerre mondiale. Après le succès de son roman *Les Silences du Colonel Bramble* (1919), il se consacre entièrement à la littérature. En 1938 il est élu à l'Académie française, suite à ses travaux biographiques sur Shelley, Disraeli, Byron et Voltaire. En 1940, il émigre aux Etats-Unis où il enseigne à Princeton ainsi que dans d'autres universités américaines.

André Maurois est aussi l'auteur de plusieurs ouvrages historiques sur la France, l'Angleterre et les Etats-Unis. Son talent de narrateur élégant, lucide, pénétrant et gentiment ironique se révèle particulièrement dans ses *Contes*. «La Naissance d'un maître» est parmi les plus connus et les plus aimés.

Le Vocabulaire essentiel...

insondable *fathomless*
mépriser *to hold in contempt; to scorn*
le **métier** *trade*

la **nature morte** *still life*
nier *to deny*
l'**orgueil** (*m.*) *pride, arrogance*

secouer *to shake*
le **vernissage** *opening (of an art show)*

... et comment l'utiliser

A. Trouvez l'équivalent de chaque expression.

1. le contraire de l'humilité
2. agiter
3. immense, infini
4. le contraire d'estimer

B. Complétez le paragraphe suivant avec les mots qui conviennent.

J'ai assisté au _____ de l'exposition de ce jeune peintre. De tous ses tableaux, j'ai préféré la _____ aux pommes. On ne saurait _____ qu'il connaît son _____ .

Le peintre Pierre Douche achevait une nature morte, fleurs dans un pot de pharmacie,° aubergines° dans une assiette, quand le romancier, Paul-Emile Glaise, entra dans l'atelier. Glaise contempla pendant quelques minutes son ami qui travaillait, puis dit fortement:

—Non.

L'autre, surpris, leva la tête, et s'arrêta de polir° une aubergine.

—Non, reprit Glaise, crescendo,° non, tu n'arriveras jamais. Tu as du métier,° tu as du talent, tu es honnête. Mais ta peinture est plate, mon bonhomme. Ça n'éclate pas, ça ne gueule pas.° Dans un salon de cinq mille toiles, rien n'arrête devant les tiennes le promeneur endormi°... Non, Pierre Douche, tu n'arriveras jamais. Et c'est dommage.

—Pourquoi? soupira l'honnête Douche. Je fais ce que je vois: je n'en demande pas plus.

—Il s'agit bien de cela: tu as une femme, mon bonhomme, une femme et trois enfants. Le lait vaut dix-huit sous le litre, et les œufs coûtent un franc pièce. Il y a plus de tableaux que d'acheteurs, et plus d'imbéciles que de connaisseurs. Or, quel est le moyen, Pierre Douche, de sortir de la foule inconnue?

—Le travail?

—Sois sérieux. Le seul moyen, Pierre Douche, de réveiller les imbéciles, c'est de faire des choses énormes.° Annonce que tu vas peindre au Pôle Nord. Promène-toi vêtu en° roi égyptien. Fonde une école. Mélange dans un chapeau des mots savants: extériorisation dynamique, et compose des manifestes.

pot... apothecary jar / eggplants

to touch up

raising his voice
Tu... You know your trade

ça... (pop.) it doesn't hit you
promeneur... uninterested observer

outrageous
vêtu... dressed as a

Nie le mouvement, ou le repos; le blanc, ou le noir; le cercle, ou le carré. Invente la peinture néo-homérique,° qui ne connaîtra que° le rouge et le jaune, la peinture cylindrique, la peinture octaédrique,° la peinture à quatre dimensions....

A ce moment, un parfum étrange et doux annonça l'entrée de Mme Kosnevska. C'était une belle Polonaise dont Pierre Douche admirait la grâce. Abonnée° à des revues coûteuses qui reproduisaient à grands frais des chefs-d'œuvre d'enfants de trois ans, elle n'y trouvait pas le nom de l'honnête Douche et méprisait sa peinture. S'allongeant sur un divan, elle regarda la toile commencée, secoua ses cheveux blonds, et sourit avec un peu de dépit:°

—J'ai été hier, dit-elle, de son accent roulant et chantant, voir une exposition d'art nègre de la bonne époque.° Ah! la sensibilité, le modelé,° la force de ça!

Le peintre retourna° pour elle un portrait dont il était content.

—Gentil, dit-elle du bout des lèvres,° et, roulante, chantante, parfumée, disparut.

Pierre Douche jeta sa palette dans un coin et se laissa tomber sur le divan:

—Je vais, dit-il, me faire inspecteur d'assurances, employé de banque, agent de police. La peinture est le dernier des métiers. Le succès, fait par des badauds,° ne va qu'à des faiseurs.° Au lieu de respecter les maîtres, les critiques encouragent les barbares. J'en ai assez, je renonce.

Paul-Emile, ayant écouté, alluma une cigarette et réfléchit assez longuement.

—Veux-tu, dit-il enfin, donner aux snobs et aux faux artistes la dure leçon qu'ils méritent? Te sens-tu capable d'annoncer en grand mystère et sérieux à la Kosnevska, et à quelques autres esthètes, que tu prépares depuis dix ans un renouvellement de ta manière°?

—Moi? dit l'honnête Douche étonné.

—Ecoute... Je vais annoncer au monde, en deux articles bien placés, que tu fondes l'Ecole idéo-analytique. Jusqu'à toi, les portraitistes, dans leur ignorance, ont étudié le visage humain. Sottise! Non, ce qui fait vraiment l'homme, ce sont les idées qu'il évoque en nous. Ainsi le portrait d'un colonel, c'est un fond bleu et or que barrent° cinq énormes galons,° un cheval dans un coin, des croix dans l'autre. Le portrait d'un industriel, c'est une cheminée d'usine, un poing° fermé sur une table. Comprends-tu, Pierre Douche, ce que tu apportes au monde, et peux-tu me peindre en un mois° vingt portraits idéo-analytiques?

Le peintre sourit tristement.

—En une heure, dit-il, et ce qui est triste, Glaise, c'est que cela pourrait réussir.

—Essayons.

—Je manque de bagout.°   *manque... don't have the gift of gab*

—Alors, mon bonhomme, à toute demande d'explication, tu prendras un temps, tu lanceras une bouffée° de pipe au nez   *puff of smoke* du questionneur, et tu diras ces simples mots: «Avez-vous jamais regardé un fleuve?»

—Et qu'est-ce que cela veut dire?

—Rien, dit Glaise, aussi le trouveront-ils très beau, et quand ils t'auront bien découvert, expliqué, exalté, nous raconterons l'aventure et jouirons de leur confusion.

Deux mois plus tard, le vernissage de l'Exposition Douche s'achevait en triomphe. Chantante, roulante, parfumée, la belle Mme Kosnevska ne quittait plus son nouveau grand homme.

—Ah, répétait-elle, la sensibilité! le modelé, la force de ça! Quelle intelligence! Quelle révélation! Et comment, cher, êtes-vous parvenu à ces synthèses étonnantes?

Le peintre prit un temps, lança une forte bouffée de pipe, et dit: «Avez-vous jamais, chère madame, regardé un fleuve?»

Les lèvres de la belle Polonaise, émues,° promirent des   *passionate* bonheurs roulants et chantants.

En pardessus à col de lapin, le jeune et brillant Lévy-Cœur discutait au milieu d'un groupe: «Très fort°! disait-il, très fort!   *«Très... Brilliant!* Pour moi, je répète depuis longtemps qu'il n'est pas° de lâche-   *il... il n'y a pas* té pire que de peindre d'après un modèle. Mais, dites-moi, Douche, la révélation? D'où vient-elle? De mes articles?»

Pierre Douche prit un temps considérable, lui souffla au nez une bouffée triomphante, et dit: «Avez-vous jamais, monsieur, regardé un fleuve?

—Admirable! approuva l'autre, admirable!»

A ce moment, un célèbre marchand de tableaux, ayant achevé le tour de l'atelier, prit le peintre par la manche et l'entraîna° dans un coin.   *led him away*

— Douche, mon ami, dit-il, vous êtes un malin.° On peut   *smart one* faire un lancement de ceci. Réservez-moi votre production. Ne changez pas de manière avant que je ne vous le dise, et je vous achète cinquante tableaux par an... Ça va?

Douche, énigmatique, fuma sans répondre.

Lentement, l'atelier se vida. Paul-Emile Glaise alla fermer la porte derrière le dernier visiteur. On entendit dans l'escalier un murmure admiratif qui s'éloignait. Puis, resté seul avec le peintre, le romancier mit joyeusement ses mains dans ses poches et partit° d'un éclat de rire formidable. Dou-   *burst out* che le regarda avec surprise.

—Eh bien! mon bonhomme, dit Glaise, crois-tu que nous les avons eus°? As-tu entendu le petit° au col de lapin? Et la belle Polonaise? Et les trois jolies jeunes filles qui répétaient: «Si neuf! si neuf!» Ah! Pierre Douche, je croyais la bêtise humaine insondable, mais ceci dépasse mes espérances.

Il fut repris d'une crise de rire invincible. Le peintre fronça le sourcil,° et, comme des hoquets convulsifs agitaient l'autre, dit brusquement:

—Imbécile!

—Imbécile! cria le romancier furieux. Quand je viens de réussir la plus belle charge° que depuis Bixiou°...»

Le peintre parcourut des yeux avec orgueil les vingt portraits analytiques et dit avec la force que donne la certitude:

—Oui, Glaise, tu es un imbécile. Il y a quelque chose dans cette peinture... Le romancier contempla son ami avec une stupeur infinie.

—Celle-là est forte°! hurla-t-il. Douche, souviens-toi. Qui t'a suggéré cette manière nouvelle?

Alors Pierre Douche prit un temps, et tirant de sa pipe une énorme bouffée:

—As-tu jamais, dit-il, regardé un fleuve?...

nous... (fam.) nous les avons trompés / short man

fronça... frowned

hoax / character in a novel by Balzac known for his tricks

Celle-là... That's a good one!

AVEZ-VOUS COMPRIS?

1. Qu'est-ce que Pierre Douche est en train de peindre quand Glaise entre dans l'atelier?
2. Quelles qualités Glaise trouve-t-il chez son ami en tant que peintre? Pourquoi, selon lui, Douche n'a-t-il pas de succès?
3. Selon Glaise, que faut-il faire pour se faire remarquer?
4. Pourquoi Mme Kosnevska méprise-t-elle la peinture de Pierre Douche? Quel genre d'art admire-t-elle?
5. Pourquoi Douche voudrait-il changer de métier?
6. Quels conseils Glaise donne-t-il à son ami? Qu'est-ce que l'école «idéo-analytique»? Quels exemples Glaise en donne-t-il?
7. Qu'est-ce que Douche doit répondre à ceux qui lui demandent une explication de ses tableaux idéo-analytiques? En quoi cette réponse pourra-t-elle impressionner les questionneurs?
8. Quel effet la nouvelle manière du peintre a-t-elle sur les gens qui assistent au vernissage? Donnez une réponse détaillée en exprimant les réactions de plusieurs de ces personnes.
9. Pourquoi Glaise rit-il après le départ des visiteurs?
10. Quel changement se manifeste dans l'esprit du peintre? Qu'est-ce qui rend son ami furieux? Qui a le dernier mot?

COMMENTAIRE DU TEXTE

1. André Maurois fait-il une satire de la peinture moderne ou bien des gens qui se laissent subjuguer par ce qui est à la mode? Justifiez votre réponse.
2. Avec très peu de détails Maurois a réussi à faire de Pierre Douche un personnage réel et vivant. En quoi le tableau qu'il est en train de peindre au début du conte révèle-t-il sa personnalité? Quelles nuances de sens l'adjectif «honnête» implique-t-il? Pourquoi ce mot est-il le plus approprié pour décrire le peintre au début? A votre avis, son attitude change-t-elle vraiment? Expliquez.
3. Expliquez l'ironie de la phrase «Avez-vous jamais regardé un fleuve?». Quelle valeur a-t-elle dans ce conte?
4. Quelle sorte de gens Mme Kosnevska représente-t-elle? Notez que l'auteur emploie la répétition pour rendre le portrait de ce personnage ironique et comique. Trouvez les expressions répétées et expliquez-en l'ironie et l'humour.
5. L'idée d'un portrait idéo-analytique est-elle vraiment ridicule ou pourrait-elle être prise au sérieux? Justifiez votre point de vue.

DE LA LITTERATURE A LA VIE

1. Quand il s'agit de juger la valeur d'une œuvre d'art, donnez-vous beaucoup d'importance aux opinions des critiques ou bien préférez-vous suivre votre propre intuition? Expliquez.
2. Qu'admirez-vous dans une œuvre d'art? la composition? le sujet? les couleurs? la représentation de la réalité? l'abstraction? Pourquoi?
3. Beaucoup de gens mettent la photographie sur le même plan artistique que la peinture, surtout en ce qui concerne le portrait. Quelle est votre opinion à ce sujet? Qu'est-ce que la peinture peut faire que la photographie ne peut pas faire et vice versa?

UN PEU DE GRAMMAIRE: LES PRONOMS INTERROGATIFS

Pour chaque phrase, posez la question qui correspond à l'expression en italique.

1. Mme Kosnevska admire «*l'art nègre de la bonne époque*».   2. Douche doit donner *aux snobs et aux faux artistes* la leçon qu'ils méritent.   3. C'est *Glaise* qui conseille à Douche de fonder «l'école idéo-analytique».   4. D'après Glaise, «*l'école idéo-analytique*» séduira le public.   5. La question «Avez-vous jamais regardé un fleuve?» doit être accompagnée d'*une bouffée de pipe*.   6. C'est *la bêtise des visiteurs* qui fait rire Douche.   7. Pris au piège de son succès, Douche traite *son ami* d'imbécile.   8. Maurois fait une satire de *ceux qui prétendent connaître l'art*.

12 La France et les Etats-Unis

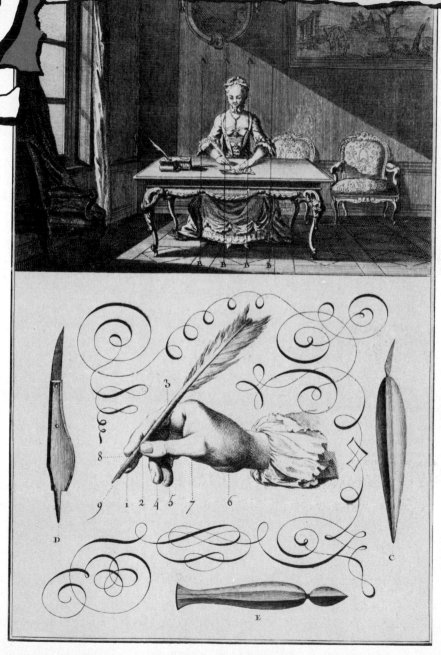

Moreau Le Jeune: L'Art d'écrire *(planche de l'Encyclopédie)*.

Quelle image vous faites-vous de la France? Vous avez peut-être des souvenirs de voyage à Paris ou dans la province; mais à travers les textes que vous avez étudiés, vous avez certainement aussi découvert de nouvelles valeurs, de nouvelles manières de vivre et de penser.

La lecture, en effet, ouvre souvent des horizons plus larges encore que le voyage. A travers une subjectivité autre que la sienne—c'est-à-dire, celle de l'auteur—on prend conscience d'une nouvelle réalité. C'est pourquoi, entre autres, les littératures de différents pays s'influencent mutuellement. La littérature est comme un pont qui relie une culture à l'autre. Par exemple, vous savez peut-être que Edgar Allan Poe, Mark Twain, William Faulkner, Ernest Hemingway—pour ne citer que les plus illustres—ont été reconnus en France. De même, certains auteurs français sont célèbres dans tout le monde occidental. Même si vous n'avez pas lu leurs œuvres, vous connaissez les noms de Montaigne, Descartes, Voltaire, Sartre, Camus, Simone de Beauvoir.

Les textes qui suivent abordent un thème qui a fasciné tous les grands intellectuels français: la condition humaine. La morale que Voltaire exprime dans *Candide* n'est-elle valable que pour le dix-huitième siècle? Le problème essentiel que pose Camus dans *L'Hôte* n'a-t-il de sens qu'en France?

Ces dernières lectures sont donc une invitation à la réflexion sur certaines questions universelles, lesquelles ont été posées par les hommes de tout pays, de toute époque. Elles vous aideront, en même temps, à pénétrer plus profondément certains aspects de la pensée française.

CANDIDE

VOLTAIRE

Pamphlétaire mordant, brillant conteur, poète médiocre et faible dramaturge, Voltaire (de son vrai nom François-Marie Arouet) domine et incarne à la fois l'Age des Lumières. Cette époque, qui comprend toute la partie centrale du dix-huitième siècle, est caractérisée par une confiance souveraine dans la raison humaine et dans le progrès scientifique fondé sur l'expérience.

Voltaire est né à Paris en 1694. Son père, notaire aisé, le fait éduquer chez les Jésuites. Après ses études, il commence à travailler comme clerc et fréquente l'aristocratie parisienne. Il se fait tout de suite remarquer par son esprit critique et impertinent qui l'entraîne d'ailleurs dans plusieurs mésaventures. Obligé de quitter Paris, il part pour l'Angleterre. De retour en France, il publie les *Lettres philoso-phiques* dans lesquelles il fait l'éloge de la liberté politique, religieuse et intel-lectuelle de la Grande-Bretagne. C'est une critique à peine voilée des institutions françaises. Les *Lettres philosophiques* sont condamnées par le Parlement et Voltaire doit à nouveau quitter Paris. Pendant dix ans il vit au château de Cirey; il y écrit des tragédies, des poèmes satiriques et prépare d'importants travaux historiques. De retour à Paris, il retombe en disgrâce. En 1750 il accepte l'invitation du roi Frédéric de Prusse, mais finit par se disputer avec lui. Après d'autres pérégrinations, il s'installe à Ferney, tout près de la frontière suisse. Ses propres expériences et le tremblement de terre de Lisbonne (novembre 1755) lui inspirent *Candide* (1759), son plus célèbre conte philosophique. Voltaire y expose le problème du mal dans le monde et celui de l'absurdité de la vie humaine. Il compose aussi le *Dictionnaire philosophique* où, dans des articles sur les sujets les plus variés, il exprime son aversion contre la superstition, l'intolérance et l'injustice sociale. Après la mort de Louis XV, le nouveau régime lui permet de faire une rentrée triomphale à Paris en 1778. Affaibli, peut-être par l'émotion, il meurt quelques mois plus tard.

Le Vocabulaire essentiel...

convenir (**de; que**) *to agree (on, about; that)*
le **mal** (*pl.* **maux**) *evil*

maudire *to curse*
la **sagesse** *wisdom*
le **sort** *fate*

soutenir *to maintain, uphold*
se **taire** *to be silent, hold one's tongue*

... et comment l'utiliser

A. Trouvez l'équivalent de chaque expression.

1. le destin   2. ne pas parler   3. les jugements de bon sens   4. exprimer sa colère contre (quelqu'un ou quelque chose)

B. Complétez les phrases suivantes avec les mots qui conviennent.

1. C'est vrai; j'en _____ .
2. «De deux _____ il faut choisir le moindre.»
3. Ce philosophe _____ ses théories par des arguments raisonnables.

Dans Candide, ou l'Optimisme, *Voltaire s'attaque à l'optimisme des disciples de Leibnitz (mathématicien et philosophe allemand, 1646–1716), qui croyaient à une harmonie préétablie de l'univers. A cette philosophie idéaliste, Voltaire oppose un monde incohérent, gouverné par le hasard.*

Le jeune Candide est élevé au château du baron de Thunder-Ten-Tronckh sous la direction du précepteur Pangloss, qui ne cesse de répéter la célèbre formule de Leibnitz: «Tout est pour le mieux dans le meilleur des mondes possibles.» Amoureux de Cunégonde, fille du baron, Candide est chassé du «paradis terrestre». Il a de nombreuses aventures qui le portent à douter de plus en plus de la philosophie de Pangloss. S'il connaît la richesse, il n'échappe point à la misère; s'il rencontre des sages et des gens vertueux, il constate le triomphe du mal, dont souffrent également innocents et méchants.

A la fin du récit, nous le trouvons en Turquie avec quelques-unes des personnes que le sort a mises sur son chemin et qui, comme lui, ont

Jean-Antoine Houdon:
Buste de Voltaire
(*détail*).

connu le malheur: Cunégonde, vieillie et enlaidie et qui presse Candide
de se marier avec elle; une vieille femme qui a pris soin de Cunégonde;
Pangloss qui, malgré tout, n'a pas renoncé à son optimisme; Martin,
pessimiste incurable et Cacambo, valet de Candide. Tiraillé entre le pes-
simisme et l'optimisme, Candide parvient à la conclusion qu'il vaut
mieux accepter le monde tel qu'il est, sans se poser de questions aux-
quelles il n'y a pas de réponse. Il s'installe avec ses compagnons dans
*une métairie (*farm*) où il trouve dans le travail le remède à «trois*
grands maux: l'ennui, le vice et le besoin».

Il était tout naturel d'imaginer qu'après tant de désastres
Candide, marié avec sa maîtresse° et vivant avec le philosophe   bien-aimée
Pangloss, le philosophe Martin, le prudent Cacambo et la
vieille, ayant d'ailleurs rapporté tant de diamants de la patrie
des anciens Incas, mènerait la vie du monde la plus agréable;
mais... sa femme, devenant tous les jours plus laide, devint
acariâtre° et insupportable; la vieille était infirme et fut en-   de mauvaise humeur
core de plus mauvaise humeur que Cunégonde. Cacambo, qui
travaillait au jardin et qui allait vendre des légumes à Con-
stantinople, était excédé° de travail et maudissait sa destinée.   excessivement fatigué
Pangloss était au désespoir de ne pas briller dans quelque uni-
versité d'Allemagne. Pour Martin, il était fermement persuadé
qu'on est également mal partout; il prenait les choses en patience. Candide, Martin et Pangloss disputaient° quelquefois   discutaient
de métaphysique et de morale....

    Quand on ne disputait pas, l'ennui était si excessif que la
vieille osa un jour leur dire: «Je voudrais savoir lequel est le
pire, ou d'être violée° cent fois par des pirates nègres, d'avoir   *raped*

une fesse coupée, de passer par les baguettes° chez les Bulgares, d'être fouetté et pendu dans un auto-da-fé,° d'être disséqué, de ramer en galère,° d'éprouver enfin toutes les misères par lesquelles nous avons tous passé, ou bien de rester ici à ne rien faire?[1]—C'est une grande question», dit Candide.

passer... *run the gauntlet*
execution of heretics during the Inquisition
ramer... *row in a galley (slave ship)*

Ce discours fit naître de nouvelles réflexions, et Martin surtout conclut que l'homme était né pour vivre dans les convulsions de l'inquiétude, ou dans la léthargie de l'ennui. Candide n'en convenait pas, mais il n'assurait rien. Pangloss avouait qu'il avait toujours horriblement souffert; mais, ayant soutenu une fois que tout allait à merveille, il le soutenait toujours, et n'en croyait rien.[...]

Il y avait dans le voisinage un derviche° très fameux, qui passait pour le meilleur philosophe de la Turquie; ils allèrent le consulter; Pangloss porta la parole° et lui dit: «Maître, nous venons vous prier de nous dire pourquoi un aussi étrange animal que l'homme a été formé. —De quoi te mêles-tu? dit le derviche, est-ce là ton affaire? —Mais, mon révérend père, dit Candide, il y a horriblement de mal sur la terre. —Qu'importe,° dit le derviche, qu'il y ait du mal ou du bien? Quand Sa Hautesse envoie un vaisseau en Egypte, s'embarrasse-t-elle° si les souris qui sont dans le vaisseau sont à leur aise ou non? —Que faut-il donc faire? dit Pangloss. —Te taire, dit le derviche. —Je me flattais, dit Pangloss, de raisonner un peu avec vous des effets et des causes, du meilleur des mondes possibles, de l'origine du mal, de la nature de l'âme et de l'harmonie préétablie.°» Le derviche, à ces mots, leur ferma la porte au nez.[2]

member of a Moslem religious order

porta... *was the spokesman*

What does it matter

is he concerned

effets... *résumé satirique des théories de Leibnitz*

Pendant cette conversation, la nouvelle s'était répandue qu'on venait d'étrangler à Constantinople deux vizirs du banc° et le mufti,° et qu'on avait empalé plusieurs de leurs amis. Cette catastrophe faisait partout un grand bruit° pendant quelques heures. Pangloss, Candide et Martin, en retournant à la petite métairie, rencontrèrent un bon vieillard qui prenait le frais° à sa porte sous un berceau° d'orangers. Pangloss, qui était aussi curieux que raisonneur, lui demanda comment se nommait le mufti qu'on venait d'étrangler. «Je n'en sais rien, répondit le bonhomme, et je n'ai jamais su le nom d'aucun

vizirs... *the Sultan's advisors*
Moslem ecclesiastic
grand... *great stir*

prenait... *was enjoying the fresh air / arbor*

---

[1]La vieille énumère quelques-uns des malheurs que le groupe a subis. *[note de l'éditeur]*

[2]Détail révélateur en ce qui concerne l'attitude de Voltaire envers toute prétention à expliquer l'univers et l'existence humaine. Comparez l'épisode du derviche avec ces vers du «Poème sur le désastre de Lisbonne», que Voltaire a composé en 1756:
Que peut donc de l'esprit la plus vaste étendue?
Rien: le livre du sort se ferme à notre vue.
[note de l'éditeur]

mufti ni d'aucun vizir. J'ignore absolument l'aventure dont vous me parlez; je présume qu'en général ceux qui se mêlent des affaires publiques périssent quelquefois misérablement, et qu'ils le méritent; mais je ne m'informe jamais de ce qu'on fait à Constantinople; je me contente d'y envoyer vendre les fruits du jardin que je cultive». Ayant dit ces mots, il fit entrer les étrangers dans sa maison; ses deux filles et ses deux fils leur présentèrent plusieurs sortes de sorbets° qu'ils faisaient eux-mêmes, du kaïmak piqué d'écorces de cédrat confit,° des oranges, des citrons, des limons, des ananas, des pistaches, du café de Moka qui n'était point mêlé avec le mauvais café de Batavia et des îles. Après quoi les deux filles de ce bon musulman parfumèrent les barbes de Candide, de Pangloss et de Martin.

sherbets

kaïmak... cream flavored with candied citron peel

«Vous devez avoir, dit Candide au Turc, une vaste et magnifique terre? —Je n'ai que vingt arpents,° répondit le Turc; je les cultive avec mes enfants; le travail éloigne° de nous trois grands maux, l'ennui, le vice et le besoin.»

acres
keeps away

Candide, en retournant dans sa métairie, fit de profondes réflexions sur le discours du Turc. Il dit à Pangloss et à Martin: «Ce bon vieillard me paraît s'être fait un sort bien préférable à celui des six rois avec qui nous avons eu l'honneur de souper. —Les grandeurs,° dit Pangloss sont fort dangereuses, selon le rapport de tous les philosophes: car enfin [...] vous savez comment périrent [...] Richard II d'Angleterre, Edouard II, Henri VI, Richard III, Marie Stuart, Charles Ier, les trois Henri de France, l'empereur Henri IV?[3] Vous savez... —Je sais aussi, dit Candide, qu'il faut cultiver notre jardin. —Vous avez raison, dit Pangloss: car, quand l'homme fut mis dans le jardin d'Eden, il y fut mis *ut operaretur eum*, pour qu'il travaillât;° ce qui prouve que l'homme n'est pas né pour le repos. —Travaillons sans raisonner,° dit Martin, c'est le seul moyen de rendre la vie supportable.»

Les... Greatness

(subj. imparfait)
sans... without speculating

Toute la petite société° entra dans ce louable dessein,° chacun se mit à exercer ses talents. La petite terre rapporta° beaucoup. Cunégonde était à la vérité bien laide; mais elle devint une excellente pâtissière; [...] et Pangloss disait quelquefois à Candide: «Tous les événements sont enchaînés° dans le meilleur des mondes possibles; car enfin, si vous n'aviez pas été chassé d'un beau château à grands coups de pied dans le derrière pour l'amour de Mlle Cunégonde, si vous n'aviez pas été mis à l'Inquisition, si vous n'aviez pas couru l'Amérique à pied, si vous n'aviez pas donné un bon coup d'épée au baron,

group / *louable... praiseworthy project yielded*

linked together

---

[3]Candide et Martin avaient soupé à Venise avec six rois détrônés et exilés. Tous les monarques européens dont parle Pangloss ont subi un destin malheureux. [*note de l'éditeur*]

si vous n'aviez pas perdu tous vos moutons du bon pays
d'Eldorado, vous ne mangeriez pas ici des cédrats confits et
des pistaches. —Cela est bien dit, répondit Candide, mais il
faut cultiver notre jardin.»

AVEZ-VOUS COMPRIS?

1. Pourquoi Candide, entouré de ses compagnons, n'a-t-il pas encore trouvé le bonheur?   2. De quoi Candide, Martin et Pangloss discutaient-ils parfois? 3. Quelles réflexions sur leur existence la vieille a-t-elle faites un jour?   4. A quelle conclusion le discours de la vieille a-t-il amené Martin? Quel argument Pangloss persistait-il à soutenir? En quoi son raisonnement était-il illogique? 5. Quelles explications Pangloss et Candide ont-ils demandées au derviche turc? Comment le derviche a-t-il réagi?   6. Que s'était-il passé à Constantinople? 7. Quelle question Pangloss a-t-il posée au bon vieillard? Qu'est-ce que celui-ci a répondu?   8. Comment les enfants du vieillard ont-ils accueilli les visiteurs?   9. A quoi sert le travail, selon le vieillard?   10. Quelle impression le discours du vieillard a-t-il faite sur Candide?   11. Qu'a dit Pangloss à propos des grandeurs? du jardin d'Eden? Comment Candide et Martin ont-ils réagi aux réflexions de Pangloss?   12. Quelle solution Candide et ses compagnons ont-ils trouvée au problème de leur existence?   13. Pourquoi Pangloss pensait-il que Candide n'avait pas souffert en vain? Comment Candide a-t-il réagi au raisonnement de Pangloss?

COMMENTAIRE DU TEXTE

1. Expliquez la sagesse du derviche et celle du vieillard. Montrez de quelle manière l'une seconde l'autre.
2. La question fondamentale posée dans ce conte est: Dans quelles conditions l'homme peut-il faire son bonheur? Quelle réponse Candide donne-t-il? Montrez que bien qu'il renonce à l'optimisme de Pangloss, il n'adopte pas un pessimisme stérile mais plutôt une philosophie de l'action.
3. Comment interprétez-vous, au sens littéral et au sens métaphorique,[4] la formule: «il faut cultiver notre jardin»?
4. Comme d'autres philosophes du dix-huitième siècle, Voltaire s'intéressait au bonheur terrestre. Il cherchait des solutions pratiques aux problèmes de ce monde, croyant qu'il fallait améliorer la condition matérielle des gens. Dans quelle mesure ce passage justifie-t-il cette constatation?
5. Voltaire est célèbre pour son esprit (*wit*), qu'il a mis au service de ses idées. Il a souvent employé la simplification, l'exagération et la réduction à l'absurde pour critiquer ceux avec qui il n'était pas d'accord. Trouvez des exemples de ces trois procédés comiques dans le passage étudié.

---

[4]Voir le chapitre préliminaire, à la page 3.

DE LA LITTERATURE A LA VIE

1. A la fin du récit, Pangloss est encore convaincu que «à quelque chose malheur est bon», comme dit le proverbe. Que pensez-vous de cette attitude?
2. Etes-vous optimiste ou pessimiste? Comment réagissez-vous quand les choses ne se passent pas comme vous l'auriez souhaité?
3. Avez-vous tendance à être philosophe? Cherchez-vous à comprendre certains événements inattendus qui se produisent dans votre vie? Croyez-vous que tout ce qui se passe soit dû au hasard ou qu'une puissance supérieure fixe le cours des événements, ou encore que vous soyez maître de votre destin?
4. Croyez-vous à la morale du travail? Quelles satisfactions pensez-vous trouver dans le travail que vous faites ou que vous envisagez de faire? Quels avantages et quels inconvénients pourrait-on trouver dans la vie contemplative par rapport à la vie active?

UN PEU DE GRAMMAIRE: LA VOIX ACTIVE

Mettez les phrases suivantes à la voix active.

MODELE: Candide a été élevé par le baron de Thunder-Ten-Tronckh.
Le baron de Thunder-Ten-Tronckh a élevé Candide.

1. Candide a été chassé du «paradis terrestre» par le baron.   2. Il avait été instruit par Pangloss.   3. Le derviche est considéré comme le meilleur philosophe de la Turquie.   4. La nouvelle s'était répandue de la mort de deux vizirs et du mufti.   5. Candide, Martin et Pangloss ont été accueillis par le bon vieillard.   6. Ils ont été servis par ses enfants.   7. Selon le vieillard, l'ennui, le vice et le besoin sont éloignés par le travail.   8. Les six rois dont parle Pangloss ont été exilés.   9. Selon Pangloss, l'homme a été mis par Dieu dans le jardin d'Eden pour travailler.   10. «Il faut cultiver notre jardin» peut signifier que toutes nos ressources personnelles doivent être utilisées.

L'HOTE

ALBERT CAMUS

Fils d'un paysan d'Alsace et d'une humble femme d'origine espagnole presque analphabète, Albert Camus (1913–1960) est né à Mondovi, petite ville algérienne. Ayant perdu son père à la bataille de la Marne à l'âge de deux ans, Albert est élevé par sa mère, qui s'installe à Alger où elle fait des ménages pour subvenir à ses propres besoins et à ceux de ses deux enfants. Camus obtient une bourse pour aller au lycée et plus tard s'inscrit à l'université pour préparer un diplôme de philosophie mais, at-

Albert Camus à la répétition de Requiem d'une nonne, *août 1957.*

teint de tuberculose, il ne peut poursuivre ses études ni faire son service militaire. En 1939 il part pour la France. Pendant la Deuxième Guerre mondiale, il participe au mouvement de Résistance en écrivant pour la presse clandestine. En 1957 il reçoit le prix Nobel de littérature. Trois ans plus tard il est tué dans un accident de voiture.

L'œuvre de Camus comprend des pièces de théâtre, des romans, des nouvelles et des essais philosophiques. «L'Hôte» fait partie du recueil *L'Exil et le royaume* (1957). Comme dans la plupart des œuvres de Camus, l'action se situe en Algérie.

L'occupation de l'Algérie par la France remonte à la première partie du dix-neuvième siècle. Dès cette époque, des milliers de colons français s'installent dans le pays. Ils sont en minorité par rapport à la population arabe, mais ils jouent un rôle très important dans l'économie du pays. En 1954 des groupes de nationalistes arabes déclenchent une insurrection contre la France. Le conflit dure plusieurs années et se termine en 1962 avec l'indépendance de l'Algérie.

Les intellectuels français, dont la plupart soutiennent la cause arabe, s'attendent à ce que Camus se prononce en faveur de l'indépendance. Mais l'écrivain, dont la position à l'égard de la question algérienne est des plus difficiles, garde le silence. Si, idéologiquement, il soutient le droit des Arabes à l'indépendance, il ne peut ignorer, étant lui-même fils de colons français, ni leur travail, ni les aspects positifs de la civilisation française dans le pays.

Les trois personnages de «L'Hôte» semblent refléter la complexité de la question algérienne, telle que Camus l'a vécue. Mais le conte explore aussi d'autres thèmes que l'on retrouve dans toute l'œuvre de Camus: l'absurdité de vivre dans un monde hostile, la solitude de l'homme face à la société et les problèmes qu'il doit affronter quand tout semble ambigu et contradictoire. Le titre même du conte annonce déjà cette ambiguïté, puisque le mot *hôte* désigne à la fois celui qui reçoit ou celui qui est reçu.[5]

---

[5]Les divisions du texte sont celles de l'éditeur.

Le Vocabulaire essentiel...

ailleurs *elsewhere*
bouger *to move, stir*
la **corde** *rope*
d'ailleurs *besides, moreover*

la **haine** *hatred*
lier *to tie, bind*
livrer *to deliver, hand over*
pénible *hard; tedious*

la **piste** *trail; track*
le **poêle** *stove*
la **sécheresse** *drought*

... et comment l'utiliser

A. Trouvez le contraire de chaque expression.

1. facile ou agréable
2. libérer
3. ici, dans cet endroit
4. rester immobile
5. l'amour
6. l'humidité

B. Complétez les phrases avec les mots qui conviennent.

1. Le gendarme _____ les mains du prisonnier avec une _____ .
2. Pour traverser le désert, ils ont suivi une _____ qui _____ était à peine visible.
3. Il avait un _____ à charbon qui chauffait bien.

I.

L'instituteur regardait les deux hommes monter vers lui. L'un était à cheval, l'autre à pied. Ils n'avaient pas encore entamé° le raidillon° abrupt qui menait à l'école, bâtie au flanc d'une colline. Ils peinaient,° progressant lentement dans la neige entre les pierres, sur l'immense étendue du haut plateau désert. De temps en temps, le cheval bronchait° visiblement. On ne l'entendait pas encore mais on voyait le jet de vapeur qui sortait alors de ses naseaux.° L'un des hommes, au moins, connaissait le pays. Ils suivaient la piste qui avait pourtant disparu depuis plusieurs jours sous une couche° blanche et sale. L'instituteur calcula qu'ils ne seraient pas sur la colline avant une demi-heure. Il faisait froid; il rentra dans l'école pour chercher un chandail.

Il traversa la salle de classe, vide et glacée. Sur le tableau noir les quatre fleuves de France, dessinés avec quatre craies de couleurs différentes, coulaient° vers leur estuaire depuis trois jours. La neige était tombée brutalement à la mi-octobre après huit mois de sécheresse, sans que la pluie eût apporté une transition° et la vingtaine d'élèves qui habitaient dans les villages disséminés sur le plateau ne venaient plus. Il fallait attendre le beau temps. Daru ne chauffait plus que l'unique° pièce qui constituait son logement, attenant à° la classe, et

entamé... *started up the short (and steep) trail*
were struggling

stumbled

nostrils

layer

had been flowing

sans... *without a transitional period of rain*
single
attenant... *next to*

ouvrant aussi sur le plateau à l'est. Une fenêtre donnait encore, comme celles de la classe, sur le midi.° De ce côté, l'école se trouvait à quelques kilomètres de l'endroit où le plateau commençait à descendre vers le sud. Par temps clair, on pouvait apercevoir les masses violettes du contrefort° montagneux où s'ouvrait la porte du désert.

    Un peu réchauffé, Daru retourna à la fenêtre d'où il avait, pour la première fois, aperçu les deux hommes. On ne les voyait plus. Ils avaient donc attaqué° le raidillon. Le ciel était moins foncé:° dans la nuit, la neige avait cessé de tomber. Le matin s'était levé sur une lumière sale qui s'était à peine renforcée à mesure que° le plafond de nuages remontait. A deux heures de l'après-midi, on eût dit° que la journée commençait seulement. Mais cela valait mieux que ces trois jours où l'épaisse neige tombait au milieu des ténèbres incessantes, avec de petites sautes de vent° qui venaient secouer la double porte de la classe. Daru patientait alors de longues heures dans sa chambre dont il ne sortait que pour aller sous l'appentis,° soigner les poules et puiser dans° la provision de charbon. Heureusement, la camionnette de Tadjid, le village le plus proche au nord, avait apporté le ravitaillement° deux jours avant la tourmente. Elle reviendrait dans quarante-huit heures.

    Il avait d'ailleurs de quoi soutenir un siège,° avec les sacs de blé qui encombraient la petite chambre et que l'administration lui laissait en réserve pour distribuer à ceux de ses élèves dont les familles avaient été victimes de la sécheresse. En réalité, le malheur les avait tous atteints° puisque tous étaient pauvres. Chaque jour, Daru distribuait une ration aux petits. Elle leur avait manqué,° il le savait bien, pendant ces mauvais jours. Peut-être un des pères ou des grands frères viendrait ce soir et il pourrait les ravitailler en grains. Il fallait faire la soudure° avec la prochaine récolte, voilà tout. Des navires de blé arrivaient maintenant de France, le plus dur était passé. Mais il serait difficile d'oublier cette misère, cette armée de fantômes haillonneux° errant dans le soleil, les plateaux calcinés° mois après mois, la terre recroquevillée° peu à peu, littéralement torréfiée,° chaque pierre éclatant en poussière sous le pied. Les moutons mouraient alors par milliers et quelques hommes, çà et là, sans qu'on puisse toujours le savoir.°

    Devant cette misère, lui qui vivait presque en moine° dans son école perdue, content d'ailleurs du peu qu'il avait, et de cette vie rude,° s'était senti un seigneur, avec ses murs crépis,° son divan étroit, ses étagères de bois blanc, son puits, et son ravitaillement hebdomadaire en eau et en nourriture. Et, tout

south

range, ridge

started up
dark

à... as
on... one would have said

petites... little gusts of wind

shed / puiser... to draw from
food supply

de... enough supplies to hold out for a long time

affected

Elle... They had missed it

faire... to tide them over

ragged
scorched / shriveled
burned to a crisp

sans... without one's being able to know for sure
en... like a monk

austere / rough-cast

d'un coup, cette neige, sans avertissement, sans la détente° de la pluie. Le pays était ainsi, cruel à vivre, même sans les hommes, qui, pourtant, n'arrangeaient rien.° Mais Daru y était né. Partout ailleurs, il se sentait exilé.

    Il sortit et avança sur le terre-plein° devant l'école. Les deux hommes étaient maintenant à mi-pente.° Il reconnut dans le cavalier, Balducci, le vieux gendarme qu'il connaissait depuis longtemps. Balducci tenait au bout d'une corde un Arabe qui avançait derrière lui, les mains liées, le front baissé. Le gendarme fit un geste de salutation auquel Daru ne répondit pas, tout entier occupé à regarder l'Arabe vêtu d'une djellabah° autrefois bleue, les pieds dans des sandales, mais couverts de chaussettes en grosse laine grège,° la tête coiffée° d'un chèche° étroit et court. Ils approchaient. Balducci maintenait sa bête au pas° pour ne pas blesser l'Arabe et le groupe avançait lentement.

    A portée de voix,° Balducci cria: «Une heure pour faire les trois kilomètres d'El Ameur ici!» Daru ne répondit pas. Court et carré° dans son chandail épais, il les regardait monter. Pas une seule fois, l'Arabe n'avait levé la tête. «Salut, dit Daru, quand ils débouchèrent° sur le terre-plein. Entrez vous réchauffer.» Balducci descendit péniblement de sa bête, sans lâcher° la corde. Il sourit à l'instituteur sous ses moustaches hérissées. Ses petits yeux sombres, très enfoncés° sous le front basané,° et sa bouche entourée de rides, lui donnaient un air attentif et appliqué. Daru prit la bride, conduisit la bête vers l'appentis, et revint vers les deux hommes qui l'attendaient maintenant dans l'école. Il les fit pénétrer dans° sa chambre. «Je vais chauffer la salle de classe, dit-il. Nous y serons plus à l'aise.» Quand il entra de nouveau dans la chambre, Balducci était sur le divan. Il avait dénoué la corde qui le liait à l'Arabe et celui-ci s'était accroupi° près du poêle. Les mains toujours liées, le chèche maintenant poussé en arrière, il regardait vers la fenêtre. Daru ne vit d'abord que ses énormes lèvres, pleines, lisses,° presque négroïdes; le nez cependant était droit, les yeux sombres, pleins de fièvre. Le chèche découvrait un front buté° et, sous la peau recuite° mais un peu décolorée par le froid, tout le visage avait un air à la fois inquiet et rebelle qui frappa Daru quand l'Arabe, tournant son visage vers lui, le regarda droit dans les yeux. «Passez à côté, dit l'instituteur, je vais vous faire du thé à la menthe. — Merci, dit Balducci. Quelle corvée! Vivement la retraite.°» Et s'adressant en arabe à son prisonnier: «Viens, toi.» L'Arabe se leva et, lentement, tenant ses poignets joints devant lui, passa dans l'école.

relief

n'arrangeaient... didn't help matters any

courtyard
à... halfway up the slope

loose Arab garment
laine... raw wool / covered
scarf or head covering
au... at a walk

A... When he was within earshot

stocky

emerged

sans... without letting go of
deep-set
swarthy

les... let them into

crouched

smooth

stubborn-looking / burned through

Vivement... I can hardly wait to retire.

Avec le thé Daru apporta une chaise. Mais Balducci trônait° déjà sur la première table d'élève et l'Arabe s'était accroupi contre l'estrade du maître, face au poêle qui se trouvait entre le bureau et la fenêtre. Quand il tendit le verre de thé au prisonnier, Daru hésita devant ses mains liées. «On peut le délier, peut-être. —Sûr, dit Balducci. C'était pour le voyage.» Il fit mine de° se lever. Mais Daru, posant le verre sur le sol, s'était agenouillé près de l'Arabe. Celui-ci, sans rien dire, le regardait faire de ses yeux fiévreux. Les mains libres, il frotta° l'un contre l'autre ses poignets gonflés,° prit le verre de thé et aspira le liquide brûlant, à petites gorgées° rapides.

presided, as on a throne

fit... made a move

rubbed / poignets... *swollen wrists*
à... *in small gulps*

«Bon, dit Daru. Et comme ça, où allez-vous?»

Balducci retira sa moustache du thé: «Ici, fils.

—Drôles d'élèves! Vous couchez ici?

—Non. Je vais retourner à El Ameur. Et toi, tu livreras le camarade à Tinguit. On l'attend à la commune mixte.°»

commune... *municipality administered jointly by the French and the Arabs*

Balducci regardait Daru avec un petit sourire d'amitié.

«Qu'est-ce que tu racontes, dit l'instituteur. Tu te fous de moi?°

Tu... (*pop.*) Tu te moques de moi? *Are you kidding me?*

—Non, fils. Ce sont les ordres.

—Les ordres? Je ne suis pas...» Daru hésita; il ne voulait pas peiner° le vieux Corse. «Enfin, ce n'est pas mon métier.

to hurt (the feelings of)

—Eh! Qu'est-ce que ça veut dire? A la guerre, on fait tous les métiers.

—Alors, j'attendrai la déclaration de guerre!»

Balducci approuva de la tête.

«Bon. Mais les ordres sont là et ils te concernent aussi. Ça bouge,° paraît-il. On parle de révolte prochaine. Nous sommes mobilisés, dans un sens.»

Ça... *Something's brewing*

Daru gardait son air buté.

«Ecoute, fils, dit Balducci. Je t'aime bien, il faut comprendre. Nous sommes une douzaine à El Ameur pour patrouiller dans le territoire d'un petit département et je dois rentrer. On m'a dit de te confier° ce zèbre° et de rentrer sans tarder. On ne pouvait pas le garder là-bas. Son village s'agitait, ils voulaient le reprendre. Tu dois le mener à Tinguit dans la journée de demain. Ce n'est pas une vingtaine de kilomètres qui font peur à un costaud° comme toi. Après, ce sera fini. Tu retrouveras tes élèves et la bonne vie.»

to hand over / (*fam.*) *bozo, clown*

husky fellow

Derrière le mur, on entendit le cheval s'ébrouer et frapper du sabot.° Daru regardait par la fenêtre. Le temps se levait° décidément, la lumière s'élargissait sur le plateau neigeux. Quand toute la neige serait fondue, le soleil régnerait de nouveau et brûlerait une fois de plus les champs de pierre. Pendant des jours, encore, le ciel inaltérable déverserait° sa lu-

frapper... *stomp his hoof /* Le temps... *The weather was clearing up*

would pour out

mière sèche sur l'étendue solitaire où rien ne rappelait l'homme.

«Enfin, dit-il en se retournant vers Balducci, qu'est-ce qu'il a fait?» Et il demanda, avant que le gendarme ait ouvert la bouche: «Il parle français?

—Non, pas un mot. On° le recherchait depuis un mois, mais ils° le cachaient. Il a tué son cousin.

—Il est contre nous?

—Je ne crois pas. Mais on ne peut jamais savoir.

—Pourquoi a-t-il tué?

—Des affaires de famille, je crois. L'un devait du grain à l'autre, paraît-il. Ça n'est pas clair. Enfin, bref, il a tué le cousin d'un coup de serpe.° Tu sais, comme au mouton, zic!...»

Balducci fit le geste de passer une lame° sur sa gorge et l'Arabe, son attention attirée, le regardait avec une sorte d'inquiétude. Une colère subite vint à Daru contre cet homme, contre tous les hommes et leur sale méchanceté, leurs haines inlassables, leur folie du sang.

Mais la bouilloire° chantait sur le poêle. Il resservit du thé à Balducci, hésita, puis servit à nouveau l'Arabe qui, une seconde fois, but° avec avidité. Ses bras soulevés entrebâillaient° maintenant la djellabah et l'instituteur aperçut sa poitrine maigre et musclée.

«Merci, petit,° dit Balducci. Et maintenant, je file.»

Il se leva et se dirigea vers l'Arabe, en tirant une cordelette de sa poche.

«Qu'est-ce que tu fais?» demanda sèchement Daru.

Balducci, interdit,° lui montra la corde.

«Ce n'est pas la peine.»

Le vieux gendarme hésita:

«Comme tu voudras. Naturellement, tu es armé?

—J'ai mon fusil de chasse.

—Où?

—Dans la malle.

—Tu devrais l'avoir près de ton lit.

—Pourquoi? Je n'ai rien à craindre.

—Tu es sonné,° fils. S'ils se soulèvent, personne n'est à l'abri, nous sommes tous dans le même sac.°

—Je me défendrai. J'ai le temps de les voir arriver.»

Balducci se mit à rire, puis la moustache vint soudain recouvrir les dents encore blanches.

«Tu as le temps? Bon. C'est ce que je disais. Tu as toujours été un peu fêlé.° C'est pour ça que je t'aime bien, mon fils était comme ça.»

Il tirait en même temps son revolver et le posait sur le bureau.

(marginal glosses:)

On° La police
ils° les Arabes

serpe° *sickle*
lame° *blade*

bouilloire° *kettle*

but° passé simple de «boire» / *partly opened*

petit,° *kid*

interdit,° *disconcerted*

sonné,° *(fam.)* fou
sac° dans... *in the same boat*

fêlé.° *(fam.) cracked, crazy*

«Garde-le, je n'ai pas besoin de deux armes d'ici El Ameur.»

Le revolver brillait sur la peinture noire de la table.

Quand le gendarme se retourna vers lui, l'instituteur sentit son odeur de cuir° et de cheval.   *leather*

«Ecoute, Balducci, dit Daru soudainement, tout ça me dégoûte, et ton gars° le premier. Mais je ne le livrerai pas. Me battre, oui, s'il le faut. Mais pas ça.»   *ton... (fam.) your guy (this fellow of yours)*

Le vieux gendarme se tenait° devant lui et le regardait avec sévérité.   *se... was standing*

«Tu fais des bêtises, dit-il lentement. Moi non plus, je n'aime pas ça. Mettre une corde à un homme malgré les années, on ne s'y habitue pas et même, oui, on a honte. Mais on ne peut pas les laisser faire.

—Je ne le livrerai pas, répéta Daru.

—C'est un ordre, fils. Je te le répète.

—C'est ça. Répète-leur ce que je t'ai dit: je ne le livrerai pas.»

Balducci faisait un visible effort de réflexion. Il regardait l'Arabe et Daru. Il se décida enfin.

«Non. Je ne leur dirai rien. Si tu veux nous lâcher, à ton aise,° je ne te dénoncerai pas. J'ai l'ordre de livrer le prisonnier: je le fais. Tu vas maintenant me signer le papier.   *Si... If you want to let us down, go ahead*

—C'est inutile. Je ne nierai pas que tu me l'as laissé.

—Ne sois pas méchant avec moi. Je sais que tu diras la vérité. Tu es d'ici, tu es un homme.° Mais tu dois signer, c'est la règle.»   *un... a decent person*

Daru ouvrit son tiroir, tira une petite bouteille carrée d'encre violette, le porte-plume de bois rouge avec la plume *sergent-major*° qui lui servait à tracer les modèles d'écriture et il signa. Le gendarme plia soigneusement le papier et le mit dans son portefeuille. Puis il se dirigea vers la porte.   *brand name of a pen used in calligraphy*

«Je vais t'accompagner, dit Daru.

—Non, dit Balducci, ce n'est pas la peine d'être poli. Tu m'as fait un affront.»

Il regarda l'Arabe, immobile, à la même place, renifla d'un air chagrin et se détourna vers la porte: «Adieu, fils», dit-il. La porte battit derrière lui. Balducci surgit° devant la fenêtre puis disparut. Ses pas étaient étouffés° par la neige. Le cheval s'agita derrière la cloison, des poules s'effarèrent. Un moment après, Balducci repassa devant la fenêtre tirant le cheval par la bride. Il avançait vers le raidillon sans se retourner, disparut le premier et le cheval le suivit. On entendit une grosse pierre rouler mollement. Daru revint vers le prisonnier qui n'avait pas bougé, mais ne le quittait pas des yeux.°   *appeared* *muffled*

«Attends», dit l'instituteur en arabe, et il se dirigea vers la   *ne... didn't take his eyes off him*

chambre. Au moment de passer le seuil,° il se ravisa, alla au   *threshold*
bureau, prit le revolver et le fourra° dans sa poche. Puis, sans   *stuck*
se retourner, il entra dans sa chambre.

AVEZ-VOUS COMPRIS?

1. Décrivez l'acheminement des deux hommes vers l'école.
2. Quel sujet Daru était-il en train d'enseigner aux élèves? Pourquoi ne viennent-ils plus à l'école?
3. Que fait Daru pendant le mauvais temps? De quoi doit-il s'occuper? Par quel moyen reçoit-il les provisions?
4. Quelle forme de secours l'administration française apporte-t-elle aux Arabes? Pourquoi Daru ne peut-il plus leur distribuer leurs rations? Quels malheurs la sécheresse a-t-elle causée à la terre, aux gens et aux animaux?
5. Dans quelle mesure Daru se sent-il privilégié vis-à-vis des Arabes? Relevez la phrase qui signale son attachement à ce pays «cruel à vivre».
6. Décrivez Balducci et l'Arabe. Comment sont-ils physiquement? Dans quelle langue se parlent-ils? Comparez le comportement des deux hommes.
7. Quel accueil Daru réserve-t-il aux visiteurs? Quels détails montrent que son hospitalité s'étend jusqu'à l'Arabe?
8. Pourquoi Balducci a-t-il amené le prisonnier chez Daru? Quels ordres a-t-il reçus? Comment Daru réagit-il au rôle envisagé pour lui par l'administration?
9. Pour quelles raisons ne voulait-on pas garder l'Arabe au village? Pourquoi l'a-t-on arrêté? Quel sentiment Daru éprouve-t-il après avoir écouté l'explication du gendarme?
10. Qu'est ce que Daru empêche Balducci de faire? Selon celui-ci, qu'est-ce que Daru devrait faire pour se protéger? Contre qui? Pourquoi Daru pense-t-il qu'il n'est pas en danger?
11. Daru se déclare prêt à se battre mais non pas à livrer l'Arabe aux autorités. Quelle est la réaction de Balducci? Qu'est-ce qui montre que son devoir officiel est incompatible avec ses instincts moraux?
12. Au sujet de quoi Balducci et Daru se disputent-ils? Comment cette dispute se termine-t-elle? Qu'est-ce qui révèle l'affection mutuelle des deux hommes malgré le conflit de leurs opinions?
13. Que fait Daru avant d'entrer dans sa chambre?

II.

Longtemps, il resta étendu sur son divan à regarder le ciel se
fermer° peu à peu, à écouter le silence. C'était ce silence qui   *se... close in*
lui avait paru pénible les premiers jours de son arrivée, après
la guerre. Il avait demandé un poste dans la petite ville au
pied des contreforts° qui séparent du désert les hauts pla-   *foothills*

teaux. Là, des murailles° rocheuses, vertes et noires au nord,
roses ou mauves au sud, marquaient la frontière de l'éternel
été. On l'avait nommé à un poste plus au nord, sur le plateau
même. Au début, la solitude et le silence lui avaient été durs
sur ces terres ingrates, habitées seulement par des pierres.
Parfois, des sillons° faisaient croire à des cultures,° mais ils
avaient été creusés pour mettre au jour° une certaine pierre,
propice à° la construction. On ne labourait ici que pour ré-
colter des cailloux. D'autres fois, on grattait quelques copeaux
de terre,° accumulée dans des creux, dont on engraisserait° les
maigres jardins des villages. C'était ainsi, le caillou seul couvrait les trois quarts de ce pays. Les villes y naissaient, bril-
laient,° puis disparaissaient; les hommes y passaient,
s'aimaient ou se mordaient à la gorge,° puis mouraient. Dans
ce désert, personne, ni lui ni son hôte n'étaient rien. Et pourtant, hors de ce désert, ni l'un ni l'autre, Daru le savait,
n'auraient pu vivre vraiment.

Quand il se leva, aucun bruit ne venait de la salle de
classe. Il s'étonna de cette joie franche° qui lui venait à la
seule° pensée que l'Arabe avait pu fuir° et qu'il allait se retrouver seul sans avoir rien à décider. Mais le prisonnier était
là. Il s'était seulement couché de tout son long° entre le poêle
et le bureau. Les yeux ouverts, il regardait le plafond. Dans
cette position, on voyait surtout ses lèvres épaisses qui lui
donnaient un air boudeur.° «Viens», dit Daru. L'Arabe se leva
et le suivit. Dans la chambre, l'instituteur lui montra une
chaise près de la table, sous la fenêtre. L'Arabe prit place°
sans cesser de regarder Daru.

«Tu as faim?

— Oui», dit le prisonnier.

Daru installa deux couverts. Il prit de la farine et de
l'huile, pétrit° dans un plat une galette° et alluma le petit
fourneau à butagaz.° Pendant que la galette cuisait, il sortit
pour ramener de l'appentis du fromage, des œufs, des dattes
et du lait condensé. Quand la galette fut cuite, il la mit à refroidir sur le rebord de la fenêtre, fit chauffer du lait condensé
étendu° d'eau et, pour finir, battit les œufs en omelette. Dans
un de ses mouvements, il heurta° le revolver enfoncé° dans sa
poche droite. Il posa le bol, passa dans la salle de classe et
mit le revolver dans le tiroir de son bureau. Quand il revint
dans la chambre, la nuit tombait. Il donna de la lumière et
servit l'Arabe: «Mange», dit-il. L'autre prit un morceau de galette, le porta vivement à sa bouche et s'arrêta. «Et toi? dit-il.

— Après toi. Je mangerai aussi.»

Les grosses lèvres s'ouvrirent un peu, l'Arabe hésita, puis
il mordit résolument dans la galette.

walls

furrows / faisaient... *gave
the impression that the
land was cultivated*
pour... *to unearth*
propice... *suitable for*

copeaux... *thin layers of
earth* / *would enrich*

flourished
se... *were at each others'
throats*

spontaneous
mere / *to run away*

de... *at full length*

sullen

prit... *sat down*

kneaded / *flat bread*
fourneau... *gas stove*

diluted
brushed against / *stuffed
deep*

Le repas fini, l'Arabe regardait l'instituteur.

«C'est toi le juge?

—Non, je te garde jusqu'à demain.

—Pourquoi tu manges avec moi?

—J'ai faim.»

L'autre se tut.° Daru se leva et sortit. Il ramena un lit de camp de l'appentis, l'étendit entre la table et le poêle, perpendiculairement à son propre lit. D'une grande valise qui, debout dans un coin, servait d'étagère à dossiers,° il tira deux couvertures qu'il disposa° sur le lit de camp. Puis il s'arrêta, se sentit oisif,° s'assit sur son lit. Il n'y avait plus rien à faire ni à préparer. Il fallait regarder cet homme. Il le regardait donc, essayant d'imaginer ce visage emporté de fureur.° Il n'y parvenait pas.° Il voyait seulement le regard à la fois sombre et brillant, et la bouche animale.

«Pourquoi tu l'as tué?» dit-il d'une voix dont l'hostilité le surprit.

L'Arabe détourna son regard.

«Il s'est sauvé.° J'ai couru derrière lui.»

Il releva les yeux sur Daru et ils étaient pleins d'une sorte d'interrogation malheureuse.

«Maintenant, qu'est-ce qu'on va me faire?

—Tu as peur?»

L'autre se raidit,° en détournant les yeux.

«Tu regrettes?»

L'Arabe le regarda, bouche ouverte. Visiblement il ne comprenait pas. L'irritation gagnait° Daru. En même temps, il se sentait gauche et emprunté° dans son gros corps, coincé° entre les deux lits.

«Couche-toi là, dit-il avec impatience. C'est ton lit.»

L'Arabe ne bougeait pas. Il appela Daru:

«Dis!»

L'instituteur le regarda.

«Le gendarme revient demain?

—Je ne sais pas.

—Tu viens avec nous?

—Je ne sais pas. Pourquoi?»

Le prisonnier se leva et s'étendit à même° les couvertures, les pieds vers la fenêtre. La lumière de l'ampoule électrique lui tombait droit dans les yeux qu'il ferma aussitôt.

«Pourquoi?» répéta Daru, planté devant le lit.

L'Arabe ouvrit les yeux sous la lumière aveuglante et le regarda en s'efforçant de ne pas battre les paupières.°

«Viens avec nous», dit-il.

Au milieu de la nuit, Daru ne dormait toujours° pas. Il

se... passé simple de «se taire»

servait... *served as a filing cabinet*
laid out
idle

emporté... *overcome with rage*
Il... *He couldn't*

Il... *He ran away*

se... *stiffened*

overcame
gauche... *awkward and ill at ease / jammed*

s'étendit... *streched out on*

battre... *blink*

still

s'était mis au lit après s'être complètement déshabillé: il
couchait nu habituellement. Mais quand il se trouva sans
vêtements dans la chambre il hésita. Il se sentait vulnérable,
la tentation lui vint de se rhabiller. Puis il haussa les épaules;
il en avait vu d'autres° et, s'il le fallait, il casserait en deux   *il... he had seen worse*
son adversaire. De son lit, il pouvait l'observer, étendu sur le
dos, toujours immobile et les yeux fermés sous la lumière vio-
lente. Quand Daru éteignit,° les ténèbres semblèrent se con-   *passé simple d'«éteindre»*
geler d'un coup.° Peu à peu, la nuit redevint vivante dans la   *semblèrent... seemed to*
fenêtre où le ciel sans étoiles remuait doucement.   *thicker all of a sudden*
L'instituteur distingua bientôt le corps étendu devant lui.
L'Arabe ne bougeait toujours pas, mais ses yeux semblaient
ouverts. Un léger vent rôdait° autour de l'école. Il chasserait   *was prowling*
peut-être les nuages et le soleil reviendrait.

Dans la nuit, le vent grandit. Les poules s'agitèrent un
peu, puis se turent. L'Arabe se retourna sur le côté, présentant
le dos à Daru et celui-ci crut l'entendre gémir.° Il guetta° en-   *moan / paid close attention*
suite sa respiration, devenue plus forte et plus régulière. Il   *to*
écoutait ce souffle° si proche et rêvait sans pouvoir   *breathing*
s'endormir. Dans la chambre où, depuis un an, il dormait
scul, cette présence le gênait. Mais elle le gênait aussi parce
qu'elle lui imposait une sorte de fraternité qu'il refusait dans
les circonstances présentes et qu'il connaissait bien: les hommes, qui partagent les mêmes chambres, soldats ou pris-
onniers, contractent un lien étrange° comme si, leurs armures   *contractent... establish a*
quittées° avec les vêtements, ils se rejoignaient chaque soir,   *strange bond / leurs...*
par-dessus leurs différences, dans la vieille communauté du   *their defenses dropped*
songe° et de la fatigue. Mais Daru se secouait,° il n'aimait pas   *dreams / se... shook off*
ces bêtises, il fallait dormir.   *those thoughts*

Un peu plus tard pourtant, quand l'Arabe bougea imperceptiblement, l'instituteur ne dormait toujours pas. Au deuxième mouvement du prisonnier, il se raidit, en alerte.
L'Arabe se soulevait lentement sur les bras, d'un mouvement
presque somnambulique. Assis sur le lit, il attendit, immobile,
sans tourner la tête vers Daru, comme s'il écoutait de toute
son attention. Daru ne bougea pas: il venait de penser que le
revolver était resté dans le tiroir de son bureau. Il valait
mieux agir tout de suite. Il continua cependant d'observer le
prisonnier qui, du même mouvement huilé,° posait ses pieds   *slithery*
sur le sol, attendait encore, puis commençait à se dresser° len-   *se... to get up*
tement. Daru allait l'interpeller° quand l'Arabe se mit en   *to question him*
marche, d'une allure° naturelle cette fois, mais extraor-   *manner*
dinairement silencieuse. Il allait vers la porte du fond qui
donnait sur l'appentis. Il fit jouer le loquet° avec précaution et *Il... He lifted the door latch*
sortit en repoussant la porte derrière lui, sans la refermer.

Daru n'avait pas bougé: «Il fuit, pensait-il seulement. Bon débarras!»° Il tendit pourtant l'oreille.° Les poules ne bougeaient pas: l'autre était donc sur le plateau. Un faible bruit d'eau lui parvint alors dont il ne comprit ce qu'il était qu'au moment où° l'Arabe s'encastra de nouveau dans la porte,° la referma avec soin, et vint se recoucher sans un bruit. Alors Daru lui tourna le dos et s'endormit. Plus tard encore, il lui sembla entendre, du fond° de son sommeil, des pas furtifs autour de l'école. «Je rêve , je rêve!» se répétait-il. Et il dormait.

Quand il se réveilla, le ciel était découvert;° par la fenêtre mal jointe entrait un air froid et pur. L'Arabe dormait, recroquevillé° maintenant sous les couvertures, la bouche ouverte, totalement abandonné.° Mais quand Daru le secoua, il eut un sursaut terrible, regardant Daru sans le reconnaître avec des yeux fous et une expression si apeurée que l'instituteur fit un pas en arrière. «N'aie pas peur. C'est moi. Il faut manger.» L'Arabe secoua la tête et dit oui. Le calme était revenu sur son visage, mais son expression restait absente et distraite.

Le café était prêt. Ils le burent, assis tous deux sur le lit de camp, en mordant leurs morceaux de galette. Puis Daru mena l'Arabe sous l'appentis et lui montra le robinet° où il faisait sa toilette. Il rentra dans la chambre, plia les couvertures et le lit de camp, fit son propre lit et mit la pièce en ordre. Il sortit alors sur le terre-plein en passant par l'école. Le soleil montait déjà dans le ciel bleu; une lumière tendre et vive inondait° le plateau désert. Sur le raidillon, la neige fondait par endroits. Les pierres allaient apparaître de nouveau. Accroupi au bord du plateau, l'instituteur contemplait l'étendue déserte. Il pensait à Balducci. Il lui avait fait de la peine, il l'avait renvoyé,° d'une certaine manière, comme s'il ne voulait pas être dans le même sac. Il entendait encore l'adieu du gendarme et, sans savoir pourquoi, il se sentait étrangement vide et vulnérable. A ce moment, de l'autre côté de l'école, le prisonnier toussa.° Daru l'écouta, presque malgré lui, puis, furieux, jeta un caillou qui siffla dans l'air avant de s'enfoncer dans la neige. Le crime imbécile de cet homme le révoltait, mais le livrer était contraire à l'honneur; d'y penser seulement le rendait fou d'humiliation. Et il maudissait à la fois les siens° qui lui envoyaient cet Arabe et celui-ci qui avait osé tuer et n'avait pas su s'enfuir. Daru se leva, tourna en rond sur° le terre-plein, attendit, immobile, puis entra dans l'école.

L'Arabe, penché sur le sol cimenté de l'appentis, se lavait les dents avec deux doigts. Daru le regarda, puis: «Viens», dit-il. Il rentra dans la chambre, devant le prisonnier. Il enfila

Bon... Good riddance!/Il... He listened carefully.

dont... which he did not understand until/ s'encastra... reappeared in the doorway
du... from the depths

cleared

curled up
off his guard

faucet

was flooding

l'avait... had sent him away

coughed

his own people, the French

tourna... paced around

une veste de chasse° sur son chandail et chaussa des souliers de marche. Il attendit debout que l'Arabe eût remis° son chèche et ses sandales. Ils passèrent dans l'école et l'instituteur montra la sortie à son compagnon. «Va», dit-il. L'autre ne bougea pas. «Je viens», dit Daru. L'Arabe sortit. Daru rentra dans la chambre et fit un paquet avec des biscottes,° des dattes et du sucre. Dans la salle de classe, avant de sortir, il hésita une seconde devant son bureau, puis il franchit le seuil de l'école et boucla la porte.° «C'est par là», dit-il. Il prit la direction de l'est, suivi par le prisonnier. Mais, à une faible distance de l'école, il lui sembla entendre un léger bruit derrière lui. Il revint sur ses pas, inspecta les alentours° de la maison: il n'y avait personne. L'Arabe le regardait faire, sans paraître comprendre. «Allons», dit Daru.

Ils marchèrent une heure et se reposèrent auprès d'une sorte d'aiguille calcaire.° La neige fondait de plus en plus vite, le soleil pompait aussitôt les flaques,° nettoyait à toute allure° le plateau qui, peu à peu, devenait sec et vibrait comme l'air lui-même. Quand ils reprirent la route, le sol résonnait sous leurs pas. De loin en loin, un oiseau fendait° l'espace devant eux avec un cri joyeux. Daru buvait, à profondes aspirations, la lumière fraîche. Une sorte d'exaltation naissait en lui devant le grand espace familier, presque entièrement jaune maintenant, sous sa calotte° de ciel bleu. Ils marchèrent encore une heure, en descendant vers le sud. Ils arrivèrent à une sorte d'éminence aplatie,° faite de rochers friables. A partir de là, le plateau dévalait,° à l'est vers une plaine basse où l'on pouvait distinguer quelques arbres maigres et, au sud, vers des amas° rocheux qui donnaient au paysage un aspect tourmenté.

Daru inspecta les deux directions. Il n'y avait que le ciel à l'horizon, pas un homme ne se montrait. Il se tourna vers l'Arabe, qui le regardait sans comprendre. Daru lui tendit un paquet: «Prends, dit-il. Ce sont des dattes, du pain, du sucre. Tu peux tenir deux jours.° Voilà mille francs aussi.» L'Arabe prit le paquet et l'argent mais il gardait ses mains pleines à hauteur de la poitrine,° comme s'il ne savait que faire de ce qu'on lui donnait. «Regarde maintenant, dit l'instituteur, et il lui montrait la direction de l'est, voilà la route de Tinguit. Tu as deux heures de marche. A Tinguit, il y a l'administration et la police. Ils t'attendent.» L'Arabe regardait vers l'est, retenant toujours contre lui le paquet et l'argent. Daru lui prit le bras et lui fit faire,° sans douceur, un quart de tour vers le sud. Au pied de la hauteur où ils se trouvaient, on devinait un chemin à peine dessiné. «Ça, c'est la piste qui traverse le plateau. A un jour de marche d'ici, tu trouveras les pâturages et

Il... He put on a hunting jacket

eût... had put on again

dry bread, melba toast

boucla... bolted the door

surroundings

aiguille... limestone pinnacle
pompait... was quickly drying up the puddles / à... at full speed
was piercing

dome

éminence... flattened elevation
descended

outcroppings

Tu... You can last two days.

chest

lui... had him make

les premiers nomades. Ils t'accueilleront et t'abriteront, selon
leur loi.» L'Arabe s'était retourné maintenant vers Daru et
une sorte de panique se levait sur son visage: «Ecoute», dit-il.
Daru secoua la tête: «Non, tais-toi. Maintenant, je te laisse.»
Il lui tourna le dos, fit deux grands pas dans la direction de
l'école, regarda d'un air indécis l'Arabe immobile et repartit.
Pendant quelques minutes, il n'entendit plus que son propre
pas, sonore° sur la terre froide, et il ne détourna pas la tête.
resounding
Au bout d'un moment pourtant, il se retourna. L'Arabe était
toujours là, au bord de la colline, les bras pendants maintenant, et il regardait l'instituteur. Daru sentit sa gorge se
nouer.° Mais il jura d'impatience, fit un grand signe,° et repar-
sentit... felt his throat tighten / gesture
tit. Il était déjà loin quand il s'arrrêta de nouveau et regarda.
Il n'y avait plus personne sur la colline.

Daru hésita. Le soleil était maintenant assez haut dans le
ciel et commençait de lui dévorer° le front. L'instituteur re-
beat down on
vint sur ses pas, d'abord un peu incertain, puis avec décision.
Quand il parvint à la petite colline, il ruisselait de sueur.° Il la
ruisselait... was dripping with perspiration
gravit à toute allure et s'arrêta, essoufflé, sur le sommet. Les
champs de roche, au sud, se dessinaient° nettement sur le ciel
se... stood out
bleu, mais sur la plaine, à l'est, une buée de chaleur° montait
une... steamy heat
déjà. Et dans cette brume° légère, Daru, le cœur serré,° décou-
haze / le... with a heavy heart
vrit l'Arabe qui cheminait° lentement sur la route de la
marchait
prison.

Un peu plus tard, planté devant la fenêtre de la salle de
classe, l'instituteur regardait sans la voir la jeune lumière
bondir° des hauteurs du ciel sur toute la surface du plateau.
leap
Derrière lui, sur le tableau noir, entre les méandres des
fleuves français s'étalait,° tracée à la craie par une main mal-
stood out
habile,° l'inscription qu'il venait de lire: «Tu as livré notre
clumsy
frère. Tu paieras.» Daru regardait le ciel, le plateau et, au-
delà, les terres invisibles qui s'étendaient jusqu'à la mer. Dans
ce vaste pays qu'il avait tant aimé, il était seul.

AVEZ-VOUS COMPRIS?

1. Par quels détails l'auteur souligne-t-il l'aspect hostile du paysage? Quels
   sentiments Daru a-t-il vis-à-vis du désert?
2. Pourquoi Daru aurait-il préféré que l'Arabe s'enfuie?
3. Comment se manifeste l'hospitalité de Daru à l'égard de l'Arabe? Comment
   celui-ci réagit-il?
4. Comment l'Arabe explique-t-il son crime? Comment réagit-il lorsque Daru
   lui demande s'il le regrette?
5. Qu'est-ce qui montre que l'Arabe se fie instinctivement à Daru?

6. Quelles pensées empêchent Daru de trouver le sommeil? Pourquoi la présence de l'Arabe dans la chambre le gêne-t-elle?

7. Quelles pensées lui viennent à l'esprit quand il entend l'Arabe se lever pendant la nuit? Pourquoi ce dernier est-il sorti? Qu'est ce que Daru croit entendre plus tard dans la nuit? Comment se l'explique-t-il?

8. Comment Daru se sent-il quand il pense au départ de Balducci? Précisez ses sentiments contradictoires concernant le crime de l'Arabe.

9. Pourquoi Daru revient-il sur ses pas après être sorti de l'école?

10. Que donne-t-il à l'Arabe avant de le quitter? Comment oblige-t-il l'Arabe à assumer la responsabilité de son propre destin? Comment l'Arabe réagit-il?

11. Quel sentiment Daru éprouve-t-il lorsqu'il voit l'Arabe se diriger vers la prison?

12. Quels mots Daru trouve-t-il écrits au tableau? Qui les y a tracés? Quel sentiment cette inscription éveille-t-elle en lui?

COMMENTAIRE DU TEXTE

1. Les trois personnages représentent trois attitudes différentes à l'égard de la société et de l'individu. Comparez leurs attitudes envers l'autorité et envers la responsabilité de chaque individu vis-à-vis des autres et de lui-même.

2. Pourquoi l'Arabe n'a-t-il pas de nom? Relevez les passages qui insistent sur le côté animal de ce personnage. Pourquoi Camus le représente-t-il sous cet aspect? Quel est le rapport entre cet aspect du personnage et son manque de remords? Comment interprétez-vous le choix que fait l'Arabe à la fin du conte?

3. Etudiez le thème de l'absurdité de la condition humaine dans «L'Hôte». Réfléchissez à la solitude physique et morale de Daru, aux aspects contradictoires et ambigus de son univers. Montrez que malgré l'absurdité du monde qui l'entoure, Daru essaie de donner un sens à sa vie en suivant sa conscience et en faisant face à ses responsabilités.

DE LA LITTERATURE A LA VIE

1. A votre avis, quelles responsabilités a-t-on vis-à-vis des autres?
2. Dans quelle mesure est-on libre de choisir sa destinée?

ACTIVITE

Imaginez la suite de l'histoire. Qu'est-ce qui arrive à Daru? Echappe-t-il à la mort?...

Appendice: Le Passé simple

In order to appreciate literary texts, recognition of the **passé simple** is essential. Following is a brief summary of the forms of this literary past tense:

Regular Verbs

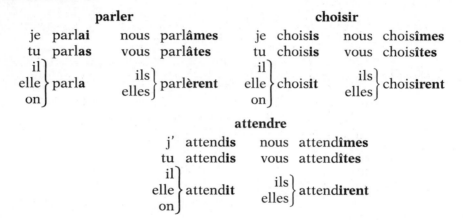

parler

je parl**ai**	nous parl**âmes**
tu parl**as**	vous parl**âtes**
il elle on } parl**a**	ils elles } parl**èrent**

choisir

je chois**is**	nous chois**îmes**
tu chois**is**	vous chois**îtes**
il elle on } chois**it**	ils elles } chois**irent**

attendre

j' attend**is**	nous attend**îmes**
tu attend**is**	vous attend**îtes**
il elle on } attend**it**	ils elles } attend**irent**

Auxiliary Verbs

avoir

j' eus	nous eûmes
tu eus	vous eûtes
il elle on } eut	ils elles } eurent

être

je fus	nous fûmes
tu fus	vous fûtes
il elle on } fut	ils elles } furent

Irregular Verbs

devoir

je	dus	nous	dûmes
tu	dus	vous	dûtes
il elle on }	dut	ils elles }	durent

faire

je	fis	nous	fîmes
tu	fis	vous	fîtes
il elle on }	fit	ils elles }	firent

mettre

je	mis	nous	mîmes
tu	mis	vous	mîtes
il elle on }	mit	ils elles }	mirent

pouvoir

je	pus	nous	pûmes
tu	pus	nous	pûtes
il elle on }	put	ils elles }	purent

prendre

je	pris	nous	prîmes
tu	pris	vous	prîtes
il elle on }	prit	ils elles }	prirent

savoir

je	sus	nous	sûmes
tu	sus	vous	sûtes
il elle on }	sut	ils elles }	surent

venir

je	vins	nous	vînmes
tu	vins	vous	vîntes
il elle on }	vint	ils elles }	vinrent

vivre

je	vécus	nous	vécûmes
tu	vécus	vous	vécûtes
il elle on }	vécut	ils elles }	vécurent

voir

je	vis	nous	vîmes
tu	vis	vous	vîtes
il elle on }	vit	ils elles }	virent

A NOTER: All forms of the *passé simple* of irregular verbs used in the text are given in the Lexique.

Lexique

This vocabulary contains French words and expressions used in this text together with the meanings appropriate to the contexts in which they appear. Identical cognates, articles, most pronouns, possessive adjectives, numbers, and a few unusual words or phrases already glossed in the margins are not included. An asterisk (*) indicates words beginning with an aspirate **h**.

Abbreviations

adj. adjective
adv. adverb
conj. conjunction
def. art. definite article
dem. demonstrative
excl. exclamation
fam. familiar
f. feminine
fut. future
imperf. imperfect
imperf. subj. imperfect subjunctive
indef. indefinite
inf. infinitive
interrog. interrogative
m. masculine
n. noun
o. obsolete, no longer in general use
p.p. past participle
p.s. passé simple
pl. plural
pop. non-standard
pref. prefix
prep. preposition
pron. pronoun
rel. relative
s. singular

A

à *prep.* at; in; to
abaisser to lower; **abaisser le regard (sur)** to look down (on); **s'abaisser (sur)** to fall (on)
abandonné(e) *adj.* relaxed; off one's guard
abandonner to leave; to abandon
abattre to knock down
l'**abbaye** (*f.*) abbey
abîmer to damage, spoil

abondant(e) *adj.* plentiful
abonné(e) (à) *adj.* subscribed (to)
abord: d'abord *adv.* at first; first (of all)
abordable *adj.* approachable
aborder to approach; to deal with (*a question, subject*)
aboyer to bark
l'**abri** (*m.*) shelter; **à l'abri de** sheltered from; **se mettre à l'abri** to take shelter; to protect oneself
abriter to shelter
abrupt(e) *adj.* steep
absent(e) *adj.* absent; distracted, vacant (*expression*)
absolu(e) *adj.* absolute
absolument *adv.* absolutely
l'**absolution** (*f.*) absolution, pardon
l'**abstraction** (*f.*) abstraction, abstract idea
abstrait(e) *adj.* abstract
absurde *adj.* absurd; l'**absurde** (*m.*) absurd
l'**absurdité** (*f.*) absurdity
l'**académie** (*f.*) academy
académique *adj.* academic
acariâtre *adj.* cantankerous
l'**accent** (*m.*) accent; **mettre l'accent sur** to emphasize
l'**acceptation** (*f.*) acceptance
accepter to accept; to agree to
les **accessoires** (*m. pl.*) objects in the background
acclamer to greet with cheers
accompagner to accompany, come or go with (*someone*)
accomplir to fulfill

l'**accord** (*m.*) agreement; **être d'accord** to agree; **demeurer d'accord** (*o.*) to agree
l'**accordéon** (*m.*) accordion
accorder to grant; **s'accorder** to be in harmony, in keeping with; to allow oneself
accort(e) *adj.* clever (*o.*)
accourir to come running
s'accroupir to crouch
l'**accueil** (*m.*) welcome, reception
accueillir to welcome, greet
accumulé(e) *adj.* heaped up
l'**accusé(e)** defendant
accuser to accuse
l'**acétate (de cuivre)** (*m.*) (copper) acetate
l'**acharnement** (*m.*) persistence, determination
s'acharner (à) to try desperately (to)
l'**acheminement** (*m.*) advance
s'acheminer (vers) to make one's way (toward)
acheter to buy
l'**acheteur (-euse)** buyer
achever (de) to finish; **achever d'ahurir quelqu'un** to really dumbfound someone
acquérir to get; to acquire
acquiescer to agree
acquis *p.p. of* **acquérir**
acre *adj.* bitter
l'**acrobatie** (*f.*) acrobatics
l'**acte** (*m.*) act; deed
l'**acteur (-trice)** actor (actress)
actif (-ive) *adj.* active
l'**activité** (*f.*) activity
actualité: d'actualité current, present-day

actuel(le) *adj.* present-day
adieu *excl.* farewell
l'**adjectif** (*m.*) adjective
admettre to admit; to acknowledge
admiratif (-ive) *adj.* admiring
admirer to admire
admis *p.p. of* **admettre**
adopter to adopt
adorable *adj.* adorable; lovely
adorer to adore
adossé(e) (à) *adj.* backed up (to)
adoucir to soften
l'**adresse** (*f.*) address
adresser to address; **adresser la parole à, s'adresser à** to speak directly to
adroit(e) *adj.* skillful
adulte *adj.* adult; l'**adulte** (*m., f.*) adult
adverbial(e) *adj.* adverbial
l'**adversaire** (*m.*) opponent
aérien(ne) *adj.* aerial
affaiblir to weaken
l'**affaire** (*f.*) matter, affair; business; transaction, deal; **les affaires** (*pl.*) business; affairs; dealings; personal belongings; **avoir affaire à** to have to deal with; **une bonne affaire** a good deal
affaissé(e) *adj.* sagging
affecter to affect
l'**affiche** (*f.*) poster
afficher to display
affirmatif (-ive) *adj.* affirmative
affirmer to affirm, maintain; **s'affirmer** to assert oneself; to establish oneself
affluer to flow
affranchir to set free
affreusement *adv.* awfully
affreux (-euse) *adj.* awful
l'**affront** (*m.*) insult
affronter to face
afin: afin de *prep.* in order to; **afin que** *conj.* so that
africain(e) *adj.* African
l'**Afrique** (*f.*) Africa
agacer to irritate, bother
l'**âge** (*m.*) age; **le Moyen Age** Middle Ages
âgé(e) *adj.* old; aged
s'agenouiller to kneel (down)
agir to behave, act; **agir en** to behave, act like; **s'agir de** to be a question of; **il**

s'agit bien de cela! as if that's the point!
agité(e) *adj.* excited
agiter to shake; to wave; **s'agiter** to become excited
agréable *adj.* pleasant
l'**Agrégation** (*f.*) highest competitive examination for teachers in France
l'**agrégé(e)** one who has passed the **Agrégation**
agressif (-ive) *adj.* agressive
agricole *adj.* agricultural
ahurir to bewilder, dumbfound
l'**aide** (*f.*) help
aider to help
aigre *adj.* sour; bad-tempered
l'**aiguille** (*f.*) hand (*of a clock or watch*); pinnacle
l'**aile** (*f.*) wing
ailleurs *adv.* elsewhere; **d'ailleurs** besides, moreover; anyway
aimable *adj.* nice, amiable
aimer to love; to like; **aimer bien** to like, be fond of
l'**aîné(e)** oldest child
ainsi *adv.* thus; in this or that way; like this or that; **ainsi que** *conj.* (just) as; as well as
l'**air** (*m.*) air; look, manner, appearance; impression; **au grand air** outdoors; **avoir l'air (de)** to seem; to look (like, as though); **la chambre à air** inner tube
l'**airelle** (*f.*) huckleberry
l'**aise** (*f.*) ease, comfort; **à l'aise** at ease; **à son aise** at ease; well-off; **à ton aise!** please yourself! just as you like! **mal à l'aise, mal à son aise** ill at ease
aisé(e) *adj.* easy; well-to-do
ajouter to add
les **alentours** (*m. pl.*) surroundings
l'**alerte** (*f.*) alarm; **en alerte** on guard
l'**alexandrin** (*m.*) alexandrine (*twelve-syllable line of poetry*)
Alger Algiers
l'**Algérie** (*f.*) Algeria
algérien(ne) *adj.* Algerian
aligné(e) *adj.* lined up
l'**aliment** (*m.*) food
alimenter to feed, nourish
l'**allée** (*f.*) lane

s'alléger to become lighter
l'**allégresse** (*f.*) cheerfulness, joy
l'**Allemagne** (*f.*) Germany
allemand(e) *adj.* German
aller to go; **allons! (allez!)** come on! hurry up!; **s'en aller** to go away; **se laisser aller à** to give way to; to drift into
allié(e) *adj.* allied; l'**allié(e)** ally
allonger to extend; **s'allonger** to stretch out
allumer to light
l'**allure** (*f.*) walk; bearing; manner; **à toute allure** at full speed
l'**allusion** (*f.*) allusion; **faire allusion à** to refer to
alors *adv.* then (*at that time*); then (*in that case*); so, therefore; **alors que** *conj.* whereas; **ça, alors!** *excl.* wow! **(et) alors?** what then? so what?
l'**alpinisme** (*m.*) mountaineering, mountain climbing
l'**Alsace** (*f.*) Alsace
amarrer to tie on
l'**amas** (*m.*) outcropping
l'**ambiance** (*f.*) atmosphere
ambigu(ë) *adj.* ambiguous
l'**ambiguïté** (*f.*) ambiguity
ambitieux (-euse) *adj.* ambitious
l'**âme** (*f.*) soul; heart
l'**amélioration** (*f.*) improvement
améliorer to improve
amener to lead; to bring; **s'amener** (*pop.*) to arrive
amer (-ère) *adj.* bitter
américain(e) *adj.* American
l'**Amérique** (*f.*) America
l'**ami(e)** friend; **le/la petit(e) ami(e)** boyfriend (girlfriend)
amical(e) *adj.* friendly
l'**amitié** (*f.*) friendship
l'**amour** (*m.*) love
amoureux (-euse) *adj.* in love; **les amoureux** (*m. pl.*) lovers; **tomber amoureux (-euse)** to fall in love
l'**ampleur** (*f.*) fullness; **prendre de l'ampleur** to become animated
l'**ampoule** (*f.*) lightbulb
amusant(e) *adj.* amusing
amuser to amuse; **s'amuser** to have fun

l'**an** (*m.*) year; **le jour de l'an** New Year's Day

analphabète *adj.* illiterate

l'**analyse** (*f.*) analysis

analyser to analyze

analytique *adj.* analytical

l'**ananas** (*m.*) pineapple

l'**ancêtre** (*m.*) ancestor

ancien(ne) *adj.* old; former; l'**ancien(ne)** person who lived long ago

l'**âne** (*m.*) donkey

l'**ange** (*m.*) angel

anglais(e) *adj.* English

l'**Angleterre** (*f.*) England

l'**ânier** (*m.*) donkey driver

animal(e) *adj.* animal-like, animalistic

l'**animateur** (*m.*) social director

l'**animation** (*f.*) animation, liveliness

animé(e) *adj.* lively

animer to give life

annamite *adj.* Vietnamese

l'**année** (*f.*) year

annoncer to announce

annuel(le) *adj.* annual

anormal(e) *adj.* unusual

antillais(e) *adj.* West Indian

les **Antilles** (*f. pl.*) West Indies

l'**antiquité** (*f.*) antiquity

l'**antithèse** (*f.*) antithesis

antithétique *adj.* antithetical

anxieux (-euse) *adj.* anxious

l'**août** (*m.*) August

apaiser to appease; to calm; s'**apaiser** to calm down

apercevoir to see; s'**apercevoir** to realize

aperçu *p.p.* of **apercevoir**

aperçut *p.s.* of **apercevoir**

apeuré(e) *adj.* frightened

aplati(e) *adj.* flattened

s'**aplatir** to go flat

l'**apothicaire** (*m.*) pharmacist

apparaître to appear

l'**apparence** (*f.*) appearance

apparent(e) *adj.* visible; conspicuous

l'**apparition** (*f.*) appearance

l'**appartement** (*m.*) apartment

appartenir à to belong to

apparu *p.p.* of **apparaître**

apparurent *p.s.* of **apparaître**

l'**appel** (*m.*) appeal, call

appeler to call; s'**appeler** to be called, named

l'**appellation** (*f.*) name

l'**appentis** (*m.*) shed

appétissant(e) *adj.* appetizing

l'**applaudissement** (*m.*) applause

appliqué(e) *adj.* diligent; serious

appliquer to apply

apporter to bring (*something*)

l'**appréciation** (*f.*) assessment, appraisal

apprécier to assess, appraise

apprendre to learn; to teach

l'**apprentissage** (*m.*) learning experience

s'**apprêter** to get ready

les **apprêts** (*m. pl.*) preparations

appris *p.p.*, *p.s.* of **apprendre**

apprivoiser to tame

l'**approche** (*f.*) approach

approcher to come near, approach

approprié(e) *adj.* appropriate

approuver to approve; **approuver de la tête** to nod approval

l'**appui** (*m.*) support

appuyer (sur) to press (on); to rest (*something*) (on); to support (*argument, reasoning*); s'**appuyer (sur)** to lean (on)

âprement *adv.* ruthlessly

après *adv.* later; afterwards

après *prep.* after; **d'après** according to

après-demain *adv.* day after tomorrow

l'**après-midi** (*m.*) afternoon

l'**âpreté** (*f.*) harshness; hardship

l'**aquarelle** (*f.*) watercolor

arabe *adj.* Arab; l'**Arabe** (*m., f.*) Arab

l'**araignée** (*f.*) spider

l'**arbre** (*m.*) tree

l'**arc** (*m.*) arch

l'**archange** (*m.*) archangel

l'**architecte** (*m.*) architect

ardent(e) *adj.* flaming; fiery

l'**argent** (*m.*) money; silver

l'**argot** (*m.*) slang

l'**aristocratie** (*f.*) aristocracy

l'**arme** (*f.*) weapon

armé(e) (de) *adj.* armed (with); equipped (with)

l'**armée** (*f.*) army

l'**armoire** (*f.*) closet; wardrobe

armorié(e) *adj.* engraved

l'**armure** (*f.*) armour; defense

l'**arpent** (*m.*) (about an) acre

arpenter to pace up and down

arracher (à) to tear away (from)

arranger to suit; to help; s'**arranger** to work out all right; to come to an agreement or arrangement; to get settled (*to do something*)

arrêter to stop; to arrest; to capture; s'**arrêter** to stop

arrière: en arrière *adv.* behind; back(wards)

l'**arrière-garde** (*f.*) rear guard

l'**arrivée** (*f.*) arrival

arriver to arrive; to happen; to succeed

arrondi(e) *adj.* rounded

l'**arsenal** (*m.*) naval shipyard

l'**art** (*m.*) art; **les beaux-arts** (*pl.*) fine arts

l'**artichaut** (*m.*) artichoke

l'**article** (*m.*) article

l'**artiste** (*m., f.*) artist

artistique *adj.* artistic

l'**as** (*m.*) ace

l'**ascenseur** (*m.*) elevator

l'**aspect** (*m.*) aspect, appearance

l'**aspiration** (*f.*) aspiration; breath

aspirer to swallow; to gulp

assassiner to assassinate, kill

s'**assécher** to dry up

assener to give, deal (*a blow*)

s'**asseoir** to sit (down)

assez *adv.* enough; sufficiently; rather; **avoir assez de** to be fed up with

l'**assiette** (*f.*) dish

l'**assiettée** (*f.*) plate(ful)

assimiler to assimilate; to absorb

assis *p.p.* of **asseoir**

assister à to attend; to be present, witness

assit *p.s.* of **asseoir**

associer (à) to associate (with)

s'**assombrir** to darken

l'**assortiment** (*m.*) assortment

l'**assurance** (*f.*) self-confidence; insurance

assurer to assure; to affirm; to assert; s'**assurer (de)** to make sure (of)

l'**atelier** (*m.*) studio

l'**athéisme** (*m.*) atheism

atlantique *adj.* Atlantic
l'**atmosphère** (*f.*) atmosphere
attaché(e) (à) *adj.* attached (to); devoted (to)
l'**attachement** (*m.*) attachment; fondness
attacher to attach; **s'attacher à** to cling to
l'**attaque** (*f.*) attack
attaquer to attack; to tackle (*an obstacle, a difficulty*); **s'attaquer à** to criticize
atteindre to reach; to affect
atteint *p.p. of* **atteindre**
atteint(e) (de) *adj.* suffering (from)
l'**attelage** (*m.*) cart, wagon
attenant(e) *adj.* adjoining
attendre to wait for; **s'attendre à** to expect
attendri(e) *adj.* touched
s'attendrir to soften
attentif (-ive) *adj.* attentive, careful
l'**attention** (*f.*) attention; **faire attention** to pay attention
atterré(e) *adj.* stunned
atterrir to land
attirer to attract; to lure, entice
l'**attitude** (*f.*) attitude; bearing
l'**attrait** (*m.*) appeal, attraction
attraper to catch; to take in, fool
attrayant(e) *adj.* attractive, appealing
attribuer to assign
attrister to sadden
attroupé(e) *adj.* gathered (together)
l'**aube** (*f.*) dawn
l'**auberge** (*f.*) inn
l'**aubergine** (*f.*) eggplant
aucun(e) (*with* **ne** *expressed or understood*) *indef. adj., pron.* none, not any
audacieux (-ieuse) *adj.* daring, bold
au-devant de *prep.* in front of (*o.*); **venir au-devant de** to come to meet
augmenter to increase
aujourd'hui *adv.* today; at the present time
auparavant *adv.* earlier
auprès de *prep.* next to; close to; with
aussi *adv.* as; so; also; there-fore, consequently; **aussi bien** just as well, just as easily; **aussi bien que** as well as, besides
aussitôt *adv.* as soon as; immediately
autant *adv.* as much, as many; **aimer autant** (+ *inf.*) to just as soon (*do something*); **autant que** as much as, as far as; **d'autant plus que** all the more (so) because
l'**auteur** (*m.*) author
l'**authenticité** (*f.*) authenticity
l'**autobiographie** (*f.*) autobiography
l'**auto-da-fé** (*m.*) *trial and execution of heretics during the Inquisition*
l'**automate** (*m.*) robot
automatique *adj.* automatic
l'**automatisme** (*m.*) automatic functioning
l'**automne** (*m.*) autumn
autonome *adj.* autonomous; **le scaphandre autonome** aqualung
l'**autorité** (*f.*) authority
autour de *prep.* around
autre *indef. adj., pron.* other; another
autrefois *adv.* in the past
autrement *adv.* differently, in a different way
avancé(e) *adj.* advanced
avancer to advance, move forward
avant *adv.* before(hand); earlier; **avant tout** first of all; above all; **en avant** in front; outstretched (*hand*)
avant *prep.* before
l'**avantage** (*m.*) advantage
l'**avant-bras** (*m.*) forearm
avant-dernier (-ière) *adj.* next to last
l'**avant-guerre** (*m. or f.*) pre-war years
avant-hier *adv.* day before yesterday
l'**avare** (*m., f.*) miser
l'**avarice** (*f.*) avarice, miserliness
avec *prep.* with
l'**avenir** (*m.*) future
l'**aventure** (*f.*) adventure
aventureux (-euse) *adj.* adventurous
l'**aventurier (-ière)** adventurer
l'**aversion** (*f.*) aversion, loathing
averti(e) *adj.* informed
avertir to inform; to warn
l'**avertissement** (*m.*) notice; warning
aveuglant(e) *adj.* blinding
l'**aveugle** (*m., f.*) blind person
aveuglément *adv.* blindly
l'**aviation** (*f.*) air force
avide *adj.* eager
l'**avidité** (*f.*) eagerness
l'**avion** (*m.*) airplane
l'**avis** (*m.*) opinion
aviser: faire aviser quelqu'un de (+ *inf.*) to give someone a yen to (*do something*); **s'aviser** to become aware of, realize
aviver to revive
l'**avocat(e)** lawyer
l'**avoine** (*f.*) oats
avoir to have; to get; **avoir affaire à** to have to deal with; **avoir à se plaindre (de)** to have cause to complain (about); **avoir assez de** to be fed up with; **avoir beau** (+ *inf.*) to (*do something*) in vain; **avoir besoin de** to need; **avoir du mal** (+ *inf.*) to have trouble (*doing something*); **avoir envie de** to want; to feel like; **avoir faim** to be hungry; **avoir honte (de)** to be ashamed (of); **avoir l'air (de)** to seem; to look (like; as though); **avoir peur** to be afraid; **avoir quelqu'un** to trick, take in someone; **avoir raison (tort)** to be right (wrong); **avoir recours à** to resort to; **avoir soif** to be thirsty; **avoir soin de** to take care of; **en avoir pour son argent** to get one's money's worth; **il y a** there is, are; ago (*with time reference*)
avouer to confess; to admit

B

le **badaud** idle critic
le **bagage** luggage
le **bagout** glibness, gift of gab
la **bague** ring (*jewelry*)
baguette; passer par les baguettes to run the gauntlet

la **baie** bay; berry
baigné(e) *adj.* soaked
baigner to bathe
le **bain** bath
baiser to kiss
le **baiser** kiss
baisser to lower
le **balai** broom
la **ballade** ballad (*short narrative poem*)
la **balle** ball; bullet; husk
le **ballon** ball
la **banalité** triteness
le **banc** bench; seat; administrative division (*of government*)
la **bande** troop, gang
la **banque** bank
baptiser to baptise; to name
le **barbare** barbarian
la **barbe** beard
les **barbelés** (*m. pl.*) barbed wire
le **barbu** bearded man
le/la **baron(ne)** baron (baroness)
barrer to cross (with stripes)
bas(se) *adj.* low; lower; **le bas** lower part; bottom (*of the sea*); stocking; **à voix basse** in (a) hushed voice(s); **en bas** down below; **ici-bas** on earth, in this world; **tout bas** softly, inaudibly; **(tout) là-bas** (all the way) over there
basané(e) *adj.* swarthy
le **Bas-Canada** southern Canada
basé(e) *adj.* based
bas-normand *adj.* from southern Normandy; **le Bas-Normand** inhabitant of southern Normandy
la **Basse-Normandie** southern Normandy
le **bassin** basin
bâtisseur: le bâtisseur de pays colonizer
battre to beat, strike, hit; to slam (*door*); to thresh (*grain*); to bat (*eyes*); **se battre** to fight
battu *p.p. of* **battre**
bavard(e) *adj.* talkative
beau (bel, belle) *adj.* beautiful; **le beau** the beautiful; **avoir beau** (+ *inf.*) to (*do something*) in vain; **faire beau** to be nice (weather); **porté(e) au beau** with a penchant for all things beautiful

beaucoup *adv.* very, a great deal; **beaucoup de** much, many
le **beau-père** father-in-law
la **beauté** beauty
les **beaux-arts** (*m. pl.*) fine arts
le **bébé** baby
le **bégonia** begonia
la **Belgique** Belgium
la **belle-fille** daughter-in-law
bellement *adv.* elegantly
la **belle-mère** mother-in-law
le **berceau** arbor
le **besoin** need; **avoir besoin de** to need; **en un besoin** (*o.*) in case of necessity; **si besoin est** if necessary
le/la **bêta(sse)** (*fam.*) stupid (person), numbskull, nitwit
la **bête** beast, animal
bête *adj.* (*fam.*) silly, stupid
la **bêtise** silliness, nonsense; **dire des bêtises** to talk nonsense; **faire des bêtises** to do silly things
le **beurre** butter
le **biais** slant; **passer de biais** to go through sideways
la **bibliothèque** library
la **bicyclette** bicycle
le **bien** possession; money, fortune; good; happiness (*o.*)
bien *adv.* well; very (much); quite; indeed; **aussi bien** just as well, just as easily; **aussi bien que** as well as, besides; **bien de** (+ *def. art.*) many, a great deal of; **bien que** although; **bien sûr, bien entendu** of course; **eh bien!** well! **ou bien** or; **savoir bien** to know full well; **tant bien que mal** somehow or other
bientôt *adv.* soon
la **bienveillance** benevolence, kindness
bienvenu(e): être le/la bienvenu(e) to be welcome
la **bière** beer
le **bijou** jewel
le/la **bijoutier (-ière)** jeweler
la **bile** bile; **échauffer la bile** to rouse anger, rile
le **billet** ticket; note
la **bimbeloterie** knickknacks
biographique *adj.* biographical
la **biscotte** dry bread (*similar to Melba toast*)

le **bistrot** cafe
bizarre *adj.* strange, odd
blanc (blanche) *adj.* white
blanchi(e) *adj.* whitened; **blanchi(e) à la chaux** whitewashed
le **blé** wheat
le/la **blessé(e)** injured person
blesser to hurt; to wound; to offend
bleu(e) *adj.* blue; **le bleu** blue (*color*)
le **bloc** block; **se tourner d'un bloc** to turn completely around
blond(e) *adj.* blond
la **bobinette** latch
le **bock** glass of beer
le/la **bohémien(ne)** Bohemian; gypsy
boire to drink
le **bois** wood; forest
boiteux (-euse) *adj.* lame
le **bol** bowl
bon(ne) *adj.* good; **de bonne heure** early; **le bon vivant** person who enjoys (the pleasures of) life
le **bonbon** candy
bondir to spring; to leap
le **bonheur** happiness; delight; **par bonheur** fortunately, luckily
le **bonhomme** fellow, chap; **mon bonhomme** my good fellow
la **bonne** maid, domestic; **la bonne d'enfant** governess
bonnement *adv.* simply
le **bonnet** cap; hat
bonsoir good evening; good night
la **bonté** goodness, kindness
le **bord** side; edge; **le bord de la mer** seashore
bordé(e) (de) bordered (with)
la **bordure** edge
botté(e) *adj.* wearing boots
la **bottine** boot
la **bouche** mouth; **l'eau à la bouche** (*f.*) (his) mouth watered
la **bouchée** mouthful
boucler to lock, bolt
le **bouclier** shield
bouder to sulk, pout
boudeur (-euse) *adj.* sullen
la **bouffée** puff (of smoke)
bouffer (*fam.*) to eat; **bouffer de** (*fam.*) to say nasty things about

bouger to move; to stir; to bat (*eyelashes*)
la **bougie** candle
la **bouilloire** kettle
le **bouillon** bubble (*given off by boiling liquid*); cloud
la **boulette: boulette de chair** meatball
bourgeois(e) *adj.* middle-class; **le/la bourgeois(e)** middle-class person
la **bourgeoisie** middle class
la **Bourgogne** Burgundy
la **bourse** scholarship
la **bousculade** jostle; pushing and shoving
bousculé(e) *adj.* startled
bousculer to shuffle (*papers*)
la **boussole** compass
le **bout** end; extremity; tip; **au bout de** at the end of (*place*); after (*time*); **être à bout de force** to have no strength left
la **bouteille** bottle
la **boutique** shop
le/la **boutiquier (-ière)** shopkeeper
la **boutonnière** buttonhole
les **boyaux** (*m. pl.*) entrails; bowels
brandir to brandish, flourish
le **bras** arm; **l'avant-bras** forearm
brave: mon brave my good fellow
brave *adj.* (*preceding noun*) good, nice; (*following noun*) brave
bref *adv.* in short
la **bribe** fragment
la **bride** bridle
brillant(e) *adj.* brilliant
briller to shine; to flourish
la **brique** brick
le **briquet** beagle
broncher to stumble
bronzé(e) *adj.* suntanned
le **brouhaha** hubbub
brouiller to blur
broyer to crush
le **bruit** noise
brûlant(e) *adj.* burning hot
brûler to burn
la **brume** haze
brumeux (-euse) *adj.* misty; foggy
brun(e) *adj.* brown
brunir to darken; to tan
brusque *adj.* sudden
brusquement *adv.* suddenly
la **brusquerie** sharp contrast

brutal(e) *adj.* rough
brutalement *adv.* brutally
bu *p.p. of* **boire**
le **bûcheron** woodcutter
la **buée** vapor, steam
le **buffet** buffet, sideboard
le/la **Bulgare** Bulgarian
le **bureau** office; desk
burent *p.s. of* **boire**
but *p.s. of* **boire**
le **but** goal, objective
butagaz: le fourneau à butagaz gas stove
buté(e) *adj.* stubborn, stubborn-looking
se **buter** to go up to (*someone*)

C

ça *pron.* that; it; **ça, alors!** wow! **ça et là** here and there
la **cabane** cabin
le **cabaret** cabaret; tavern
le **cabinet** office; study; **les cabinets** (*pl.*) lavatory
cacher to hide
cachette; en cachette secretly
le **cadeau** gift
le **cadre** background decor
le **café** cafe; coffee; **au café** at the cafe; over coffee
le **cahier** notebook
le **caillou** stone
calcaire *adj.* of limestone
calciné(e) *adj.* scorched
le **calcul** calculation; calculus; self-interest
calculer to calculate; to estimate; to determine
la **calebasse** gourd (*scooped out and dried*)
calme *adj.* calm; cool; peaceful; **le calme** calmness; peacefulness; composure
la **calotte** dome
calquer to copy; to pattern
le/la **camarade** friend, companion
la **camaraderie** camaraderie, good-fellowship
le **camée** cameo
la **caméra** movie camera
la **camionnette** van
le **camp** camp; **le lit de camp** cot
campagnard(e) *adj.* country
la **campagne** country; countryside
canadien(ne) *adj.* Canadian; **le/la Canadien(ne)** Canadian

la **canaille** scoundrel
le **canapé** couch
le **cancre** (*fam.*) dunce
la **canne** cane
le **canon** cannon
la **canonnade** (heavy) gunfire
le **canot** dinghy
le **caoutchouc** rubber
le **capitaine** captain
la **capitale** capital
capiteux (-euse) *adj.* heady
le **caprice** whim
capricieusement *adv.* capriciously
capricieux (-ieuse) *adj.* flighty
captivé(e) *adj.* fascinated, enthralled
le **caquet** chatter, prattle; **rabaisser le caquet de (quelqu'un)** to make (someone) shut up
car *conj.* for, because
le **caractère** character; personality
caractériser to characterize
la **caractéristique** characteristic
la **caravane** trailer
le **carnaval** carnival
la **carotte** carrot
le **carré** square
carré(e) *adj.* square; squat, stocky
carrelé(e) *adj.* tiled
la **carrière** career
la **carriole** cart
le **carrosse** carriage
le **carrousel** circling
la **carte** card; map; **la carte postale** postcard
le **cas** case; **en tout cas** at any rate
la **casaque** coat, jacket (*of liveried servant*)
la **case** hut
le **casier** shelf
le **casque** helmet; **le scaphandrier à casque** deep-sea diver
casqué(e) *adj.* wearing a helmet
casser to break
la **casserole** saucepan
la **cause** cause; **à cause de** because
causer to cause; to chat
caustique *adj.* caustic
cauteleux (-euse) *adj.* cunning, wily
la **cavalerie** cavalry

le **cavalier** rider

la **cave** cellar

cave adj. (*pop.*) silly, stupid

ce (cet, cette) *dem. adj.* this; that

céder to give; to let (*someone*) have (*something*)

le **cédrat** citron

la **ceinture** belt

célèbre adj. famous

la **célébrité** fame

la **centaine** about one hundred

central(e) adj. main, principal; middle

le **centre** center

cependant adv., conj. however; **cependant que** conj. while

le **cercle** circle

la **cérémonie** ceremony

certain(e) indef. adj., pron. certain; some

certainement adv. certainly; most probably

certes adv. certainly; admittedly

la **certitude** certainty

cesse: sans cesse continuously; constantly

cesser to cease, stop

chacun(e) indef. pron. each (one)

le **chagrin** chagrin, vexation, annoyance; **chagrin(e)** adj. sad

la **chaîne** chain; **travailler à la chaîne** to work on an assembly line

la **chair** meat

la **chaire** teacher's desk

la **chaise** chair

la **chaleur** heat

chaleureux (-euse) adj. friendly

la **chambre** room; bedroom; **la chambre à air** inner tube; **la femme de chambre** maid; **la robe de chambre** bathrobe

le **champ** field

champêtre adj. (in the) country

la **chance** (good) luck

le **chandail** sweater

le **changement** change

changer to change

la **chanson** song

chantant(e) adj. lilting; singsong

chanter to sing

le/la **chanteur (-euse)** singer

le **chapeau** hat

le **chaperon** hood; **le petit chaperon rouge** Little Red Riding Hood

le **chapitre** chapter; **sur ce chapitre** on this point, subject

chaque indef. adj. each, every

le **charbon** coal

la **charge** responsibility; hoax; **la femme de charge** governess; **la prise en charge** assumption of responsibility

chargé(e) (de) in charge (of); loaded (with)

se **charger de** to see to, take care of

charmant(e) adj. charming

le **charme** charm

la **charpente** framework; rafters

la **charrette** cart

la **chasse** hunting; **le garde-chasse** gamekeeper

chasser to hunt; to drive away

le/la **chat(te)** cat

la **châtaigneraie** chestnut grove

le **château** castle, manor, stately home

le/la **châtelain(e)** lord (lady) of a manor

chaud(e) adj. warm, hot; **avoir chaud** to be warm, hot

chauffer to heat

le **chaume** straw

la **chaumière** thatched hut

chausser to put on one's shoes

la **chaussette** sock

la **chaussure** shoe

la **chaux** lime; **blanchi(e) à la chaux** whitewashed

le **chèche** head covering worn by Arabs in North Africa

le **chef** leader; **le chef de gouvernement** head of state

le **chef-d'œuvre** masterpiece

le **chemin** road; path; **le chemin de fer** railroad

la **cheminée** chimney

cheminer to walk (along)

la **chemise** shirt

le **chenil** kennel

cher (chère) adj. dear; expensive; **coûter cher** to cost a lot; **demander cher** to ask for a lot of money;

mon (ma) cher (chère) my dear, dearest

chercher to look (for); **aller chercher** to go get, pick up; **chercher à** (+ *inf.*) to try to (*do something*)

chère: (faire) bonne chère (to have) a good meal

cherra fut. (o.) of **choir**

le **cheval** horse; **le cheval de bois** wooden barrier

le **chevet** bedside; **l'épée de chevet** (f.) bedside weapon

les **cheveux** (m. pl.) hair

la **cheville** ankle

la **chevillette** latch

le **chevron** rafter

chez prep. at; in the house, place of; among; in

chic! excl. (fam.) great! terrific!

chicanier (-ière) adj. quibbling

chiche adj. weak, faint

le/la **chien(ne)** dog

choir to fall; **se laisser choir** to collapse

choisir to choose

le **choix** choice

choquer to shock

la **chose** thing; **quelque chose** something; **ne... grand-chose** not (very) much

le **chou** cabbage

chouette adj. neat, nice; **le/la chouette** neat one

la **chronique** chronicle

le **chuchotement** whispering

chuchoter to whisper

la **chute** fall

le **cidre** cider

le **ciel** sky; heaven

la **ciguë** hemlock

cimenté(e) adj. of cement

le **cinéma** cinema, movie theater

cinquante: les années cinquante (f. pl.) the fifties

cinquième: en cinquième in a class of students ages 12–13

la **circonstance** circumstance

circulaire adj. circuler

la **circulation** traffic

circuler to circulate, move about

ciselé(e) adj. chiseled

citer to cite; to quote

le/la **citoyen(ne)** citizen

le **citron** lemon

civil(e) *adj.* civilian
la **civilisation** civilization
civiliser to civilize
la **civilité** politeness
clair(e) *adj.* clear; well lit
clairement *adv.* clearly
clamer to proclaim
clandestin(e) *adj.* clandestine, secret; underground
claquer: claquer une gifle to slap
la **clarté** light; brightness; **pleine clarté** broad daylight
la **classe** class; **la rentrée des classes** start of the new school term
classique *adj.* classical
la **clef** key
le **clerc** clerk
le/la **client(e)** client
clin: le clin d'œil wink
le **clocheton** pinnacle
la **cloison** partition, interior wall
clouer to nail
cocagne: le mât de cocagne greased pole (*climbed at carnivals to reach prizes*)
le **cocher** coachman
le **cochon** pig **le pâté de cochon** pork pâté
le **cœur** heart
coexister to coexist
le **coffre** chest; **manger comme un coffre** to eat like a pig
cogner (dessus) to hit (*something, someone*)
coiffé(e) de *adj.* wearing (a hat, etc.); **être coiffé(e)** to have one's hair done
se **coiffer** to do one's hair; **la table à coiffer** dressing table
le **coin** corner; place, spot
coincé(e) *adj.* jammed
le **col** collar
la **colère** anger; **en colère** angry
collaborer to collaborate
le **collège** secondary school
le/la **collègue** colleague
coller to glue (on); to stick
la **colline** hill
le **colon** colonist, settler
la **colonie** colony
colonisateur (-trice) *adj.* colonizing
coloniser to colonize, settle
1a **colonne** column; pillar
coloré(e) *adj.* colored
se **colorer (de)** to be colored, tinged (with)

colossal(e) *adj.* colossal, gigantic
le **colza** colza (*a type of grain*)
combattre to fight
combien *adv.* how; **combien de** how much, how many
le **comble** height
la **comédie** comedy (*play*)
le **comique** comic; comic aspect
le **commandant** commanding officer
le **commandement** order
commander to order
comme *adv., conj.* as, like; since, seeing that
le **commencement** beginning
commencer to begin
comment *adv.* how
le **commentaire** commentary
commenter to comment (on)
le/la **commerçant(e)** merchant
le **commerce** business
commercial(e) *adj.* commercial
commettre to commit; to make; **commettre (quelqu'un) au soin de** to put (someone) in charge of
le **commis** clerk
la **commission** errand
commun(e) *adj.* common; **le lieu commun** commonplace (expression, idea), cliché
la **communauté** community
la **commune** municipality
le/la **communiste** communist
la **compagnie** company; companionship; group
le **compagnon** companion
la **comparaison** comparison, simile
comparer to compare
le **compartiment** compartment
le/la **compatriote** compatriot
compère (*m.*)**: compère le Loup** Brother Wolf
complaisant(e) *adj.* kind, considerate; flattering
complet (-ète) *adj.* complete; **complet: au (grand) complet** in full count; **la farine complète** whole grain flour
complètement *adv.* completely, entirely, altogether
compléter to complete
la **complexité** complexity
le/la **complice** accomplice

compliqué(e) complicated
comploter to plot
le **comportement** behavior
comporter to include, consist of; **se comporter** to behave
composer to compose
comprendre to understand; to include
compris(e) *adj.* included
le **compromis** compromise; **passer un compromis** to make a compromise
le **compte** account; **à votre compte** as far as you are concerned; **pour son compte** for one's own benefit; **se rendre compte de** to realize; **sur mon compte** concerning me; **tout compte fait** all things considered
compter to count; to include; to intend; to expect; **compter sur** to count on
le **compte-rendu** report (*of a book, speech, proceedings*)
le **comptoir** counter
le **comté** county
concerner to concern; **en ce qui concerne** with regard to, concerning
concerté(e) *adj.* concerted
la **concession** concession: land and dwellings belonging to one family
le/la **concierge** caretaker of an apartment house
conclu *p.p. of* **conclure**
conclure to conclude
la **concorde** harmony
le **concours** competitive examination
concret (ète) *adj.* concrete
condamné(e) *adj.* condemned
condensé(e) *adj.* condensed
la **condescendance** condescension
condescendant(e) *adj.* condescending
conduire to lead; to drive
conduisit *p.s. of* **conduire**
la **conduite** behavior
la **confiance** confidence; trust, faith; self-confidence; **avoir confiance, faire confiance à** to trust
la **confidence** confidence, secret
confier to entrust
confirmé(e) *adj.* confirmed

confisquer to take over
confit(e) *adj.* candied
le **conflit** conflict; war
se **conformer (à)** to conform
  (to)
le **confort** comfort
confortable *adj.* comfortable
le **confrère** colleague
confusément *adv.* dimly
la **confusion** embarrassment
le **congé** leave; **prendre congé
  de** to take leave of
se **congeler** to thicken
la **connaissance** acquaintance;
  knowledge
le/la **connaisseur (-euse)**
  connoisseur
connaître to know; **se
  connaître à, en** to know (a
  lot) about, be an expert in
connu *p.p. of* **connaître**
connus *p.s. of* **connaître**
consacrer to devote
la **conscience** conscience; consciousness; **prendre conscience de** to become
  aware of
consciencieux (-ieuse) *adj.*
  conscientious
conscient(e) *adj.* conscious
le **conseil** advice
conseiller to advise
consentir to consent; to
  agree
la **conséquence** consequence
conservateur (-trice) *adj.*
  conservative
conserver to maintain; to
  keep; to retain; to
  preserve
considérable *adj.*
  considerable
considérer to consider
la **consigne** (long) detention
consister à (+ *inf.*) to consist
  in (*doing something*)
consoler to comfort
constant(e) *adj.* constant
la **constatation** statement; observation; fact
constater to note, notice
consterné(e) *adj.* dismayed
constituer to constitute; to
  form; **constituer
  (quelqu'un) au gou-
  vernement de** (*o.*) to put
  (someone) in charge of
construire to build
construisit *p.s. of* **construire**
la **consultation** (medical) consultation, advice

consulter to consult
le **conte** short story; tale; **le
  conte de fées** fairy tale
contemplatif (-ive) *adj.*
  contemplative
contempler to contemplate
contemporain(e) *adj.*
  contemporary
contenir to contain
content(e) *adj.* content,
  happy
se **contenter de** to be satisfied
  with
le **contenu** contents
le/la **conteur (-euse)** storywriter
le **contexte** context
continuer to continue
**contracter: contracter un
  lien** to establish a bond
contradictoire *adj.*
  contradictory
se **contraindre (à)** to force oneself (to)
le **contraire** opposite; contrary;
  au contraire on the
  contrary
la **contrariété** disappointment
le **contraste** contrast
contraster to contrast
le **contrat** contract
contre *prep.* against; **en
  colère, fâché(e) contre** angry with (*someone*); **aversion contre** (*f.*) aversion
  to, loathing for; **par contre** on the other hand; **se
  buter contre** to go up to
se **contredire** to contradict
  oneself
contrefaire to alter; to
  disguise
le **contrefort** range, ridge (of
  mountains); **les con-
  treforts** (*pl.*) foothills
contribuer to contribute
contrôler to examine,
  monitor
convaincu(e) *adj.* earnest;
  having conviction
convenir to be appropriate;
  convenir à to suit, be suitable for; **convenir de/que**
  to agree on/that
convint *p.s. of* **convenir**
le **convoi** convoy
convoité(e) *adj.* coveted
convulsé(e) *adj.* convulsed;
  convulsé(e) de rire convulsed with laughter
convulsif (-ive) *adj.*
  convulsive

le/la **copain (copine)** pal
le **copeau** wood shaving; thin
  layer
copier to copy; **copier sur
  (quelqu'un)** to copy from
  (someone)
le **coq** rooster; **la crête de coq**
  cockscomb
la **corde** rope
la **cordelette** string
cordial(e) *adj.* cordial,
  friendly, warm
la **cordialité** cordiality,
  friendliness
le/la **cordonnier (-ière)** shoemaker
la **corne** horn
la **corniche** cornice
le **corps** body; **le corps des médecins** medical profession;
  l'esprit de corps (*m.*) team
  spirit
correct(e) *adj.* correct
la **correction** correction;
  punishment
la **correspondance** correspon-
  dence (*letters*); connection
  (*subway*)
correspondre à to fit, be appropriate to
corriger to correct
la **Corse** Corsica; **le/la Corse**
  Corsican (person)
la **corvée** drudgery, disagreeable task
le **costaud** husky fellow
le **costume** suit
la **côte** coast; rib; **côte à côte**
  side by side
le **côté** side; aspect; direction;
  à côté de beside; **côté
  nanas** as far as chicks are
  concerned; **de ce (l'autre)
  côté** on this (the other)
  side; **de côté** to the side;
  de son côté for his, her
  part; **de tous les côtés** on
  all sides, everywhere; **du
  côté de** in the direction of,
  toward; **du côté où** in the
  direction where; **passer à
  côté** to go next door, to
  the adjoining room
le **coteau** hill(side)
la **côtelette** chop (*of meat*)
le **cou** neck
**couchage: le sac de cou-
  chage** sleeping bag
couchant: le soleil couchant
  setting sun
la **couche** layer
couché(e) *adj.* lying in bed

coucher to sleep; **se coucher** to go to bed

le **coucher de soleil** sunset

la **coulée** flow, stream

couler to flow

la **couleur** color

les **coulisses** (*f. pl.*) wings (*of a theater*)

le **couloir** corridor; gallery

le **coup** blow: **d'un coup, tout à coup, tout d'un coup** suddenly; **le coup d'épée** sword thrust; **le coup de feu** gunshot; **le coup de fusil** rifle shot; **le coup de pied** kick; **le coup de queue** flick of the tail; **le coup de soleil** dose of sun; **le coup de tonnerre** thunderclap; **tenir le coup** to hold out; **tout à/en un coup** (*o.*) at the same time

coupable *adj.* guilty

le **coupe-gorge** cutthroat place, death-trap

couper to cut (off)

la **cour** courtyard

courageux (-euse) *adj.* courageous

le **courant** current; trend; **être au courant de** to know about; **mettre (quelqu'un) au courant de** to tell (someone) about; to bring (someone) up to date on

le **coureur** runner; **le coureur de bois, de plaine** hunter, trapper

courir to run; **courir le monde** to gad about the world

la **couronne** crown; **la couronne de fleurs** (floral) wreath

couronné(e) *adj.* crowned

le **courrier** mail

le **courroux** wrath

le **cours** course; coursework; **au cours de** during, in the course of; **donner libre cours à** to give free rein to; **laisser (quelque chose) suivre son cours** to let (something) run its course

la **course** race

court(e) *adj.* short

le **courtier** wheat dealer

la **courtoisie** courtesy

couru *p.p. of* **courir**

courûmes *p.s. of* **courir**

le **couscous** dish made of crushed wheat, usually served with meat and vegetables

le/la **cousin(e)** cousin

le **coussin** cushion

le **couteau** knife

le/la **coutelier (-ière)** cutler (*one who makes cutlery*)

coûter to cost

coûteux (-euse) *adj.* costly

la **coutume** custom

le **couvent** convent

le **couvercle** lid

le **couvert** place setting

couvert *p.p. of* **couvrir**

la **couverture** blanket

couvrir to cover

cracher to spit

la **craie** chalk

craindre to fear

la **crainte** fear

craquer to break open

la **cravate** necktie

crédule *adj.* credulous, gullible

la **crédulité** gullibility

créer to create; **se créer quelque chose** to create something for oneself

la **crème** cream

crépi(e) *adj.* rough-cast

le **crépitement** crackling (*sound*)

crescendo *adv.* becoming louder

crête: la crête de coq cockscomb

creuser to dig; **se creuser la mémoire** to rack one's brains

le **creux** pit

crevé(e) *adj.* burst; punctured, flat (*tire*)

crever (*fam.*) to die

le **cri** cry; shout

le **criaillement** squawking

crier to scream; to shout; to grate

le/la **criminel(le)** criminal

la **crise** crisis; **la crise de rire** fit of laughter

critique *adj.* critical; **la critique** criticism; **le/la critique** critic (*of literature, art*); **l'esprit critique** (*m.*) criticizing mind, critical attitude

croire to believe; **croire à** to believe in; **faire croire à** to give the impression of; **se croire tout permis** to think one can do anything one wishes

croiser to cross

la **croix** cross

la **croûte** scab

croyable *adj.* believable

cru *p.p. of* **croire**

cru(e) *adj.* harsh (light)

cruel(le) *adj.* cruel; harsh

crus *p.s. of* **croire**

crut *p.s. of* **croire**

le **cubisme** cubism

cueillir to pick; to gather; to pluck

le **cuir** leather

cuire to cook

la **cuisine** kitchen; cooking; **faire la cuisine** to cook

le/la **cuisinier (-ière)** cook

cuit *p.p. of* **cuire**

cuit(e) de soleil *adj.* suntanned

cuivre copper

cuivré(e) *adj.* metallic

la **culotte** breeches

culotté(e) (de) *adj.* dressed (in)

cultivé(e) *adj.* cultured

cultiver to cultivate

la **culture** culture; agriculture; **les cultures** (*pl.*) land under cultivation

curieux (-euse) *adj.* curious; strange

la **curiosité** curiosity

le **cyclisme** cycling

cylindrique *adj.* cylindrical

cynique *adj.* cynical

le **cyprès** cypress

D

d'abord *adv.* at first; first (of all)

daigner to deign; to bother

la **dame** lady

damné(e) *adj.* damned

le **dancing** dance hall

dangereux (-euse) *adj.* dangerous

dans *prep.* in; into; within

la **danse** dance

le/la **danseur (-euse)** dancer

dater to date

la **datte** date (*fruit*)

davantage *adv.* more

de *prep.* of; from; about; in; on

se **débarbouiller** to wash up

débarquer to land

débarras: bon débarras good riddance

se **débarrasser de** to get rid of, rid oneself of

le **débat** debate

déboucher to spill out; to emerge

debout adv. standing (up, on end); **debout!** stand up! **tenir debout** to be real

débraillé(e) adj. seedy

se **débrouiller** to manage

le **début** beginning

débuter to start

décapiter to behead

la **déception** disappointment

décevant(e) adj. deceiving; disappointing

déchirer to break through

décidé(e) adj. determined

décidément adv. decidedly

décider (de) to decide; **se décider à** to make up one's mind to

la **décision** decision

la **déclaration** declaration; statement

déclarer to declare; to state; to admit to

le **déclenchement** (shutter) release

déclencher to launch

la **déclinaison** declension (*inflected forms of Latin nouns and adjectives*)

décoloré(e) adj. discolored

déconcerté(e) adj. taken aback

le **décor** decor

découragé(e) adj. discouraged

le **découragement** discouragement

découvert p.p. of **découvrir**

découvert(e) adj. uncovered; cleared (*sky*)

découvrir to discover; to uncover; to reveal

découvrit p.s. of **découvrir**

décrire to describe

décrocher to unhook, unfasten

déçu(e) adj. disappointed

décuplé(e) adj. (increased) tenfold

dédaigneux (-euse) adj. disdainful

le **dédain** disdain, scorn

le **dédale** maze; intricacy

dedans adv. inside; **là-dedans** in there

dédommager to make amends

défaillant(e) adj. weak, faint

le **défaut** fault; weakness

défendre to defend

la **défense** defense

le **défenseur** defender, champion

défensif (-ive) defensive

le **défi** challenge

la **défiance** mistrust, distrust

défier to challenge; to defy

définir to define

définitif (-ive) adj. definitive; **en définitive** when all is said and done

la **définition** definition

définitivement adv. for good, permanently

dégainer to draw, unsheath (*a knife*)

déglutir to swallow

dégonfler to deflate

le **dégoût** disgust; distaste

dégoûter to fill with disgust

déguenillé(e) adj. ragged

dehors adv. outside; **en dehors** outside; **en dehors de** apart from

déjà adv. already

déjeuner to have lunch

le **déjeuner** lunch; **le petit déjeuner** breakfast

delà: au-delà de, par delà beyond

le **délai** delay

délicat(e) adj. delicate

les **délices** (*f. pl.*) delight, pleasure

délicieusement adv. delightfully

délicieux (-euse) adj. delightful; delicious

délier to untie

délivré(e) adj. freed

demain adv. tomorrow

la **demande** request; **à la demande de** as is customary in

demander to ask (for)

la **démarcation** demarcation

le **déménagement** moving; stripping

déménager to move (*from one dwelling to another*)

démesuré(e) adj. immense

demeurant: au demeurant adv. besides

la **demeure** residence, dwelling place

demeurer to live; to remain; **demeurer d'accord** (*o.*) to agree

demi(e) adj. half; **la demi-heure** half an hour; **le demi-pensionnaire** day student in boarding school who takes the noon meal at school; **le demi-sommeil** half-asleep

la **démobilisation** discharge from military service

démobiliser to discharge from military service

démodé(e) adj. outmoded, no longer in use

la **demoiselle** young lady; **la demoiselle des P.T.T.** P.T.T. employee

le **démon** devil

la **démonstration** proof

démonter to remove; to take down

démontrer to show

dénoncer to denounce

dénouer to untie

la **dent** tooth; **avoir une dent (de lait) contre** to have, hold a (childish) grudge against

la **dentelle** lace

le **départ** departure

le **département** department (*administrative division*)

dépasser to go beyond; to measure more than

dépaysé(e) adj. disoriented; out of one's element

dépendre (de) to depend (on)

la **dépense** expense

dépenser to spend (*money*)

le **dépit** vexation; spite; **en dépit de** in spite of

le **déplacement** shifting

le **déplaisir** displeasure

se **déployer** to spread out; **se déployer en éventail** to fan out

déposer to put down

les **dépossédés** (*m. pl.*) students ousted from their seats

dépourvu(e) adj. devoid of

depuis prep. since (*a specific point in time*); for (*duration of time*); **depuis... jusqu'à** from . . . to

déranger to bother; to disturb; **se déranger** to bother, trouble oneself

le **dérère** baby talk for le **derrière**

dérisoire adj. ridiculous, laughable

dernier (-ière) adj. last

dérougir to let up

se **dérouler** to progress; to take place

dérouté(e) *adj.* confused, bewildered

le **derrière** behind, bottom

derrière *prep.* behind

le **derviche** member of a Moslem religious order

dès *prep.* since; from; **dès lors** from that time on, since then; **dès que** as soon as

désagréable *adj.* unpleasant

le **désastre** disaster

descendre to go down; to go downstairs; to get off (*a train, subway, horse*); to stay at (*a hotel*); to slope down (*hill, plateau*); to go toward the south

la **descente** descent; going down; going toward the south

le **désert** desert

désert(e) *adj.* deserted; lonely

désespéré(e) *adj.* desperate

désespérément *adv.* desperately

le **désespoir** despair

déshabillé: en son déshabillé without one's clothes on

se **déshabiller** to undress

déshonorant(e) *adj.* dishonorable, discrediting

désigner to indicate, designate; **se désigner** to call attention to oneself

la **désillusion** disillusion(ment)

le **désir** desire

désirer to desire, wish

désolé(e) *adj.* sad; distressed; sorry

désordonné(e) *adj.* uncoordinated (*movement*)

le **désordre** disorder

désormais *adv.* from now on

despotique *adj.* despotic, authoritarian

le **dessein** intention; project

le **dessin** drawing

dessiner to draw; to trace; **se dessiner** to stand out

dessous *adv.* under; **au-dessous de** below, under (neath); **ci-dessous** below

dessus *adv.* above; on (it); **au-dessus de** above; **par-dessus** over; **tirer dessus** to shoot at something

le **destin** destiny; fate

la **destination** destination; **à destination de** bound for, to be sent to

la **destinée** destiny; fate

détacher to separate; **se détacher (de)** to break away (from); to be different (from); to stand out

le **détail** detail

détaillé(e) *adj.* detailed

la **détente** relaxation; relief; **lent(e) à la détente** slow to loosen up

déterminé(e) *adj.* determined

déterrer to unearth

détourner to turn (away); to divert; **se détourner** to turn around

la **détresse** hardship

détrôné(e) *adj.* dethroned

détruire to destroy

détruit *p.p. of* **détruire**

le **deuil** mourning; **de vrai deuil** sincerely mourning

dévaler to fall away sharply (*terrain*); to rush down

le **devant** front (side)

devant *prep.* before, in front of

développé(e): sous-développé(e) underdeveloped

le **développement** development

développer to develop

devenir to become

devenu *p.p. of* **devenir**

déverser to pour out

deviner to guess; to make out

devins *p.s. of* **devenir**

devint *p.s. of* **devenir**

devoir to have to, must; to owe

le **devoir** duty; **les devoirs** (*pl.*) homework

dévorer to devour

le **dévouement** devotion; dedication

se **dévouer** to devote oneself (*to one's duties*)

le **dextre** right hand

le **diable** devil; **que diable!** what the devil!

le **diamant** diamond

diantre: quelle diantre! *excl.* (*o.*) what the devil!

la **dictée** dictation

dicter to dictate

le **dictionnaire** dictionary

le **dicton** common saying

le **dieu** god; **mon dieu** my goodness, goodness gracious

différent(e) *adj.* different; **différents (-es)** (*pl., before the noun*) various; several

différer (de) to be different (from)

difficile *adj.* difficult

la **difficulté** difficulty

digérer to digest

digne *adj.* worthy

la **dignité** dignity

le **dimanche** Sunday

diminuer to diminish; to reduce, lessen

la **dinde** turkey

dîner to dine; to have dinner

le **dîner** dinner

le **diplôme** (*academic*) degree

dire to say; to tell; **c'est-à-dire** that is (to say), in other words; **comme qui dirait** so to speak; **dire du mal de** to speak ill of; **dis!** hey! **entendre dire que** to hear it said that; **est-ce dit?** is it agreed? **il va sans dire** it goes without saying; **se laisser dire** to tell oneself; **vouloir dire** to mean

le **dire** saying

diriger to direct, manage, run; **se diriger (vers)** to make one's way (toward)

le **discernement** discernment, judgment

le **discours** speech

discret (-ète) *adj.* discreet

la **discrétion** discretion; **à discrétion** unlimited, as much as one wants

discuter to discuss; to talk

disparaître to disappear

disparu *p.p. of* **disparaître**

disparurent *p.s. of* **disparaître**

disparut *p.s. of* **disparaître**

se **dispenser de** to do without

se **disperser** to scatter

disposer to arrange; to lay out; **disposer de** to possess; to have at one's disposal, have the use of

la **disposition** inclination; frame of mind; **à sa disposition** at one's disposal, to be used as one wishes; **à votre disposition** at your service

disputer de (*o.*) to discuss; **se disputer** to quarrel; to fight over
disséminé(e) *adj.* scattered
disséqué(e) *adj.* dissected
dissimuler to conceal
la **distance** distance; **garder ses distances** to keep one's distance
distancer to outrun; **se laisser distancer** to fall behind
distant(e) *adj.* distant, aloof, stand-offish
distinctement *adv.* distinctly
distingué(e) *adj.* distinguished
distinguer to distinguish; to perceive, make out
distraire to distract
distrait(e) *adj.* distracted; inattentive
distribuer to distribute; to give out, hand out
dit *p.p., p.s.* of **dire**
dit *adj.* called
le **divan** couch
divers(e) *adj.* different; various
divertir to entertain
diviniser to deify
la **divinité** deity
diviser to divide
la **dizaine** about ten
la **djellabah** garment worn by Arabs
le **docteur** doctor
le **doctorat** doctorate
le **documentaire** documentary film
le **dodo** (*fam.*) sleep
le **doigt** finger; **se donner les doigts** to shake hands
le **domaine** domain
le/la **domestique** servant
le **domicile** domicile, residence
dominant(e) *adj.* dominant, main
le **dominateur** conqueror
dominer to dominate; to be in the majority
dommage: c'est dommage it is too bad, a pity
dompter to subdue
donc *conj.* therefore, so, then
donner to give; **donner sur** to look out on
doré(e) *adj.* golden; blond
dormir to sleep
le **dos** back; **la promenade à dos d'âne** donkey ride

le **dossier** file, dossier; **l'étagère à dossiers** (*f.*) filing cabinet
la **douane** customs
doucement *adv.* gently; softly
doucereux (-euse) *adj.* smooth-tongued
la **douceur** sweetness; gentleness
la **douche** shower
doué(e) *adj.* gifted
la **douleur** distress; pain; suffering
douloureux (-euse) *adj.* sad
le **doute** doubt
douter (de) to doubt
douteux (-euse) *adj.* doubtful; uncertain
doux (douce) *adj.* sweet; soft; **doux-amer (douce-amère)** bittersweet
la **douzaine** about twelve
dramatique *adj.* dramatic; **l'art dramatique** (*m.*) drama
le **dramaturge** playwright
le **drame** play; catastrophe, tragedy; **le drame larmoyant** sob story, tear jerker
le **drap** sheet
draper to drape
dressé: dressé(e) sur set against; **dressé(e) comme un pic** rising like a high peak
dresser to raise; to set up; **dresser une liste** to make out a list; **se dresser** to stand up
le **droit** law; right; **avoir le droit de** to have the right to
droit(e) *adj.* right; straight; upright, erect;
la **droite** right-hand side; **à/de droite** on the right; **par la droite** from the right-hand side
drôle: un drôle de strange; funny
dû *p.p.* of **devoir**
dû (due) (à) *adj.* due (to)
duper to dupe, fool, trick
dur *adv.* hard; **tenir dur** to hold fast
dur(e) *adj.* hard
durant *prep.* during
durement *adv.* harshly
durer to last
dynamique *adj.* dynamic

E

l'**eau** (*f.*) water; **l'eau à la bouche** (his) mouth watered
l'**eau-de-vie** (*f.*) brandy
éblouir to dazzle
s'**ébrouer** to snort
l'**écaille** (*f.*) shell; **le peigne d'écaille** tortoiseshell comb
s'**écarter** to move aside; to get lost
l'**échange** (*m.*) exchange; **en échange de** in return for
échanger to exchange
échapper (à) to escape, get away (from); **laisser échapper (une parole)** to utter (a word)
échauffer to heat up, warm up; **échauffer la bile** to rouse anger, rile
l'**échelle** (*f.*) ladder; scale
l'**éclair** (*m.*) flash
l'**éclairage** (*m.*) lighting
éclairer to light
l'**éclat** (*m.*) splinter; burst; **l'éclat d'obus** shell-splinter; **l'éclat de rire** outburst of laughter
éclatant(e) *adj.* vivid
éclater to break; to break out; to burst; to shatter; **ça n'éclate pas** it has no spark; **éclater de rire** to burst out laughing
l'**éclopé** (*m.*) disabled man
l'**école** (*f.*) school
l'**écolier (-ière)** school child, pupil
économe *adj.* thrifty
l'**économie** (*f.*) economy; **les économies** (*pl.*) savings; **faire des économies** to save money
économique *adj.* economical
l'**écorce** (*f.*) rind, peel
écorcher to tear
s'**écouler** to pass
écouter to listen (to)
l'**écran** (*m.*) screen
écraser to brush away (a tear); to run over (with a car); **se faire écraser** to get run over
s'**écrier** to cry out; to exclaim
écrire to write
écrit *p.p.* of **écrire**
écrit(e) *adj.* written
l'**écriture** (*f.*) writing; penmanship; handwriting

l'**écrivain** (*m.*) writer
écrivit *p.s. of* **écrire**
l'**écurie** (*f.*) stable
édifier to build; to establish
l'**éditeur (-trice)** editor
l'**éducation** (*f.*) education;
  breeding, upbringing
éduquer to educate
effacé(e) *adj.* eliminated
s'**effacer** to disappear
s'**effarer** to become frightened
effarouché(e) *adj.* aghast
s'**effectuer** to be carried out
l'**effet** (*m.*) effect; **en effet**
  indeed
effilé(e) *adj.* slender
s'**effilocher** to thin out
s'**efforcer de** to strive, do
  one's utmost
effrayer to frighten
égal(e) *adj.* equal; even;
  l'**égal(e)** equal; **ça m'est**
  égal it is all the same to
  me
également *adv.* equally; also,
  as well; likewise
l'**égard** (*m.*) regard; courtesy,
  consideration; **à l'égard de**
  in regard to, with respect
  to; **à son égard** in regard
  to him/her
l'**égoïsme** (*m.*) selfishness
l'**Egypte** (*f.*) Egypt
égyptien(ne) *adj.* Egyptian
eh *excl.* hey; **eh bien** well
élan: prendre de l'élan to
  take a running start; **pren-**
  dre son élan to gather
  momentum
s'**élargir** to spread
l'**élastique** (*m.*) rubber band
l'**élection** (*f.*) election
l'**électricité** (*f.*) electricity
électrique *adj.* electric
élégant(e) *adj.* elegant; **une**
  élégante concession a generous concession
l'**élément** (*m.*) element,
  component
l'**élève** (*m., f.*) pupil
élevé(e) *adj.* elevated, high;
  bien (mal) élevé(e) well-
  (bad-)mannered
élever to raise; to bring up;
  s'**élever** to arise; to be
  heard (*voice*)
éliminer to eliminate
l'**éloge** (*m.*) praise
éloigné(e) *adj.* distant; far
  from
éloigner to keep away;

s'**éloigner** to go, move
  away; to move off
élu(e) *adj.* elected
s'**embarquer (dans)** to embark
  (on, upon)
embarras: l'embarras du
  choix (*m.*) problem of
  choosing
embarrassant(e) *adj.*
  embarrassing
embarrassé(e) *adj.*
  embarrassed
s'**embarrasser** to be concerned
embéguiné(e) *adj.* (*o.*)
  infatuated
embêté(e) *adj.* (*fam.*) annoyed, aggravated
embêter (*fam.*) to bother,
  annoy, pester; to worry
l'**embouchure** (*f.*) mouth (*of a*
  river)
l'**embout** (*m.*) air hose
embrasser to kiss; to
  embrace
s'**embrouiller** to get confused
émerger to emerge
émerveillé(e) *adj.* amazed
émigrer to emigrate
l'**éminence** (*f.*) elevation;
  knoll
l'**emmêlement** (*m.*) tangle
emmener to take away,
  along
l'**émotion** (*f.*) emotion
émouvant(e) *adj.* moving
empaler to impale
s'**emparer de** to seize
empêcher to prevent
l'**empereur** (*m.*) emperor
empêtré(e) *adj.* awkward
l'**emplacement** (*m.*) location
emplir to fill
l'**emploi** (*m.*) job; use;
  l'**emploi du temps**
  schedule
l'**employé(e)** employee; clerk
employer to use
empoigner to grab
emporté(e) *adj.* taken away;
  emporté(e) de fureur overcome with rage
emporter to take away,
  along; to carry away,
  along
s'**empresser de** to be eager to;
  to hasten to
emprunté(e) *adj.* ill at ease
emprunter to borrow
ému(e) *adj.* moved, touched;
  passionate
en *prep.* in; at; to

s'**encastrer: s'encastrer de**
  nouveau to reappear
enceinte *adj.* (*f.*) pregnant
l'**encerclement** (*m.*) encircling
enchaîné(e) *adj.* linked
  together
l'**enchantement** (*m.*) spell
enchanter to fascinate
l'**enchevêtrement** (*m.*) tangle
l'**enclos** (*m.*) enclosure
encombrer to clutter
encore *adv.* again; still; yet
  (*in negative clauses*); **en-**
  core? what else? **encore**
  plus even more; **encore**
  un(e) one more
encourager to encourage
l'**encre** (*f.*) ink
l'**encrier** (*m.*) inkwell
endormi(e) *adj.* asleep;
  uninterested
s'**endormir** to fall asleep
s'**endormit** *p.s. of* s'**endormir**
l'**endroit** (*m.*) place; **par en-**
  droits here and there
endurer to endure
l'**énergie** (*f.*) energy
énergique *adj.* energetic; em-
  phatic; strong
énervé(e) *adj.* irritated
l'**enfance** (*f.*) childhood
l'**enfant** (*m., f.*) child
enfantin(e) *adj.* of children,
  children's
l'**enfer** (*m.*) hell
s'**enfermer** to lock oneself up
enfiler to put on, slip on
  (*clothes*)
enfin *adv.* at (long) last;
  finally; in short, in a
  word; in fact; after all; well
enfoncé(e) *adj.* deep-set
  (*eyes*); stuffed deep (*in a*
  pocket, etc.)
enfoncer to stick, stuff (*in a*
  pocket); **enfoncer son cha-**
  peau sur sa tête to pull
  one's hat down over one's
  head; s'**enfoncer dans** to
  plunge into; to disappear
  into
enfourcher to mount; to sit
  astride
enfreindre to break (*a law*)
enfreint *p.p. of* **enfreindre**
s'**enfuir** to run away, flee
l'**engagement** (*m.*) enlistment
s'**engager à** to commit oneself
  to, promise to
engendrer to engender,
  produce

s'**engouffrer (dans)** to rush (*into*)

l'**engourdissement** (*m.*) numbness

engraisser to fertilize; to enrich

énigmatique *adj.* enigmatic

s'**enivrer** to get drunk

enjôler to coax, wheedle

enlaidi(e) *adj.* grown, become ugly

enlever to remove, take off; to take away; to pick up

l'**ennemi** (*m.*) enemy; **ennemi(e)** *adj.* enemy

l'**ennui** (*m.*) boredom; problem

ennuyé(e) *adj.* annoyed, irritated; bored

ennuyer to bore; to bother; s'**ennuyer** to become bored; to worry; s'**ennuyer à mourir** to be bored stiff

énorme *adj.* enormous; outrageous

enrhumé: être enrhumé(e) to have a cold

ensablé(e) *adj.* filled with sand; **avoir les portugaises ensablées** (*pop.*) to be deaf

l'**enseignement** (*m.*) teaching (*profession*)

enseigner to teach

l'**ensemble** (*m.*) ensemble, whole; series

ensemble *adv.* together

ensevelir to bury

ensuite *adv.* next; then; afterwards

entamer to start up

l'**entassement** (*m.*) accumulation

entendre to hear; to understand; to intend; **bien entendu** of course; **c'est entendu** it is agreed; **entendre dire que** to hear it said that; **entendre par** to mean; s'**entendre** to agree; to get along with one another

enterré(e) *adj.* buried

l'**enterrement** (*m.*) burial; **la mine d'enterrement** long face

l'**enthousiasme** (*m.*) enthusiasm

enthousiasmé(e) *adj.* excited

enthousiaste *adj.* enthusiastic

entier (-ière) *adj.* entire, whole; **tout entier (-ière)** entirely, completely

entièrement *adv.* entirely

entourer to surround

les **entrailles** (*f. pl.*) bowels, entrails

entraîner to drag; to lead along, away

entre *prep.* between; among; **entre autres** among other things; **tomber entre les mains de** to fall into the hands of

entrebâiller to open halfway

l'**entrée** (*f.*) entry; entrance; course served after the soup or hors-d'oeuvre

entremêlé(e) (de) *adj.* mingled (with)

l'**entremets** (*m.*) course served before dessert

l'**entreprise** (*f.*) firm

entrer (dans) to enter, come in, go in

entretenir (quelqu'un de) to talk (to someone about)

l'**entretien** (*m.*) upkeep

entrevoir to perceive

énumérer to enumerate

envahir to invade; to overcome

l'**enveloppe** (*f.*) envelope

envers *prep.* toward; regarding

l'**envie** (*f.*) desire; longing; **avoir envie de** to want; to feel like

environ *adj.* about

environnant(e) *adj.* surrounding

l'**environnement** (*m.*) environment, surroundings

envisager to view; to envisage

s'**envoler** to take off

envoyer to send

épais(se) *adj.* thick

l'**épaisseur** (*f.*) thickness; s'**épaissir** thicken

s'**épanouir** to bloom

épargner à to spare

éparpillé(e) *adj.* scattered

épater to amaze

l'**épaule** (*f.*) shoulder

épauler to raise to one's shoulder (*gun*)

l'**épée** (*f.*) sword; **l'épée de chevet** bedside weapon

éperdu(e) *adj.* bewildered

l'**épice** (*f.*) spice; **le pain d'épice** cake similar to gingerbread

épier to spy on

les **épinards** (*m. pl.*) spinach

l'**épisode** (*m.*) episode

épistolaire *adj.* epistolary

l'**époque** (*f.*) era, time

épouser to marry

l'**époux (-ouse)** spouse

épris(e) *adj.* infatuated

éprouver to feel, experience (*sensation, emotion*)

épuisé(e) *adj.* exhausted

équilibré(e) *adj.* stable

l'**équilibre** (*m.*) equilibrium, balance; balancing acts

équipage: l'équipage de lièvre (*m.*) pack of hounds

l'**équipe** (*f.*) team

l'**équipement** (*m.*) equipment

l'**équivalent** (*m.*) equivalent

errer to wander, roam

l'**erreur** (*f.*) error, mistake

l'**escalier** (*m.*) stairway; **l'escalier roulant** escalator

escarpé(e) *adj.* steep

esclave (de) *adj.* (a) slave (to, of)

l'**escrime** (*f.*) fencing

l'**espace** (*m.*) space

espagnol(e) *adj.* Spanish

l'**espérance** (*f.*) expectation

espérer to hope

l'**espoir** (*m.*) hope

l'**esprit** (*m.*) mind; spirit; sense; **faire de l'esprit** to make clever remarks; **l'esprit critique** criticizing mind, critical attitude; **l'esprit de corps** team spirit; **l'Esprit du mal** devil; **l'esprit étroit** narrow mind

esquissé: à peine esquissé(e) barely visible

esquisser to begin (*a retreat*)

l'**essai** (*m.*) essay

essayer (de) to try (to); s'**essayer à** to try one's hand, one's skill at

l'**essentiel** (*m.*) main thing

essentiel(le) *adj.* esssential; main

essentiellement *adv.* essentially, basically

l'**essor** (*m.*) beginning

essoufflé(e) *adj.* out of breath

s'**essouffler** to get out of breath

l'**estampe** (*f.*) print

l'**esthète** (*m., f.*) aesthete (*one who professes sensitivity to art*)

l'**estime** (*f.*) esteem

estimer to consider, deem

l'**estomac** (*m.*) stomach

l'**estrade** (*f.*) dais, platform

estropié(e) *adj.* crippled

l'**estuaire** (*m.*) estuary

et *conj.* and

établi(e) *adj.* established, built; supported, accepted

établir to establish; **s'établir** to settle

l'**établissement** (*m.*) business (establishment)

l'**étage** (*m.*) floor

étagé(e) *adj.* lined up

l'**étagère** (*f.*) shelf; **l'étagère à dossiers** filing cabinet

s'**étaler** to stand out

l'**étape** (*f.*) stage

l'**état** (*m.*) state; condition; **l'état civil** civilian status; **l'état-major** high ranking officers

les **Etats-Unis** (*m. pl.*) United States

été *p.p.* of **être**

l'**été** (*m.*) summer

éteignit *p.s.* of **éteindre**

éteindre to turn off (*a light*)

étendit *p.s.* of **étendre**

étendre to stretch (out); to extend; **s'étendre (à)** to extend, be extended (to)

étendu(e) *adj.* stretched out; diluted (*liquid*)

l'**étendue** (*f.*) expanse (*surface, land*); range, scope (*mind*)

éternel(le) *adj.* eternal

l'**éternité** (*f.*) eternity

l'**ethnie** (*f.*) ethnic group

l'**étoffe** (*f.*) cloth, material

l'**étoile** (*f.*) star

étonnant(e) *adj.* astonishing, amazing

étonner to surprise; to amaze; **s'étonner (de)** to be surprised (at)

étouffé(e) *adj.* muffled

étourdi(e) *adj.* dizzy; dazed, stunned

étrange *adj.* strange

étrangement *adv.* strangely, oddly

étranger (-ère) *adj.* foreign; **l'étranger (-ère)** foreigner; stranger; **à l'étranger** abroad, in a foreign country

étranglé(e) *adj.* choking

l'**étranglement** (*m.*) strangling

étrangler to strangle

être to be; **être d'accord** to agree; **si j'étais que des médecins** (*o.*) if I were a doctor

l'**être** (*m.*) being; human being

étroit(e) *adj.* narrow

l'**étude** (*f.*) study; study hall; study period; all the students (*in study hall*); **la salle d'étude** study hall

l'**étudiant(e)** student

étudier to study

eu *p.p.* of **avoir**

eûmes *p.s.* of **avoir**

l'**euphorie** (*f.*) euphoria

européen(ne) *adj.* European

eus *p.s.* of **avoir**

eusse(nt) *imperf. subj.* of **avoir**

eut *p.s.* of **avoir**

évacué(e) *adj.* vacated

s'**évader (de)** to escape (from)

l'**évasion** (*f.*) escape

éveil: en éveil on the alert

éveiller to arouse, awaken; **s'éveiller** to wake up

l'**événement** (*m.*) event

l'**éventail** (*m.*) fan; **se déployer en éventail** to fan out

évidemment *adv.* obviously

évident(e) *adj.* evident, obvious

éviter to avoid

l'**évolution** (*f.*) movement

évoquer to evoke

exact(e) *adj.* exact; accurate; **il est exact que** it is true that

exactement *adv.* exactly, precisely

l'**exagération** (*f.*) exaggeration

l'**exaltation** (*f.*) exaltation; rapture

exalter to exalt, glorify

examiner to examine

s'**exaspérer** to become exasperated

excédé: excédé(e) de travail exhausted; overworked

excellent(e) *adj.* excellent

exceptionnel(le) *adj.* exceptional

l'**excès** (*m.*) excess; **avec excès** to excess

excessif (-ive) *adj.* excessive

excité(e) *adj.* excited

s'**exclamer** to exclaim

exclu(e) *adj.* excluded

exclusivement *adv.* exclusively

l'**excursion** (*f.*) excursion, trip

excuser to excuse, pardon; **s'excuser** to excuse oneself; to apologize

l'**exemple** (*m.*) example; **ça, par exemple!** really!

exercer to put to use

exigeant(e) *adj.* demanding

l'**exigence** (*f.*) requirement

exiger to require, demand

l'**exil** (*m.*) exile

exilé(e) *adj.* exiled

exister to exist

exotique *adj.* exotic

expédier to send; to bump off, kill

l'**expérience** (*f.*) experience

l'**explication** (*f.*) explanation

expliquer to explain

exploiter to exploit

l'**explorateur (-trice)** explorer

explorer to explore

l'**explosion** (*f.*) explosion; outburst

l'**exposé** (*m.*) oral report, presentation

exposer to expose, reveal; to exhibit, show; to set forth, present

l'**exposition** (*f.*) exhibition

expressif (-ive) *adj.* expressive

exprimer to express

exquis(e) *adj.* delightful

l'**extase** (*f.*) ecstasy

l'**extension** (*f.*) extension; stretching

extérieur(e) *adj.* exterior; external

l'**extériorisation** (*f.*) exteriorization, externalization

l'**externat** (*m.*) day students' building

l'**externe** (*m., f.*) day student in boarding school who goes home for meals

l'**extrait** (*m.*) excerpt

extraordinaire *adj.* extraordinary

extrême *adj.* extreme; severe, strict

l'**Extrême-Orient** (*m.*) Far East

F

la **fabrication** manufacture
la **face** face; **d'en face** opposite; **en face de** facing; in the presence of; in front of; **face à** in front of; facing; in the face of; **faire face à** to face up to; **regarder (quelqu'un) bien en face** to look at (someone) straight in the face; **se présenter de face** to face (*the observer*)
la **facette** facet
fâché(e) *adj.* angry
se **fâcher** to become angry
facile *adj.* easy
la **facilité** working, functioning
faciliter to facilitate, make easy
la **façon** manner, way; **de façon** (+*adj.*) in a (*given*) way; **de toute façon** in any case; **sans façon** unaffected; without fuss
le **facteur** mail carrier
la **faculté** (medical) school
faible *adj.* weak; small; faint; **pour une faible part** to some extent
la **faiblesse** weakness
la **faille** fault
faillir (+ *inf.*) to almost (*do something*)
faillit *p.s. of* **faillir**
la **faim** hunger; **avoir faim** to be hungry
faire to do; to make; to say; **faire attention** to pay attention; **faire beau (froid)** to be nice (cold) (weather); **faire de la peine (à quelqu'un)** to hurt (someone's) feelings; **faire des économies** to save money; **faire la cuisine** to cook; **faire le ménage** to do (the) housework; **faire peur** to frighten; **faire sa toilette** to wash and dress; **faire un voyage** to take a trip; **laisser (quelqu'un) faire** to leave (someone) alone, let (someone) do as he/she likes; **s'en faire** to worry; **se laisser faire** to let oneself be led along
le **faiseur** inferior painter
fait *p.p. of* **faire**

fait(e) *adj.* made; done; built; **bien faite** well-built (*woman*); **l'expression toute faite** (*f.*) cliché, trite expression; **si fait** *excl.* yes, indeed
falloir to be necessary; **il faut bien que** it must be that
fallu *p.p. of* **falloir**
fallut *p.s. of* **falloir**
falsifier to falsify, alter
fameux (-euse) *adj.* famous
familial(e) *adj.* family
familier (-ière) *adj.* familiar; conversational (*vocabulary, language*)
la **famille** family; **en famille** at home with one's family
la **fantaisie** imagination
fantastique *adj.* dream-like
le **fantôme** phantom
la **farine** flour; **la farine complète** whole grain flour
farouche *adj.* wild; fierce, grim
fasciné(e) *adj.* fascinated
fatal(e) *adj.* fatal
fatigué(e) *adj.* tired
se **fatiguer** to get tired
le **faubourg** suburb
fauché(e) *adj.* (*fam.*) broke (*without money*)
la **faune** fauna, animal life
la **faute** fault; error
le **fauteuil** armchair
le **fauvisme** Fauvism (*French art movement ca. 1900*)
faux (fausse) *adj.* false
la **faveur** favor
favori(te) *adj.* favorite
favoriser to encourage
fécond(e) *adj.* fertile; productive
la **fée** fairy; **le conte de fées** fairy tale
fêlé(e) *adj.* (*fam.*) crazy
la **félicité** happiness
féliciter to congratulate
féminin(e) *adj.* feminine
la **femme** woman; wife; **la bonne femme** good woman; (*fam.*) dame; **la femme de charge** governess
fendre to pierce; **malade à fendre l'âme** pitifully sick
la **fenêtre** window
le **fer** iron; **le chemin de fer** railroad
la **ferme** farm

ferme *adj.* firm
fermer to close; **se fermer** to close (in)
la **fermeture** closing
le/la **fermier (-ière)** farmer (*man or woman*); farmer's wife
féroce *adj.* ferocious
la **férocité** ferocity
fervent(e) *adj.* fervent; enthusiastic
la **ferveur** fervor; enthusiasm
la **fesse** buttock
le **festin** banquet, feast
la **fête** holiday; feast; festival
le **fétiche** fetish
le **feu** fire; **le coup de feu** gunshot; **le feu d'artifice** fireworks; **le pot-au-feu** stew
la **feuille** leaf; (sheet of) paper; **la feuille de démobilisation** army discharge papers
le **feuillage** foliage
le **feuillet** (sheet of) paper
le **février** February
se **fiancer** to become engaged
fidèle *adj.* faithful
le **fiel** bile; **sans fiel** without bitterness
se **fier à** to trust
fier (fière) *adj.* proud
la **fierté** pride
la **fièvre** fever; passion; feverish urge
fiévreux (-euse) *adj.* feverish
le **fifre** fife; **le joueur de fifre** fife player
se **figer (sur)** to limit oneself (to)
la **figure** face; figure
figurer to appear, figure; **se figurer** to imagine
le **fil** wire
filer to go away; to hurry away
la **fille** daughter; girl
la **fillette** little girl
le **film** film, movie
filmer to film
le **fils** son
fîmes *p.s. of* **faire**
la **fin** end
finalement *adv.* finally
la **finance** financial matters
financier (-ière) *adj.* financial
finement *adv.* subtly
la **finesse** subtlety; delicacy; elegance
finir to finish; **finir par (faire quelque chose)** to

end up by (doing something); **ne pas en finir** to never end

firent *p.s. of* **faire**

fis *p.s. of* **faire**

fit *p.s. of* **faire**

fixer to fix; to determine; to fasten; to stare, look hard at

le **flanc** side

flancher to break down

flâner to stroll

la **flaque** puddle

flatter to flatter; to please; **se flatter (de)** to pride oneself (on); to cherish the hope (of)

le **fléau** flail, threshing tool

la **flèche** arrow; **monter en flèche** to rise like an arrow, go straight up

la **fleur** flower; **à fleur de peau** skin-deep

le **fleuve** river

la **flore** flora, plant life

le **flot** wave

flotter to float

la **flûte** flute

la **foi** faith; **avoir foi en** to have faith, confidence in; **mauvaise foi** dishonesty; unfairness; **par ma foi** indeed

le **foie** liver; **mal au foie** term used to describe a variety of ailments

le **foin** hay

la **fois** time; occasion; **à la fois** at the same time; **encore une fois, une fois de plus** once more; **une fois par an** once a year; **une fois pour toutes** once and for all

la **folie** madness; foolishness; **faire des folies** to be extravagant; **la folie d'ailleurs** longing for distant places; **la folie du sang** bloodthirstiness

foncé(e) *adj.* dark

foncer (sur) to charge down (on)

la **fonction** function; duties

le **fonctionnaire** civil servant

le **fond** background; bottom; end; back; content (*of literary work*); **au fond** really, basically; **au fond de** at the bottom of (*trunk, valley, etc*); at the end of (*hall, etc.*); **au fond du cœur** deep down in one's heart; **du fond de** from the depths of; **la porte (le mur) du fond** back door (wall); **le ski de fond** cross-country skiing

fondamental(e) *adj.* fundamental, basic

la **fondation** founding

fondé(e) (sur) *adj.* based (*on*)

fonder to found; to establish

fondeur: l'ouvrier fondeur (*m.*) metal worker

fondre to melt

le **football** soccer

la **force** strength; **les forces** (*pl.*) strength; military forces, armies; **à force de** as a result of; by dint of; **de toutes ses forces** with all one's might; **être à bout de forces** to have no strength left

forcément *adv.* necessarily

forestier (-ière) *adj.* forest

la **forêt** forest

la **formalité** procedure

la **formation** formation; training, education

la **forme** form; kind; **la plate-forme** platform

former to form; to shape; to make up; to organize

la **formule** formality; phrase, expression

fort *adv.* (*with adj.*) very, extremely; (*with verb*) hard: loud; **penché(e) très fort par** leaning way out of

fort(e) *adj.* strong; powerful; sturdy; **ça, c'est trop fort!** that's going too far! that's too much! **celle-là est forte!** that's a good one! **c'était plus fort qu'eux (que lui)** they (he) couldn't help it; **très fort!** brilliant!

fortement *adv.* strongly; forcefully

fortifier to strengthen

le **fossé** ditch

fou (fol, folle) *adj.* crazy, mad; wild (*eyes*); uncontrollable (*laughter*); **fou (folle) de (quelqu'un)** crazy about (someone); **le/la fou (folle)** crazy person, lunatic

fouetter to whip, flog

la **fougère** fern

fouiller to search

la **foule** crowd, throng; **une foule de** a crowd of, many

fouler to tread on

le **four** oven

la **fourchette** fork

le **fourneau** stove

fournir to supply, furnish

la **fourragère** (hay) wagon

fourrer to stuff, shove

le **fourre-tout** duffel bag

foutre (*pop.*): **foutre la larme à l'œil** to bring a tear to one's eye; **se foutre de (quelqu'un)** to kid (someone)

foutu(e) *adj.* (*pop.*) all wrong, screwed up

la **fraîcheur** coolness; freshness

frais (fraîche) *adj.* cool; fresh; clear; crisp

frais: prendre le frais to get, enjoy the fresh air; **les frais** (*m. pl.*) expense(s), cost(s); **à grands frais** at great expense

franc (franche) *adj.* open; spontaneous

français(e) *adj.* French; **le/la Français(e)** French person

franchir to cross; to go through

la **franchise** frankness

francophone *adj.* French-speaking

frapper to strike; to knock

la **fraternité** brotherhood

freiner to put on the brakes

frêle *adj.* frail

frénétiquement *adv.* frantically

fréquenter to frequent, go to often; to associate with

le **frère** brother

frétiller to wriggle

friable *adj.* crumbly

la **friandise** titbit, goody

la **fripe** (*fam.*) soup

le **froid** cold(ness); **avoir froid** to be cold; **faire froid** to be cold (weather)

froid(e) *adj.* cold

la **froidure** (*o.*) cold

le **fromage** cheese

froncer: froncer le sourcil to frown

le **front** forehead; front line (*military*); **faire front à** to face

la **frontière** border

frotter to rub

la **frugalité** frugality, thrift
fuir to flee, run away
le **fumage** fertilizing
la **fumée** smoke
fumer to smoke
furent *p.s. of* **être**
fureteur (-euse) *adj.* nosy
la **fureur** rage
furieux (-euse) *adj.* furious
furtif (-ive) *adj.* stealthy
fus *p.s. of* **être**
la **fusée** rocket
le **fusil** gun, rifle
fusiller to shoot down; to
execute
fusse(nt), fût *imperf. subj. of*
être
fut *p.s. of* **être**
la **futaie** forest
futur(e) *adj.* future; **le futur**
future
fuyant(e) *adj.* evasive

G

les **gages** (*m. pl.*) wages, salary
gagner to earn; to win; to
reach (*a place*); to gain
(*time*); to overcome, be
felt (*sensation, emotion*); **le
froid nous gagne** we are
getting cold
gai(e) *adj.* gay, cheery
la **gaieté** cheerfulness; joy
gaillardement *adv.*
vigorously
la **galère** galley (*slave-ship*)
la **galerie** gallery; corridor; **je
la connais leur galerie** I
know their game
la **galette** cake; cookie;
flatbread
le **galon** military stripe
le **galop** gallop
galoper to gallop, run
la **gamme** range (*of colors*)
le **gant** glove
ganté(e) *adj.* wearing gloves
le **garçon** boy; waiter
la **garde** guard; **prendre garde**
to be careful, take care; to
watch out
le **garde** keeper; **le garde-
chasse** gamekeeper
garder to keep; to save; to
guard; **garder de** to be
careful not to
le/la **gardien(ne): gardien(ne)
d'immeuble** caretaker of
an apartment building
la **gare** (railroad) station

la **gargouille** gargoyle
le **gars** guy, fellow
gaspiller to waste
la **gastronomie** gastronomy
le **gâteau** cake
gâter to spoil; **on n'est pas
gâté** we don't have any luck
gauche *adj.* left; awkward; **la
gauche** left, left-hand side;
à/de gauche on the left
la **gaucherie** blunder
la **gaule** pole
gaver to stuff (*with food*)
gémir to moan
gênant(e) *adj.* embarrassing
le **gendarme** policeman
gêné(e) embarrassed;
uncomfortable
gêner to bother, disturb
le **général** general
général(e) *adj.* general
généraliser to generalize
la **génération** generation
généreux (-euse) *adj.*
generous
la **générosité** generosity
le **génie** genius
le **genou** knee; **à genoux**
kneeling
le **genre** kind, sort; genre (*of
literature, art, music*)
les **gens** (*m., f. pl.*) people
gentil(le) *adj.* nice; kind
le **gentilhomme** gentleman,
nobleman
la **gentillesse** kindness
gentiment *adv.* kindly;
nicely; gently
la **géographie** geography
géographique *adj.*
geographical
le/la **gérant(e)** manager
le **geste** gesture
gesticuler to gesticulate
la **gifle** slap; **donner, claquer
une gifle** to slap
gigantesque *adj.* gigantic
le **gigot** (leg of) lamb; **le gigot
de pré-salé** lamb fed on
salt meadows
la **giration** gyration
la **glace** ice; mirror
glacé(e) *adj.* icy; ice-cold
le **glaive** sword
glisser to slip, slide; **se glisser (dans, parmi)** to creep
(into, among); to infiltrate
la **gloire** glory; celebrity
glorieux (-euse) *adj.* glorious
gonfler to swell, distend,
puff out

la **gorge** throat
la **gorgée** gulp
gothique *adj.* gothic
**gouailleur: le rapin gou-
ailleur** cynical artist
la **gourde** gourd; flask
gourmand(e) *adj.* fond of
good food; gluttonous
les **gourmandises** (*f. pl.*)
delicacies
le **goût** taste; liking, penchant;
sense of taste; **prendre
goût à** to acquire a taste,
a liking for
le **goûter** snack
la **goutte** drop; **n'y (ne) voir
goutte** to see nothing
gouverné(e) *adj.* governed
le **gouvernement** government
le **gouverneur** governor
la **grâce** grace, gracefulness;
grâce à thanks to
le **gradin** tier
le **grain** grain
la **graine** grain; seed; berry
(wheat); **une petite graine**
little tyke
la **graisse** grease
la **grammaire** grammar
grand(e) *adj.* big, large;
huge; tall; great; grown-
up; important (*question*);
le/la grand(e) older or big-
ger person; **les grandes
vacances** summer vaca-
tion; **ma grande** my
friend; **ne... grand-chose**
not (very) much
la **Grande-Bretagne** Great
Britain
la **grandeur** greatness;
grandeur
grandir to grow; to increase
(*wind*)
la **grand-mère** grandmother
le **grand-parent** grandparent
le **grand-père** grandfather
le **granit** granite
gras(se) *adj.* fat; fertile (*land*)
gratter to scrape
gratuitement free of charge
grave *adj.* serious, grave
graver to engrave
gravir to climb
la **gravité** seriousness
la **gravure** engraving
grec (grecque) *adj.* Greek; **le
grec** Greek (*language*);
le/la Grec (Grecque) Greek
(*person*)
la **Grèce** Greece

grégaire *adj.* gregarious
grège: la laine grège raw wool
le **grès** jug
grief *adj.* (*o.*) grave, serious; painful
la **griffe** claw
grimper (à) to climb (*up*)
gris(e) *adj.* gray; **le/la gris(e)** the gray (one)
griser to intoxicate
grommeler to mutter
le **grondement** booming
gronder to scold
gros(se) *adj.* big; bulky; thick; fat; **le gros mot** swear word
grouillant(e) *adj.* swarming, teeming
le **groupe** group
guère: ne... guère hardly, scarcely; not much
guérir to cure, heal
la **guerre** war
guetter to watch
la **gueule** animal's mouth
gueuler (*fam.*) to yell, shout; **ça ne gueule pas** it doesn't hit you; **gueulez un bon coup!** yell loudly!
le/la **gueux (gueuse)** tramp, beggar
le/la **guide** guide; **le guide** guidebook
le **guignol** *clownish character in traditional French puppet theater*
la **guinguette** open-air café
le/la **Guyanais(e)** Guianese

H

habile *adj.* clever
habiller to dress
l'**habitant(e)** inhabitant
l'**habitation** (*f.*) dwelling
habiter to inhabit, live (in)
les **habits** (*m. pl.*) clothes
l'**habitude** (*f.*) habit; **d'habitude** usually
habituel(le) *adj.* usual
habituer: être habitué(e) à to be used to; **s'habituer à** to get used to
*haillonneux (euse)** *adj.* ragged
la *haine** hatred
la *hanche** hip
*harassé(e)** *adj.* exhausted
le *haricot** bean
l'**harmonie** (*f.*) harmony

harmonieux (-euse) *adj.* harmonious
la *harpe** harp
le *hasard** chance; **au hasard** by chance
la *hâte** haste; **à la hâte** hurriedly, hastily
se *hâter** to hurry
*hausser** to lift; to shrug (*shoulders*)
le *haut** top; high up; **au haut de** at the height of; **du haut de** from the top of; **tout en haut** at the very top
*haut** *adv.* high; loud(ly); **haut les bras/mains** (put your) hands up; **tout haut** aloud
*haut(e)** *adj.* high; lofty, noble; upper (*country, region*); **à voix haute** aloud; **la plus haute courtoisie** utmost courtesy; **plus haut** above
le *haut-de-chausses** breeches
la *Haute-Guinée** Upper Guinea
*hautesse: sa hautesse** (*f.*) title of the sultans of Turkey corresponding to His Highness
la *hauteur** height; hill
*hé!** *excl.* hey!
hebdomadaire *adj.* weekly
héberger to lodge, have as a house guest
*hein?** *excl.* eh?
hélas *excl.* alas
l'**hélice** (*f.*) propeller
l'**herbe** (*f.*) grass
*hère: le pauvre hère** poor devil
*hérissé(e)** *adj.* bristly
*hérisser** to bristle; **hérisser quelqu'un comme un cactus** to make one cringe
l'**héritage** (*m.*) heritage
la *hernie** swelling, bulge
l'**héroïne** (*f.*) heroine
héroïquement heroically
le *héros** hero
hésiter (à) to hesitate (to)
l'**heur** (*m., o.*) happiness
l'**heure** (*f.*) hour; **à l'heure** on time; **à toute heure** at all hours of the day; **de bonne heure** early; **les heures de pointe** rush hour; **tout à l'heure** a short while ago; in a little while
heureusement (que) *adv.* fortunately

heureux (-euse) *adj.* happy; fortunate, lucky
*heurter** to hit, bump; to knock; **se heurter à** to go against
*hideux (-euse)** *adj.* hideous, ugly
hier *adv.* yesterday
*hissé(e)** *adj.* taken up
l'**histoire** (*f.*) story; history; **faire des histoires** to cause problems
historique *adj.* historical
l'**hiver** (*m.*) winter
l'**hommage** (*m.*) homage; **rendre hommage à** to pay homage, tribute to
l'**homme** (*m.*) man
honnête *adj.* honest; honorable; upright
l'**honneur** (*m.*) honor
la *honte** shame; **avoir honte (de)** to be ashamed (of)
*honteux (-euse)** *adj.* ashamed; shameful
l'**hôpital** (*m.*) hospital
le *hoquet** hiccup
*hoqueter** to hiccup
l'**horaire** (*m.*) schedule
l'**horreur** (*f.*) horror
horriblement *adv.* horribly
*hors de** *prep.* outside; away from; out of
l'**hospitalité** (*f.*) hospitality
l'**hostilité** (*f.*) hostility
l'**hôte (hôtesse)** host (hostess); guest; innkeeper (*o.*); **la table d'hôte** table where hotel guests are served meals at fixed times and prices
l'**hôtel** (*m.*) hotel
le *hourvari** fuss
la *huche** bread box
l'**huile** (*f.*) oil
huilé(e) *adj.* slithery
humain(e) *adj.* human
l'**humanité** (*f.*) humanity, mankind; **les humanités** (*pl.*) humanities, liberal arts
s'**humecter** to become moist
l'**humeur** (*f.*) mood; disposition
l'**humidité** (*f.*) humidity
l'**humilité** (*f.*) humility
humoristique *adj.* humorous
l'**humour** (*m.*) humor
le *hurlement** yell, shout
*hurler** to yell (out), roar, bellow; howl (*wind*)
hypocondriaque *adj.* hypochondriac

l'**hypocondrie** (*f.*)
hypochondria
hypocrite *adj.* hypocritical

I

ici *adv.* here; **ici-bas** on
earth, in this world;
jusqu'ici (**jusques ici**, *o.*)
(*with present tense*) until
now, so far; (*with past
tenses*) until then
idéal(e) *adj.* ideal; **l'idéal**
(*m.*) ideal
idéaliser to idealize
l'**idéalisme** (*m.*) idealism
idéaliste *adj.* idealistic
l'**idée** (*f.*) idea
s'**identifier à** to identify with
l'**identité** (*f.*) identity; **la pièce
d'identité** piece of
identification
idéologiquement *adv.*
ideologically
idiot(e) *adj.* stupid
l'**idiotisme** (*m.*) idiom
l'**idole** (*f.*) idol
ignorant(e) *adj.* ignorant;
l'ignorant(e) ignoramus
ignorer to be unaware of,
not know
l'**île** (*f.*) island
illimité(e) *adj.* boundless
illogique *adj.* illogical
l'**illumination** (*f.*) illumination; light; flash of
inspiration
illustre *adj.* illustrious,
renowned
illustrer to illustrate
l'**image** (*f.*) image; picture
imaginaire *adj.* imaginary
imaginer to imagine
imbécile *adj.* stupid, idiotic;
l'imbécile (*m., f.*) imbecile,
idiot
imiter to imitate
immédiatement *adv.*
immediately
l'**immensité** (*f.*) immensity
l'**immeuble** (*m.*) apartment
building
immobile *adj.* motionless
l'**imparfait** (*m.*) imperfect
(tense)
impassible *adj.* impassive
impératif (-ive) *adj.* imper-
ative (*verb form*);
l'impératif (*m.*) imper-
ative (*verb form*)

imperceptiblement *adv.*
imperceptibly
impertinent(e) *adj.* impertinent, cheeky;
l'impertinent(e) impertinent, cheeky person
impliquer to imply
impopulaire *adj.* unpopular
important(e) *adj.* important
l'**importation** (*f.*) importing;
d'importation imported
importer to matter;
n'importe it doesn't
matter; **n'importe quel(le),
quoi, où** no matter which,
what, where; **qu'importe?**
what does it matter?
imposant(e) *adj.* imposing,
impressive
imposé(e) *adj.* laid down,
prescribed (*regulation*)
imposer (à) to impose (on);
to force (on)
l'**imposteur** (*m.*) cheater
l'**imposture** (*f.*) fraud
impressionner to impress; to
frighten
l'**impressionnisme** (*m.*)
impressionism
impressionniste *adj.*
impressionistic
improviser to improvise
l'**impuissance** (*f.*) helplessness
inaltérable *adj.* unalterable,
unchanging
inanimé(e) *adj.* inanimate
inattendu(e) *adj.* unexpected;
unusual (*effect*)
inaugurer to inaugurate
l'**incapacité** (*f.*) inability
incarner to personify
incertain(e) *adj.* uncertain
incessant(e) *adj.* unceasing;
continual
s'**incliner** to bow
incohérent(e) *adj.* incoherent
l'**incompréhension** (*f.*) lack of
understanding; failure to
understand
inconnu(e) *adj.* unknown;
new, strange; **l'inconnu(e)**
stranger, unknown person
inconstamment *adv.*
capriciously
l'**inconvénient** (*m.*)
disadvantage
l'**incorrection** (*f.*) inaccuracy
incrédule *adj.* incredulous,
unbelieving
l'**incrédulité** (*f.*) incredulity,
lack of belief

incroyable *adj.* unbelievable
indécis(e) *adj.* undecided;
indecisive
indéfini(e) *adj.* indefinite
indemne *adj.* unharmed,
unscathed
l'**indépendance** (*f.*)
independence
indicateur (-trice) *adj.* direc-
tional; **la plaque indi-
catrice** sign
indien(ne) *adj.* Indian
indifférent(e) *adj.* indifferent
indigne *adj.* unworthy
indiquer to indicate; to
point to; to show; to tell
of
indiscret (-ète) *adj.*
indiscreet
indiscutablement *adv.*
unquestionably
l'**individu** (*m.*) individual
l'**individualisme** (*m.*)
individualism
individuel(le) *adj.* individual; personal (*feelings*);
individualistic
l'**indolence** (*f.*) nonchalance,
unconcern
l'**indulgence** (*f.*) leniency
indulgent(e) *adj.* lenient
l'**industriel** (*m.*) industrialist,
manufacturer
inégal(e) *adj.* uneven
inespéré(e) *adj.* unexpected,
unhoped for
inévitable *adj.* inevitable
inexact(e) *adj.* inexact
inexpérimenté(e) *adj.*
inexperienced
inexpressif (-ive) *adj.*
expressionless
inextinguible *adj.*
inextinguishable
inférieur(e) *adj.* inferior
infester to infest
infini(e) *adj.* infinite,
boundless
infirme *adj.* disabled,
crippled
influencer to influence;
s'**informer (de)** to inquire
(about)
ingrat(e) *adj.* barren
inhabile *adj.* inept
inhabité(e) *adj.* uninhabited
injuste *adj.* unjust
inlassable *adj.* untiring
l'**innocent(e)** innocent person
innombrable *adj.* innu-
merable, countless

inonder to flood

inquiet (-ète) *adj.* worried; uneasy, anxious

inquiéter to worry, trouble; **s'inquiéter (de)** to worry (about)

l'**inquiétude** (*f.*) anxiety

l'**Inquisition** (*f.*) Inquisition (*Roman Catholic tribunal established to combat and punish heresy*); **mis(e) à l'Inquisition** *adj.* tried at the Inquisition

l'**inscription** (*f.*) inscription, writing

s'**inscrire à** to enroll in

insensiblement *adv.* imperceptibly

insigne *adj.* extraordinary

insignifiant(e) *adj.* insignificant

insipide *adj.* tasteless

insister to insist; **insister sur** to stress, emphasize

insondable *adj.* fathomless, immeasurable

inspecter to inspect, examine

l'**inspecteur (-trice)** inspector

inspiré(e) de *adj.* inspired by

inspirer to inspire; **inspirer la confiance à (quelqu'un)** to inspire confidence in (someone); **s'inspirer de** to be inspired by

installer to put (on); to settle; **s'installer** to install oneself; to settle, make one's home (*in a place*); to settle down, settle oneself (*in a chair, etc.*); to make oneself at home

l'**instant** (*m.*) instant; **par instants** from time to time

l'**instinct** (*m.*) instinct; **d'instinct** instinctively

instinctivement *adv.* instinctively

l'**institut** (*m.*) institute

l'**instituteur (-trice)** school teacher

instructeur: l'officier instructeur (*m.*) drill master

insultant(e) *adj.* insulting

l'**insulte** (*f.*) insult

insulter to insult

insupportable *adj.* unbearable, insufferable

l'**intégration** (*f.*) integration

intégré(e) (à) *adj.* integrated (into)

intellectuel(le) *adj.* intellectual; **l'intellectuel(le)** intellectual

intelligent(e) *adj.* intelligent

l'**intendant** (*m.*) household manager

l'**intensité** (*f.*) intensity

l'**intention** (*f.*) intention; **avoir l'intention de** to intend to

interdire to forbid

l'**interdit** (*m.*) interdict, prohibition, law; **enfreindre un interdit** to break a law

interdit(e) *adj.* forbidden, prohibited; disconcerted; **le sens interdit** wrong way

intéressant(e) *adj.* interesting

intéresser to interest; **s'intéresser à** to be interested in

l'**intérêt** (*m.*) interest

intérieur(e) *adj.* inner; **l'intérieur** (*m.*) interior; **à l'intérieur** inside

interminablement *adv.* endlessly

l'**internat** (*m.*) boarders' building

l'**interne** (*m., f.*) *boarding school student who lives at school*

interpeller to call on

s'**interposer** to intervene

l'**interprétation** (*f.*) interpretation

l'**interprète** (*m., f.*) interpreter

interpréter to interpret

l'**interrogation** (*f.*) questioning

interroger to question

interrompis *p.s. of* **interrompre**

interrompit *p.s. of* **interrompre**

interrompre to interrupt; **s'interrompre** to stop, break off (*speaking, singing*)

l'**intervalle** (*m.*) interval

intervenir to intervene

intime *adj.* intimate; private; **le journal intime** diary

intimidé(e) *adj.* intimidated

l'**intimité** (*f.*) privacy

intituler to entitle

l'**intolérance** (*f.*) intolerance

intriguer to intrigue

introduire to introduce, bring in

inutile *adj.* useless

l'**inutilité** (*f.*) uselessness, useless thing

invariablement *adv.* invariably

l'**inventaire** (*m.*) inventory

inventer to invent

invincible *adj.* uncontrollable

l'**invité(e)** guest

inviter to invite

involontaire *adj.* unintentional

invraisemblablement *adv.* unbelievably

l'**ironie** (*f.*) irony

ironique *adj.* ironic

l'**irréalité** (*f.*) unreality

irréel(le) *adj.* unreal

irrégulier (-ière) *adj.* irregular

irréparable *adj.* irreparable

isolé(e) *adj.* isolated

l'**isolement** (*m.*) isolation

l'**Italie** (*f.*) Italy

l'**itinéraire** (*m.*) itinerary; route

l'**ivresse** (*f.*) intoxication

J

jamais *adv.* ever; never; **à jamais** forever

la **jambe** leg

japonais(e) *adj.* Japanese

le **jardin** garden

le **jardinage** gardening

la **jatte** bowl

jauger to size up

jaune *adj.* yellow; **le jaune** yellow (color)

le **javelot** javelin

le **jésuite** Jesuit (priest)

le **jet** stream

jeter to throw; to utter (*a cry*); **jeter un coup de pied** to kick; **jeter un regard sur** to cast a look at; **se jeter sur** to fall upon, attack

le **jeu** game; **le jeu de mots** play on words

le **jeudi** Thursday

jeune *adj.* young; youthful; **les jeunes** (*m. pl.*) young people

le **jeûne** fasting

la **jeunesse** youth

la **joie** joy; **tout à la joie de** overjoyed at

joindre to join (*one thing to another*); to join (*a person*) (*o.*); **se joindre à** to join

joint(e) *adj.* closed, shut (*window*); together (*wrists, hands*)

joli(e) *adj.* pretty

la **joue** cheek

jouer to play; to present, put on (*a play*); **jouer à** to play (*a game, sport*); **jouer de** (*o.*), **se jouer à** (*o.*) to make fun of

le **jouet** toy

le/la **joueur (-euse)** player

joufflu(e) *adj.* chubby

jouir de to enjoy; to be in full possession of

le **jour** day; **le jour d'après** next day; **le jour mourant** dying day, setting sun; **mettre au jour** to bring to light, to unearth; **vivre au jour le jour** to live from day to day

le **journal** newspaper; journal, diary; **tenir un journal intime** to keep a (private) diary

le/la **journaliste** journalist

la **journée** day; **dans la journée de demain** in the course of tomorrow, sometime tomorrow

joyeux (-euse) *adj.* joyful, happy

le **juge** judge

le **jugement** judgment; opinion

juger to judge; **juger quelqu'un** (+ *adj.*) to find, consider someone (+ *adj.*); **tu juges combien je l'examinais!** you can imagine how well I looked him over!

le **juillet** July

le **juin** June

jurer to swear; to promise

le **jury** jury; panel of judges

jusque *prep., adv., conj.* as far as, up to; until; even; **aller jusqu'à** to go so far as to; **depuis... jusqu'à** from . . . to; **jusqu'à en perdre la voix** to the point of losing one's voice; **jusqu'ici (jusques ici**, *o.*) (*with present tense*) until now; (*with past tenses*) until then **rouge jusqu'au front** red (blushing) from head to toe

juste *adj., adv.* just; accurate, true; **juste à temps** just in time; **le juste milieu** happy medium; **tout juste** only; barely; just enough

justement *adv.* precisely, exactly

la **justesse** precision, accuracy

la **justice** justice; **poursuivre en justice** to take legal action against

justifier to justify

juxtaposer to juxtapose, place side by side

K

le **kilomètre** kilometer

L

là *adv.* there; **là-dedans** in there; **(tout) là-bas** (all the way) over there

le **labourage** plowing, tilling

labourer to plow, till (*soil*)

les **labours** (*m. pl.*) plowed land

le **lac** lake

lâcher to let go of; to let down; **lâcher prise** to let go

la **lâcheté** (*f.*) cowardice

laconique *adj.* laconic, of few words

laid(e) *adj.* ugly

la **laine** wool

laisser to let; allow; to leave; to leave alone; **laisser (quelqu'un) faire** to leave (someone) alone, let (someone) do as he/she likes; **laisser tomber** to (let) drop; **se laisser** to let oneself; **se laisser aller à** to give way to; to drift into; **se laisser choir** to collapse; **se laisser dire** to tell oneself; **se laisser distancer** to fall behind; **se laisser faire** to let oneself be led along; **se laisser tomber (sur)** to fall (onto)

le **lait** milk

la **lame** blade

la **lamentation** moaning

la **lampe** lamp; **la lampe-tempête** storm lantern

lancement: faire un lancement to make a success, be successful

lancer to throw; to utter (*a sound*); to blow (*a puff of smoke*); to issue (*an appeal*)

le **langage** language; terminology

la **langue** language; tongue; **la langue familière** conversational language; **la langue maternelle** mother tongue, native language

la **lanterne** lantern

lapider to criticize harshly

le **lapin** rabbit

le **laquais** lackey, footman

large *adj.* wide, broad

la **larme** tear

larmoyant(e) *adj.* tearful; **le drame larmoyant** sob story, tear jerker

larmoyer (*o.*) to cry

las(se) *adj.* weary, tired

latin(e) *adj.* Latin; **le latin** Latin (language)

la **lavande** lavender

le **lavement** enema

laver to wash

la **leçon** lesson

le/la **lecteur (-trice)** reader

la **lecture** reading

légalement *adv.* legally

la **légende** legend

léger (-ère) *adj.* light; slight

le **légume** vegetable

le **lendemain** the next day

lent(e) *adj.* slow; **lent(e) à la détente** slow to loosen up

lesté(e) (de) *adj.* weighted (with)

la **léthargie** lethargy

la **lettre** letter

lever to lift, raise; **se lever** to get up; to rise, arise; to dawn (*morning*); to clear up (*weather*)

le **lever** rising, getting up (*out of bed*); raising (*of curtain in a theater*)

le **levier** lever; **levier de déclenchement** release lever

la **lèvre** lip; **dire quelque chose du bout des lèvres** to say something without conviction

la **liaison** liaison; contact, relationship, connection

la **liasse** bundle

libéral(e) *adj.* liberal; **les professions libérales** (*f.*) professional class

libérer to free, liberate; to dismiss

la **liberté** liberty; freedom

la **librairie** bookstore

libre *adj.* free
le **lien** bond
lier to tie, bind
le **lieu** place; **au lieu de** instead of; **le lieu commun** commonplace (*expression, idea*), cliché
la **lieue** league
lièvre: l'équipage de lièvre (*m.*) pack of hounds
la **ligne** line
la **limitation** limitation, limit
la **limite** limit
le **limon** lime (*o.*)
le **lin** flax
le **linge** linens; underclothing
linguistique *adj.* linguistic
la **liqueur** liqueur (*alcoholic beverage, usually strong, sweet and highly flavored*)
le **liquide** liquid
lire to read
lisière: à la lisière du cirque at the edge
lisse *adj.* smooth
la **liste** list
le **lit** bed; **le lit de camp** cot
littéraire *adj.* literary
littéral(e) *adj.* literal
la **littérature** literature
le **livre** book
livrer to deliver, hand over; **se livrer à** to devote oneself to; **se livrer dans** to engage in
le **livret** record book; **le livret militaire** military service record
local(e) *adj.* local
le/la **locataire** tenant
le **logement** dwelling, lodgings
loger to lodge; to quarter
logique *adj.* logical
la **loi** law
loin (de) *adv.* far (from); far away; **au loin** in the distance; **ça fait bien loin déjà** that was a long time ago; **de loin** by far; **de loin en loin** here and there; now and then
lointain(e) *adj.* distant, faraway
Londres London
long (longue) *adj.* long; **de tout son long** at full length; **le long de** along; alongside; **tout au long de** throughout
longtemps *adv.* a long time
longuement *adv.* for a long time

la **longueur** length
le **loquet** door latch
lors: dès lors *adv.* from that time on, since then; **lors de** *prep.* at the time of
lorsque *adv.* when
louable *adj.* praiseworthy
la **louche** ladle
louer to rent
le **loukhoum** Oriental sweet
le/la **loup (louve)** wolf
le/la **loupiot(te)** (*fam.*) kid, child
lourd(e) *adj.* heavy; abundant (*harvest*)
lourdement *adv.* heavily
lu *p.p. of* **lire**
lucide *adj.* lucid, clear
la **lueur** light
luire to shine
lûmes *p.s. of* **lire**
la **lumière** light; **l'Age des Lumières** Enlightenment
lumineux (-euse) *adj.* luminous
le **lundi** Monday
la **lune** moon; **la lune de miel** honeymoon
les **lunettes** (*f. pl.*) (eye)glasses
la **lutte** fight, struggle
lutter to fight, struggle
le/la **lutteur (-euse)** fighter
le **lycée** secondary school
Lyon Lyons
Lyonnais(e) *adj.* of or from Lyons
lyrique *adj.* lyric
le **lyrisme** lyricism

M

macabre *adj.* macabre, gruesome
machinalement *adv.* automatically
le **machiniste** stagehand
le **magasin** store
magnifique *adj.* magnificent
le/la **Mahométan(e)** (*o.*) Moslem
le **mai** May
maigre *adj.* thin, skinny; poor (*gardens, land*)
la **main** hand
la **main-d'œuvre** manpower, labor
maintenant *adv.* now
maintenir to keep, hold
maints (maintes) *adj.* many
mais *conj.* but
la **maison** house; business
le **maître** master; teacher; title given to lawyers; title formerly used with proper

name to denote a man not of noble birth
le **maître-nageur** lifeguard
la **maîtresse** mistress; teacher; beloved (*o.*)
maîtriser to control; **se maîtriser** to have self-control
la **majorité** the majority
la **majuscule** capital letter
le **mal** (*pl.* **maux**) evil, wrongdoing; difficulty, trouble; ache, illness; **avoir du mal à** (+ *inf.*) to have trouble (*doing something*); **avoir mal à** to have a pain, hurt (*in some part of the body*); **dire du mal de** to speak ill of; **faire du mal** to do harm; **faire mal à** to hurt (*a part of the body*); **faire mal de** (+ *inf.*) to be wrong in (*doing something*); **l'Esprit du mal** (*m.*) devil
mal *adv.* badly; ill; **mal à l'aise** ill at ease; **mal placé** in a bad place; **ne s'en porter pas plus mal** to be none the worse for it; **pas mal** (*adj.*) rather; **se porter mal, se sentir mal, se trouver mal** to feel ill; **tant bien que mal** somehow or other; **tourner mal** to turn out bad, go to the bad; **très mal en point** in sad (*physical*) shape
malade *adj.* sick; le/la **malade** sick person
la **maladie** illness, disease
maladroit(e) *adj.* awkward
le **malaise** feeling of sickness; uneasiness
le/la **malavisé(e)** unwise, foolish person
la **malchance** bad luck
malgré *prep.* in spite of
malhabile *adj.* clumsy
le **malheur** unhappiness; misfortune; hardship
malheureusement *adv.* unfortunately
malheureux (-euse) *adj.* unhappy; unfortunate
malicieux (-euse) *adj.* malicious
le/la **malin (-igne)** clever person; **le Malin** Devil
le/la **malintentionné(e)** person with bad intentions
la **malle** trunk

le/la **malotru(e)** boor
la **maman** mama
la **manche** sleeve
le **mandat** money order
la **mangeaille** (*fam.*) food
manger to eat; **la salle à manger** dining room
le/la **mangeur (-euse)** eater
maniable *adj.* controllable
la **manie** mania, obsession
la **manière** manner, way; style
le **manifeste** manifesto
manifester to show, indicate; **se manifester** to show, express itself; to appear
la **manœuvre** movement
le **manoir** manor
le **manque** lack
manquer to miss; to fail; **manquer à** to be missing, lacking; to be missed by (*someone*); **manquer de** to lack (*something*)
le **manuel** manual, textbook
maquiller to falsify; **se maquiller** to put on make-up
le **marbre** marble
le/la **marchand(e)** shopkeeper; (art) dealer
la **marche** walking; walk; **le soulier de marche** walking, hiking shoe; **se mettre en marche** to get moving; **un jour de marche** one-day walk
marcher to walk
la **mare** pond
le **maréchal** marshal
le **mari** husband
le **mariage** marriage
le/la **marié(e)** bridegroom (bride); **les nouveaux mariés** (*m. pl.*) newlyweds
se **marier (avec quelqu'un)** to get married (to someone)
marin(e) *adj.* marine, sea; **sous-marin(e)** underwater, ocean
la **marine** navy
la **marque** sign
marquer to mark; to leave an impression on; **marrant(e)** *adj.* funny
le **marron** chestnut
le/la **Martiniquais(e)** Martinican (*inhabitant of Martinique*)
le **masque** mask; diving goggles
la **masse** mass; massive shape; **en masse** all together

le **massif** dense shrubbery
mât: le mât de cocagne greased pole (*climbed at carnivals to reach prizes*)
le **match** game
le **matelas** mattress
matérialiste *adj.* materialistic
matériel: le matériel de guerre war equipment
matériel(le) *adj.* material; financial
maternel(le) *adj.* maternal, motherly; **la langue maternelle** mother tongue, native language
le/la **mathématicien(ne)** mathematician
les **mathématiques** (*f. pl.*) mathematics
la **matière** matter; (academic) subject
le **matin** morning
la **matinée** morning
la **maturité** maturity
maudire to curse
maudit(e) *adj.* accursed
mauvais(e) *adj.* bad
mauve *adj.* mauve (*pale bluish-purple*)
les **maux** (*pl. of* le **mal**) evils
le **méandre** meander, winding
le/la **mécanicien(ne)** mechanic
mécanique *adj.* mechanical; **la mécanique du quotidien** mechanical aspect of everyday life
le **mécanisme** mechanism
la **méchanceté** maliciousness, wickedness
méchant(e) *adj.* wicked; unkind; **le/la méchant(e)** wicked person
mèche: de mèche in cahoots
méconnu(e) *adj.* unappreciated
mécontent(e) *adj.* displeased
le **médecin** (medical) doctor
la **médecine** medicine (*as a profession, science*); (*o.*) medicine, drug
le **médicament** medicine; drug
médiocre *adj.* mediocre
la **médiocrité** mediocrity
méditerrané(e) *adj.* Mediterranean; **la Méditerranée** the Mediterranean
méditerranéen(ne) *adj.* Mediterranean
la **méfiance** distrust

se **méfier de** to distrust
meilleur(e) *adj.* better; **le/la meilleur(e)** the best
la **mélancolie** melancholy
mélancolique *adj.* melancholic; wistful
mélanger to mix
la **mélasse** molasses
mêler (à, avec) to mix, mingle (with); **se mêler de** to meddle in
le **membre** member; limb (*of the body*)
même *adj., adv.* same; self; even; (*after noun*) very; **de même** in the same way, likewise; **quand même, tout de même** nevertheless, even so
la **mémé (mémée)** grandma
la **mémoire** memory
les **mémoires** (*m. pl.*) memoirs, autobiographical journal
menaçant(e) *adj.* threatening, menacing
la **menace** threat
menacer (de) to threaten (with)
le **ménage** housework; (married) couple; **faire le ménage** to do (the) housework
ménager (-ère) *adj.* household, domestic; **la femme ménagère** housewife
mener to take (*a person*); to lead; to conduct (*business*); to trace (*a story*)
le **mensonge** lie
la **mentalité** mentality
la **menthe** mint
mentir to lie
le **menu** menu; **le menu oral** daily conversation
menu(e) *adj.* fine
le **menuisier** carpenter
le **mépris** contempt, scorn
mépriser to hold in contempt, scorn
la **mer** sea
le **mercredi** Wednesday
la **merde** (*pop.*) shit
la **mère** mother
la **mère-grand** (*o.*) grandmother
le **mérite** merit; credit
mériter to deserve
la **merveille** marvel, wonder
merveilleux (-euse) *adj.* marvellous, wonderful
la **mésaventure** misadventure

mesquin(e) *adj.* petty

la **mesure** measure; degree, extent; **à mesure que** as; **dans quelle mesure** to what extent; **dans une certaine mesure** to some extent

mesurer to measure

la **métairie** farm

la **métamorphose** transformation

la **métaphore** metaphor

métaphorique *adj.* metaphorical

la **métaphysique** metaphysics, philosophy

la **méthode** method

le **métier** occupation, job; trade; **avoir du métier** know one's trade

le **mètre** meter

le **métro** Paris subway

mettre to put; to put on (*clothes*); **mettre en morceaux** to break into pieces; **mettre en scène** to stage; to present; **mettre la main sur la figure de** to slap (someone); **se mettre** to go and stand, sit (*in a designated spot*); **se mettre à** to begin; **se mettre à l'abri** to take shelter

le **meuble** piece of furniture; **les meubles** (*pl.*) furniture

mi- *pref.* half; mid; **à la mi-octobre** in mid-October; **à mi-pente** halfway up the slope; **à mi-voix** in (a) hushed voice(s)

le **microcosme** microcosm

le **midi** noon; south

le **miel** honey; **la lune de miel** honeymoon

mieux *adv.* better; **aimer mieux** to prefer; **le mieux** the best; the best part; **tant mieux** so much the better; **valoir mieux** to be better

le **milieu** middle; environment, circle (*social, professional, etc.*); **en plein milieu** right in the middle **le juste milieu** happy medium

militaire *adj.* military

le **millier** (about a) thousand; **des milliers** thousands; a great many

la **mimique** expression

mince *adj.* thin; slight

la **mine** appearance; face; **faire mine de** to make as if; **la mine d'enterrement** long face; **avec mine de rien** without pretense

le **ministère** ministry (*government agency*)

la **minorité** minority; **en minorité** in the minority

minuscule *adj.* minute, tiny

mirent *p.s. of* **mettre**

le **miroir** mirror

mis *p.p., p.s. of* **mettre**

mise: la mise en scène staging, production

misérablement *adv.* miserably

la **misère** poverty; wretchedness

mit *p.s. of* **mettre**

mixte *adj.* joint

mobile *adj.* expressive (*mouth*)

le **mobilier** furniture

la **mobilisation** mobilization, calling up (*of troops*)

mobilisé(e) *adj.* mobilized

la **mode** fashion; **à la mode** in fashion

le **mode** mode, method; mood (*subjunctive, indicative*)

le **modèle** model

le **modelé** relief

la **modération** moderation

moderne *adj.* modern; contemporary

modeste *adj.* modest

la **modestie** modesty

modifié(e) *adj.* modified

modulé(e) *adj.* modulated

les **mœurs** (*f. pl.*) customs, habits; manners

moindre: le/la moindre the least, slightest; any kind of

le **moine** monk; **en moine** like a monk

moins *adv.* less; **à moins que** *conj.* unless; **en moins de rien** in no time at all; **(tout) au moins** at (the very) least

le **mois** month

la **moisson** harvest

la **moitié** half; **faire quelque chose à moitié** to do something halfway; **partager par moitié** to divide in half

mollement *adv.* softly; slowly

la **momerie** masquerade

le **monarque** monarch

mondain(e) *adj.* fashionable

le **monde** world; people; **bon monde** respectable people; **tout ce monde** this group of people; **tout le monde** everybody

mondial(e) *adj.* world(-wide); **la guerre mondiale** world war

la **monotonie** monotony

le **monstre** monster

monstrueux (-euse) *adj.* monstrous

la **montagne** mountain

montagneux (-euse) *adj.* mountainous

la **montée** going up

monter to go up; to climb; to rise (up); to put on, present (*a play*)

montrer to show; **se montrer** to show oneself; to appear; to be seen

se **moquer de** to make fun of; to ridicule; **je me moque bien de** I couldn't care less about

moqueur (-euse) *adj.* mocking

moral(e) *adj.* moral; **la morale** moral; morality; moral ethics

la **moralité** moral

le **morceau** piece; **mettre en morceaux** to break into pieces

mordant(e) *adj.* biting, caustic, cutting

mordit *p.s. of* **mordre**

mordre to bite; to bite off, into; **se mordre à la gorge** to be at each others' throats

la **mort** death

mort *p.p. of* **mourir**

mort(e) *adj.* dead; **la nature morte** still life

le **mot** word; **le jeu de mots** play on words

mou (mol, molle) *adj.* soft; flabby

la **mouche** fly

le **mouchoir** handkerchief

mouillé(e) *adj.* wet

le **moulin** mill

mourant(e) *adj.* dying; **le jour mourant** dying day, setting sun

mourir to die

la **mousse** moss
la **mousseline** chiffon; **vaporeux (-euse) comme une
mousseline** as light as a
veil
mousseux (-euse) *adj.* frothy
le **moustique** mosquito
le **mouton** sheep
mouvant(e) *adj.* shifting; **les
sables mouvants** (*m. pl.*)
quicksand
le **mouvement** movement
le **moyen** way, means;
financial means; **au mo-
yen de, par le moyen de**
by means of
moyen(ne) *adj.* average; **le
Moyen Age** Middle Ages
le **mufti** Moslem ecclesiastic
le **mugissement** moan
le **mulet** mule
multiplier to multiply
muni(e) (de) *adj.* armed
(with)
le **mur** wall
la **muraille** wall
mûrir to ripen
le **murmure** murmur
murmurer to whisper
musclé(e) *adj.* muscular
le **museau** muzzle, snout
le **musée** museum
le/la **musicien(ne)** musician
le/la **Musulman(e)** Moslem
mutuel(le) *adj.* mutual
mutuellement *adv.* one another, each other
le **mystère** mystery

N

nager to swim
naïf (naïve) *adj.* naïve
la **naissance** birth
naître to be born; to arise,
spring up
la **naïveté** naïveté
nana: côté nanas (*pop.*) as
far as chicks are
concerned
narquois(e) mocking
le/la **narrateur (-trice)** narrator
narratif (-ive) *adj.* narrative
le **naseau** nostril
natal(e) *adj.* native
le/la **nationaliste** nationalist
la **nationalité** nationality
la **natte** braid
le/la **naturaliste** naturalist; **naturaliste** *adj.* naturalistic
la **nature** nature; **la nature**

morte still life
naturel(le) *adj.* natural
naturellement *adv.* natu-
rally; by nature; of course
nautique: le ski nautique
water-skiing
naval(e) *adj.* naval
le **navet** turnip
naviguer to sail
le **navire** ship
né *p.p.* of **naître**
néanmoins *adv.* nevertheless
nécessaire *adj.* necessary
la **nécessité** necessity
négatif (-ive) *adj.* negative
négliger to neglect
nègre *adj.* negro, black
la **négritude** black cultural
consciousness
négroïde *adj.* negroid
la **neige** snow
neiger to snow
neigeux (-euse) snow-covered
le **néné** (*fam.*) breast
néo-homérique *adj.* imitat-
ing Greek style
le **nerf** nerve
nerveux (-euse) *adj.* nervous
net(te) *adj.* clean; clear
nettement *adv.* clearly,
distinctly
le **nettoyage** cleaning
nettoyer to clean
neuf (neuve) *adj.* new; **un regard neuf** fresh look
le **nez** nose; **avoir le nez partout** to be very curious
nier to deny
le/la **nigaud(e)** fool
le **niveau** level
la **noce** wedding; **le voyage de
noces** honeymoon
nocturne *adj.* nocturnal
le **nœud** knot; bow
noir(e) *adj.* black; dark
le **noisetier** hazelnut tree
la **noisette** hazelnut
le **nom** name; noun
le/la **nomade** nomad
le **nombre** number
nombreux (-euse) *adj.*
numerous
nommer to name; to call; to
appoint; **se nommer** to be
called
le **nord** north
normal(e) *adj.* normal, usual
normand(e) *adj.* Norman;
le/la Normand(e) Norman
(*inhabitant of Normandy*)
la **Normandie** Normandy

la **nostalgie** nostalgia;
homesickness
notable *adj.* eminent
le **notaire** notary
la **note** note; grade
noter to note; to notice
nouer to tie; **se nouer** to
tighten (*throat*)
nourrir to feed
la **nourriture** food
nouveau (nouvel, nouvelle)
adj. new; **à/de nouveau**
again; **les nouveaux ma-
riés** (*m. pl.*) newlyweds
la **nouveauté** newness; originality; novelty
la **nouvelle** (a piece of) news;
short story; **les nouvelles**
(*pl.*) news; **aller aux nouvelles** to get news
noyer to drown; to well up
in (*tears*); **se noyer** to
drown (oneself)
nu(e) *adj.* naked; bare; **les
pieds nus** (*m. pl.*) barefoot
le **nuage** cloud
la **nuance** nuance, shade of
meaning
nuancé(e) de *adj.* tinged with
nuire à to harm; to undermine; to distract from
la **nuit** night
nul(le) *adj.* incapable; worthless; **nulle part** nowhere
le **numéro** number; **faire un
numéro** to act the clown
la **nuque** nape (of neck)

O

obéir à to obey
objectif (-ive) *adj.* objective
l'**objectivité** (*f.*) objectivity
l'**objet** (*m.*) object
obligatoire *adj.* obligatory,
compulsory
obliger to oblige, constrain,
compel; **obliger quelqu'un
de faire quelque chose** (*o.*)
to do someone a favor by
doing something
obscur(e) *adj.* obscure;
unknown
obséquieux (-euse) *adj.*
obsequious
observer to observe; to com-
ply with
obstiné(e) *adj.* stubborn;
relentless
obtenir to obtain, get

l'**obus** (*m.*) shell; **la rafale d'obus** burst of shellfire; **l'éclat d'obus** (*m.*) shell splinter

l'**occasion** (*f.*) opportunity

l'**occident** (*m.*) west

occidental(e) *adj.* western

occupé(e) *adj.* occupied; busy

occuper to occupy; **s'occuper** to occupy oneself, keep busy; **s'occuper de** to take care of, attend to

l'**océan** (*m.*) ocean

l'**océanographe** (*m., f.*) oceanographer

ocre *adj.* ocher

octaédrique *adj.* octahedral, eight-sided

l'**octobre** (*m.*) October

l'**odeur** (*f.*) fragrance, scent

l'**odorat** (*m.*) (sense of) smell

l'**œil** (*m. pl.* **yeux**) eye; **l'œil poché** black eye

l'**œuf** (*m.*) egg

l'**œuvre** (*f.*) work; works of a writer, an artist as a whole; **la main-d'œuvre** manpower, labor; **le chef-d'œuvre** masterpiece; **se mettre à l'œuvre** to get down to work; **tout(e) à son œuvre** entirely absorbed in one's work

l'**offense** (*f.*) offense, insult

offert *p.p. of* **offrir**

l'**office** (*m.*) job (*o.*)

officiel(le) *adj.* official

l'**officier** (*m.*) officer

offrir to offer; to give (*a gift*)

offrit *p.s. of* **offrir**

l'**oignon** (*m.*) onion

l'**oiseau** (*m.*) bird

oisif (-ive) *adj.* idle

l'**olivier** (*m.*) olive tree

l'**ombre** (*f.*) shadow

l'**ombrelle** (*f.*) parasol

omettre to omit

l'**oncle** (*m.*) uncle

ondulé(e) *adj.* wavy

l'**opération** (*f.*) operation

opposer to contrast; **s'opposer à** to contrast with; to oppose

l'**opposition** (*f.*) contrast

opter pour to opt for, decide in favor of

l'**optimisme** (*m.*) optimism

optimiste *adj.* optimistic

l'**optique** (*f.*) point of view

opulent(e) *adj.* wealthy

l'**or** (*m.*) gold

or *conj.* now; so; thus; then

l'**orage** (*m.*) storm

oral(e) *adj.* oral

l'**oranger** (*m.*) orange tree

ordinaire *adj.* ordinary

l'**ordonnance** (*f.*) prescription

ordonner to order; to prescribe (*medicine*)

l'**ordre** (*m.*) order

l'**oreille** (*f.*) ear; **arriver aux oreilles** to be heard; **rompre les oreilles** to be ear-splitting; **tendre l'oreille** to listen carefully

organique *adj.* organic

l'**organisateur (-trice)** organizer, director

organiser to organize

l'**orgueil** (*m.*) pride, arrogance

orgueilleux (-euse) *adj.* proud, arrogant

l'**orientation** (*f.*) orientation; **le sens de l'orientation** sense of direction

original(e) *adj.* original

l'**originalité** (*f.*) originality

l'**origine** (*f.*) origin

l'**ornement** (*m.*) ornament

oser to dare

ôter to take away, remove; to take off (*clothes*)

ou *conj.* or

où *adv.* where

ouais *excl.* (*fam.*) yeah

oublier to forget

l'**ouest** (*m.*) west

l'**ouïe** (*f.*) (sense of) hearing

l'**ours(e)** bear; **l'ours en peluche** teddy bear

outre *prep.* in addition

outre-mer *adv.* overseas

ouvert *p.p. of* **ouvrir**

ouvert *adj.* open; **ouvert sur** facing

ouvertement *adv.* overtly, openly

l'**ouverture** (*f.*) opening; overture, proposal

l'**ouvrage** (*m.*) work

l'**ouvrier (-ière)** worker

ouvrir to open

ouvrit *p.s. of* **ouvrir**

P

pacifique *adj.* peaceful; peaceable

le **paillasson** doormat

la **paille** straw

le **pain** bread; **le pain d'épice** cake similar to gingerbread

paisible *adj.* calm

la **paix** peace

le **palais** palace

pâle *adj.* pale

le **palier** landing

la **palme** palm; **les Palmes académiques** decoration from the French Ministry of Education

le **pamphlétaire** writer of short satires on politics, religion, etc.

le **panier** basket

la **panique** panic

le **pantalon** (pair of) trousers

la **pantoufle** slipper

le **papier** paper, document

le **papillon** butterfly

papillonner to flutter

Pâques (*f. pl.*) Easter

le **paquet** package

par *prep.* by; through; **par contre** on the other hand; **par delà** beyond; **par la suite** afterwards

le **paradis** paradise; heaven

paraître to seem, appear

le **paravent** screen

parbleu *excl.* of course; for heaven's sake

le **parc** park

parcourir to go through, go all over; **parcourir des yeux** to glance at, over

le **parcours** journey, distance covered

parcourut *p.s. of* **parcourir**

le **pardessus** overcoat

par-dessus *prep.* over

pardi *excl.* by God

paré(e) *adj.* all set, all decked out

pareil(le) *adj.* similar, like; **le/la pareil(le)** peer; **un(e) pareil(le)** such a

le/la **parent(e)** parent; relative

la **parenté** kinship

le **paréo** wraparound

paresser to be lazy

paresseux (-euse) *adj.* lazy

parfait(e) *adj.* perfect; complete

parfois *adv.* sometimes

le **parfum** perfume; aroma

parfumer to perfume

parisien(ne) *adj.* Parisian; **le/la Parisien(ne)** Parisian

le **parlement** parliament

parler to speak, talk

parmi *prep.* among

parodique *adj.* parodic, mocking

la **parole** word; speech; promise; **croire (quelqu'un) sur parole** to take (someone's) word; **porter la parole** to be the spokesman; **prendre la parole** (to begin) to speak; **tenir (sa) parole** to keep one's word

la **part** part; share; **à part** apart, separately; independently; **autre part** elsewhere; **d'autre part** on the other hand; **de la part de** on the part of; **nulle part** nowhere; **pour une faible part** to some extent

le **partage** division; allocation

partagé(e) *adj.* divided, split; mixed (*feelings*); **partagé entre** torn between

partager to share; to divide

le **parti** decision, course of action; (political) party; **faire un mauvais parti à** to treat (*someone*) badly

participer (à) to participate (in)

particulier (-ière) *adj.* particular, special

la **partie** part; **faire partie de** to be part of

partir to leave; **à partir de** starting from, beginning with; from (*a given time*) on; **partir d'un éclat de rire** to burst out laughing

partout *adv.* everywhere; **avoir le nez partout** to be very curious

paru *p.p.* of **paraître**

la **parure** adornment

parurent *p.s.* of **paraître**

parut *p.s.* of **paraître**

parvenir (à) to arrive (at); to reach; to succeed (in)

parvenue *p.p.* of **parvenir**

parvint *p.s.* of **parvenir**

le **pas** step; **au pas** at a walk

passé(e) *adj.* past; **le passé** past

le **passé composé** past perfect tense

le **passe-montagne** knitted hood

passer to pass, go (*by, along, through*); to cross (*threshold*); to spend (*time, vacation*); **passer par les baguettes** to run the gauntlet;

passer pour to be taken for; **passer un compromis** to make a compromise; **se passer de** to do without

le **passé simple** literary past definite tense

le/la **passeur (-euse)** person who helps people cross a border

la **passion** passion; love

passionnant(e) *adj.* exciting

passionné(e) *adj.* excited

passivement *adv.* passively

pasteurisé(e) *adj.* pasteurized

la **patate** sweet potato; (*fam.*) potato, spud

patauger to wade in the mud

paterne *adj.* paternalistic

le/la **patient(e)** patient

patienter to wait patiently

le/la **pâtissier (-ière)** pastry maker

la **patrie** homeland

le **patriotisme** patriotism

le/la **patron(ne)** employer, boss; restaurant owner; patron saint

la **patrouille** patrol

patrouiller to patrol

le **pâturage** pasture land

la **paume** palm

la **paupière** eyelid; **faire bouger ses paupières** to bat one's eyelashes

pauvre *adj.* poor; **le pauvre esprit** (*fam.*) feebleminded person, ignoramus

la **pauvreté** poverty

payer to pay (for)

le **pays** country; region; village

le **paysage** landscape

le/la **paysan(ne)** peasant; **paysan(ne)** *adj.* farm

la **peau** skin; **à fleur de peau** skin-deep

les **Peaux-Rouges** (*m. pl.*) American Indians

la **pêche** fishing; peach

pêcher to fish

pécuniairement *adv.* financially

pédagogique *adj.* pedagogical

pédaler to pedal

le **peigne** comb

se **peigner** to comb one's hair

peindre to paint; to depict

la **peine** sorrow; effort, trouble; **à peine** hardly, scarcely, barely; **ça vaut la peine** it's worth the trouble; **ce**

n'est pas la peine it's not worth the trouble; there's no point (in doing something); **faire de la peine à** to hurt (*someone's*) feelings

peiner to toil; to struggle; to hurt (*someone's*) feelings

peint *p.p.* of **peindre**

le **peintre** painter

la **peinture** painting; paint

péjoratif (-ive) *adj.* pejorative, derogatory

la **pelouse** lawn

la **peluche** (piece of) fluff; **l'ours en peluche** (*m.*) teddy bear

penché(e) (sur) *adj.* bending, stooping (over)

se **pencher (sur, par)** to lean (over, out)

pendant *prep.* during; for; **pendant que** *conj.* while

pendre to hang; to hang down

pénétrer to enter; to perceive, discern; to have an insight into

pénible *adj.* hard; tedious

péniblement *adv.* with difficulty; heavily

la **pensée** thought

penser to think; **penser à** to think about, of; **penser à part** to think independently; **penser de** to think of (have an opinion of); **penser (à) faire** to think of, consider doing (*something*); to expect to do (*something*); **penser par soi-même** to think for oneself; **penses-tu!** are you kidding?

le **penseur** thinker

le/la **pensionnaire** boarder, boarding school student; **le/la demi-pensionnaire** day student in boarding school who takes the noon meal at school

la **pente** slope

perçant(e) *adj.* piercing, shrill

percé(e) *adj.* pierced; **percé(e) à jour** open; **percé(e) de fenêtres** with windows

perché(e) *adj.* perched

le **perchoir** perch

perdre to lose; **se perdre** to get lost

perdu *p.p. of* **perdre**
perdu(e) *adj.* lost; isolated, out-of-the-way; **un trou perdu** hideaway
le **père** father
la **pérégrination** wandering
perfectionner to perfect
perfide *adj.* treacherous
le **péril** peril, danger; **à ses risques et périls (à ses périls et fortune,** *o.*) at one's own risk
périlleux (-euse) *adj.* perilous, hazardous
la **période** period (of time)
périr to perish
permettre to allow, permit; **se permettre de** to take the liberty of; **se permettre un voyage** to allow oneself to take a trip
permirent *p.s. of* **permettre**
permis *p.p. of* **permettre**
permis(e) *adj.* permitted; **se croire tout permis** to think one can do anything one wishes
perpendiculairement *adv.* perpendicularly
perplexe *adj.* puzzled
la **perquisition** thorough search
le **perron** flight of steps
persister (à) to persist (in)
le **personnage** character (*in a novel, play*)
la **personnalité** personality
la **personne** person
personne (*with* **ne** *expressed or understood*) *indef. pron.* (*m.*) no one
personnel(le) *adj.* personal
la **personnification** personification
personnifié(e) *adj.* personified
persuader to persuade, convince
la **perte** loss
pesant(e) *adj.* heavy
peser to weigh
le **pessimisme** pessimism
le/la **pessimiste** pessimist; **pessimiste** *adj.* pessimistic
petit(e) *adj.* little, small; **le/la petit(e)** (small) child; short person; kid (*term of affection*); **le/la petit(e) ami(e)** boyfriend (girlfriend); **le petit déjeuner** breakfast
les **petits-enfants** (*m. pl.*)

grandchildren
pétrir to knead
le **peu** little
peu *adv.* little, not much; not very; **à peu près** almost; more or less; **dis-moi un peu** just tell me; **peu à peu** little by little; **peu de** not much, few; **quelque peu** somewhat; **un peu parent** sort of related
le **peuple** nation, people (*considered as a national or regional group*)
peupler to populate
la **peur** fear; **avoir peur** to be afraid; **faire peur** to frighten; **par peur de** for fear of
peureux (-euse) *adj.* timid
peut-être *adv.* perhaps
la **phalange** finger
le **phare** lighthouse
la **pharmacie** pharmacy; **le pot de pharmacie** apothecary jar
le/la **philosophe** philosopher
la **philosophie** philosophy
philosophique *adj.* philosophical
la **photo** photograph
le/la **photographe** photographer
la **photographie** photography
la **phrase** sentence
physiologique *adj.* physiological
la **physionomie** physiognomy, features
physique *adj.* physical
le **pic** (mountain) peak
le **pichet** pitcher
picoté(e) *adj.* lightly stung
la **pièce** play; room; piece (*of identification*); **un franc pièce** one franc each
le **pied** foot; **à pied** on foot; **lutter pied à pied** to wrestle; **mettre pied à terre** to set foot on the ground; **un coup de pied** kick
le **piédestal** pedestal
le **piège** trap
la **pierre** stone
piéton(ne) *adj.* pedestrian; **la rue piétonne** walking mall
pif *excl.* smack, bang
la **pile** pile, heap
le **pilier** pillar
le **pilote** pilot; **le poisson pilote** pilotfish

pincer to purse (*lips*)
le **pionnier** pioneer
pipi-caca: faire pipi-caca (*baby talk*) to urinate and defecate
le **pique** spade(s) (cards); **piqué(e) de** flavored with
pire *adj.* worse; **le/la pire** the worst
pis *adv.* worse; **tant pis** so much the worse; too bad; tough luck
la **pistache** pistachio nut
la **piste** track; trail; recreation area; **la piste de danse** dance floor; **le ski de piste** downhill skiing; **le tour de piste** lap
la **pitié** pity
le **placard** closet
la **place** place; seat; **clouer sur place** to nail to the spot; **prendre place** to sit down
placer to place, put; **mal placé(e)** in a bad place
le **plafond** ceiling
la **plage** beach
plaindre to sympathize with; **se plaindre (de)** to complain (about); **avoir à se plaindre (de)** to have cause to complain (about)
la **plaine** plain; **le coureur de plaine** hunter, trapper
la **plainte** moan
plaire (à quelqu'un) to please (someone)
plaisant: le mauvais plaisant evil tongue
plaisant(e) *adj.* pleasant; ridiculous; presumptuous
plaisanter to joke
la **plaisanterie** joke
le **plaisir** pleasure
le **plan** city map; level
la **plante** plant
planté(e) *adj.* standing
planter to plant; to pitch (*a tent*)
plantureux (-euse) *adj.* copious; buxom
la **plaque** bar (of chocolate); **la plaque indicatrice** sign
le **plat** dish (*container*); dish of food; course (*of a meal*)
plat(e) *adj.* flat; level; dull; unimaginative
le **platane** plane tree
la **plate-forme** platform
la **platitude** platitude, trite remark

plein(e) *adj.* full; **de plein air** outdoor; **en plein(e)** right in the; **en plein sur** right on; **le terre-plein** courtyard
pleurer to cry
pleuvoir to rain
plier to fold
le **plomb** lead; **le plomb à fusil** buckshot
la **plongée** dive
plonger to dive
le/la **plongeur (-euse)** diver
plu *p.p. of* plaire
la **pluie** rain
la **plume** pen
la **plupart** the most, the majority
le **pluriel** plural
plus *adv.* more; **ne... plus** no more, no longer; **tout au plus** at the very most
plusieurs *indef. adj., pron.* several
plutôt *adv.* rather
le **pneu** tire
la **poche** pocket
poché: un œil poché a black eye
le **poêle** stove
le **poème** poem
la **poésie** poetry
le **poète** poet
poétique *adj.* poetic
poignant(e) *adj.* poignant, moving
le **poignard** dagger
la **poignée** handful; **la poignée de main** handshake
le **poignet** wrist
le/la **poinçonneur (-euse)** ticket collector
le **poing** fist
le **point** point; **à quel point** to what extent; **au point** well-regulated; **très mal en point** in sad (physical) shape
point: ne... point literary equivalent of **ne... pas**
la **pointe** point; tip; **les heures de pointe** (*f. pl.*) rush hour; **sur la pointe des pieds** on tiptoe
pointer to point
pointu(e) *adj.* angular; shrill
le **pois** pea
le **poisson** fish
la **poitrine** chest
pôle: le Pôle Nord North Pole

poli(e) *adj.* polite
la **police** police; **l'agent de police** (*m.*) policeman
policier: le roman policier detective novel
polir to touch up
la **politesse** politeness
politique *adj.* political
le **polochon** pillow; **se battre à coups de polochon** to have a pillow fight
la **Pologne** Poland
le/la **Polonais(e)** Pole (Polish person)
polygame *adj.* polygamous
la **pomme** apple; **la pomme de terre** potato
pomper to pump; to dry up
pompeux (-euse) *adj.* pompous
le **pompon** frill
ponctué(e) (de) *adj.* punctuated (with)
le **pont** bridge
le **ponton** dock
populaire *adj.* popular; of the people; common; nonstandard (*language, expression*)
la **popularité** popularity
la **porte** door; gate
la **portée** range; reach, significance, import; **à portée d'une main** within reach of a hand; **à portée de voix** within earshot; **de portée universelle** of universal significance
le **portefeuille** wallet
le **porte-glaive** sword carrier
le **porte-parole** spokesman
le **porte-plume** penholder
porter to carry: to take; to bring; to lead; to wear; to hold up; to bear (*a name*); **porté(e) au beau** with a penchant for all things beautiful; **porter la parole** to be the spokesman; **porter secours à** to help; **porter un mal (un remède)** (*o.*) to bear an illness (a remedy); **se porter** to feel (*health*); **ne s'en porter pas plus mal** to be none the worse for it
la **porterie** gatehouse
le/la **porteur (-euse)** porter
le **portillon** gate
le/la **portraitiste** portrait painter
la **portugaise** Portuguese oys-

ter; **avoir les portugaises ensablées** (*pop.*) to be deaf
la **pose** pose; sitting
poser to pose; to put; to set, lay (down); **poser une question** to ask a question
positif (-ive) *adj.* positive
la **position** position; **la prise de position** stand (*on an issue*)
posséder to possess, own; to have
la **possibilité** possibility
postal(e) *adj.* postal; **la carte postale** postcard
la **poste** post office
le **poste** position, job; outpost (*military*)
le **pot** jar; vase; **le pot de pharmacie** apothecary jar
le **potage** soup
le **pote** (*pop.*) pal
le **poteau** pole
la **poubelle** garbage can
le **poulain** colt
la **poule** hen; **la poule d'eau** waterhen
le **poulet** chicken
le **poumon** lung
la **poupée** doll
pour *prep.* for; (in order) to
le **pourpoint** doublet
le **pourpre** reddish purple (color)
pourquoi *adv., conj.* why
la **poursuite** pursuit, chase
poursuivit *p.s. of* poursuivre
poursuivre to pursue; to chase; to work toward (*a goal*); to continue (talking)
pourtant *adv.* however; nevertheless, yet
poussé(e) *adj.* reaching up, jutting out
la **poussée** drive
pousser to push; to grow (*plants*); to utter (*a cry, shout*); **pousser à l'extrême** to carry to the extreme; **pousser (quelqu'un) à** to drive (someone) to
la **poussière** dust
le **poussin** chick; **un petit poussin** (*fam.*) term of affection corresponding to "a little doll"
la **poutouffle** baby talk for **pantoufle**
le **pouvoir** power

pouvoir to be able
la **prairie** grassland, meadow
pratique *adj.* practical
pratiquer to go in for (*sports, leisure activities*)
le **pré** meadow; **le pré salé** salt meadow
la **précaution** precaution
précédent(e) *adj.* preceding; previous
précéder to precede
le **précepte** precept
le/la **précepteur (-trice)** tutor
précieux (-euse) *adj.* precious
se **précipiter** to rush
précis(e) *adj.* precise
préciser to specify
la **précision** precision
le **prédécesseur** predecessor
la **prédiction** prediction
préétabli(e) *adj.* pre-established
préférable *adj.* preferable
préférer to prefer
préjudiciable *adj.* harmful
le **préjugé** prejudice
prendre to take; to take on (*a color*); to have (*food, drink*); **prendre conscience de** to become aware of; **prendre garde** to be careful, take care; to watch out; **prendre l'air, le frais** to get, enjoy the fresh air; **prendre l'habitude de** to acquire the habit of; **prendre un temps** to pause; **prendre une décision** to make a decision; **s'en prendre à quelqu'un** to hold (*something*) against someone
le **prénom** first name
la **préoccupation** preoccupation; concern, worry
se **préoccuper de** to be concerned with, worry about
préparer to prepare
près *adv.*: **à peu près** almost; more or less; **de près** closely; **tout près** very near
pré-salé: **le gigot de pré-salé** lamb fed on salt meadows
près de *prep.* near, close to
la **présence** presence
le **présent** present (time, tense); gift; **à présent** now; nowadays
la **présentation** presentation
présenter to present; to offer; **se présenter de face** to

face (*the observer*)
le/la **président(e)** president
presque *adv.* almost
la **presse** press
pressé(e) *adj.* in a hurry; urgent
presser to urge
prestigieux (-euse) *adj.* prestigious
présumer to presume
prêt(e) *adj.* ready
prétendu(e) *adj.* alleged
la **prétention** claim, pretense
prêter to lend; **prêter à** to give rise to; **se prêter à** to lend itself to
le **prétexte** pretext
la **preuve** proof; **à preuve** here is the proof; **faire preuve de** to show
prévenir to inform; to warn
prévu(e) *adj.* planned
prier to ask; to beg; to invite (*to dinner*); **je vous en (t'en) prie** please
prîmes *p.s. of* **prendre**
principal(e) *adj.* main; **le personnage principal** main character (*in a play, novel*)
printanier (-ière) *adj.* spring-like
le **printemps** spring
pris *p.p. of* **prendre**
la **prise** hold, grip; **lâcher prise** to let go; **prise de position** stand (*on an issue*); **prise en charge** assumption of responsibility
le/la **prisonnier (-ière)** prisoner
prit *p.s. of* **prendre**
privé(e) *adj.* deprived; private; gentle (*o.*)
priver to deprive
le **prix** price; value, prize
le **problème** problem; difficulty
le **procédé** device
prochain(e) *adj.* next
proche *adj.* near
se **procurer** to get
le **prodige** marvel, wonder
prodigieux (-euse) *adj.* prodigious
produire to produce; **se produire** to occur, take place
le **produit** product
produit *p.p. of* **produire**
le **professeur** professor
la **profession** profession; **les professions libérales** professional class

professionnel(le) *adj.* professional
profiter de to take advantage of
profond(e) *adj.* deep
profondément *adv.* deeply
la **profondeur** depth
le **programme** program
le **progrès** progress
progresser to advance
la **proie** prey; **être la proie de** to fall prey to, be at the mercy of
le **projet** plan
projeter to plan; to show (*film*)
prolonger to extend, lengthen
la **promenade** walk, stroll; ride; drive; **faire une promenade** to take a walk, ride, drive
se **promener** to go for a walk, drive, ride
le/la **promeneur (-euse)** stroller
promettre to promise
promirent *p.s. of* **promettre**
promis *p.p., p.s. of* **promettre**
la **promiscuité** close contact, lack of elbow room
promit *p.s. of* **promettre**
le **pronom** pronoun
prononcer to pronounce; to utter; to declare; to deliver (*a speech*)
la **propagande** propaganda
propice *adj.* suitable
le **propos** word; remark; **à propos de** in regard to
proposer to propose; to suggest
la **proposition** proposal
propre *adj.* clean; (*preceding the noun*) own; decent, respectable (*people*); **voilà qui est propre!** there's a fine thing!
le/la **propriétaire** proprietor, owner
le **protagoniste** protagonist (*main character in a novel, play*)
protecteur (-trice) *adj.* protective; patron (saint)
protéger to protect
protester to protest, object
prouver to prove
provenance: **en provenance de** coming from

provenir de to come from, be due to

le **proverbe** proverb

la **province** province, region

la **provision** supply

provoquer to provoke; to arouse

la **proximité** proximity; **à prox-imité de** close to, in the vicinity of

prudent(e) *adj.* cautious

la **Prusse** Prussia

la **psychologie** psychology

psychologique *adj.* psychological

psychosomatique *adj.* psychosomatic

les **P.T.T. (Postes, Télégraphes, Téléphones)**

pu *p.p. of* **pouvoir**

puant(e) *adj.* foul-smelling

public (-ique) *adj.* public

la **publicité** advertising

publier to publish

puis *adv.* then, next, afterwards

puiser (dans) to draw (from)

puisque *conj.* since, seeing that

puissamment *adv.* powerfully

la **puissance** power

puissant(e) *adj.* strong, powerful

le **puits** well

pûmes *p.s. of* **pouvoir**

punir to punish

le **pupitre** (school) desk

pur(e) *adj.* pure; undiluted (*alcoholic beverage*); mere (*ideas*)

la **pureté** purity

pus, put *p.s. of* **pouvoir**

Q

le **quai** platform (*of railroad, subway station*)

qualifier to describe

la **qualité** quality

quand *adv., conj.* when; **quand même** even so, nevertheless

quant à *adv.* as for

la **quantité** quantity, amount

la **quarantaine** about forty

le **quart** quarter

le **quartier** neighborhood; part

le **quatrain** quatrain (*stanza of four lines*)

que: ne... que only; except

quel(le) *interrog. adj.* which, what, who

quelconque *indef. adj.* any, whatever

quelque *indef. adj.* some; (a) few; **quelque peu** somewhat

quelquefois *adv.* sometimes

quelques-uns (-unes) *indef. pron.* some, a few

quelqu'un *indef. pron.* some-one; **quelqu'une** (*o.*) one

la **querelle** quarrel; fight; **cher-cher querelle** to pick a quarrel

quérir to seek

questionner to question

le/la **questionneur (-euse)** inquisitive person

la **queue** tail

le/la **quincaillier (-ière)** hardware dealer

quitter to leave; to take off (*clothes*); **leurs armures quittées** their defenses dropped; **quitter des yeux** to take one's eyes off

quoi *rel., interrog. pron., excl.* what; which; **après quoi** after which; **avoir de quoi** to have enough (*food, sup-plies*); **en quoi** how, in what way; **quoi!** what!

quoique *conj.* although

quotidien(ne) *adj.* daily; ev-eryday; **le quotidien** ev-eryday life

R

rabaisser: rabaisser le ca-quet de (quelqu'un) to make (someone) shut up

rabattre to deduct

le **rabot** carpenter's plane

se **racheter** to redeem oneself

la **racine** root

raconter to tell, relate, nar-rate; **qu'est-ce que tu ra-contes?** what on earth are you talking about?

radieux (-euse) *adj.* radiant

le **radotage** rambling; gossiping

la **rafale** burst; **la rafale d'obus** shellfire

se **rafraîchir** to have something to drink

la **rage** rage, fury

rager to fume, be in a rage

raide *adj.* stiff

le **raidillon** short, steep trail

se **raidir** to stiffen

railleur (-euse) *adj.* mocking; mischievous; **le/la railleur (-euse)** mocker, scoffer

le **raisin** grape

la **raison** reason; **avoir raison** to be right

raisonnable *adj.* reasonable

le **raisonnement** argument

raisonner to reason

raisonneur (-euse) *adj.* rational

le **ramage** floral design; **à ramages** floral print

ramasser to pick up

la **rame** (subway) train

ramener to bring back

ramer to row

la **rancune** resentment; malice, spite

le **rang** row

rangé(e) *adj.* orderly

la **rangée** line

ranger to arrange; to set; to put away

rapide *adj.* quick

rapiécé(e) *adj.* patched up

le **rapin** (*fam.*) artist

rappeler to call back; to re-mind (of); to bring to mind; **se rappeler** to remember

le **rapport** relation, connection; report; account; **les rap-ports** (*pl.*) relationship, re-lations; **par rapport à** in relation to

rapporter to bring back; to yield

rapproché(e) *adj.* pushed together

rapprocher to put together; to establish a link be-tween; **se rapprocher** to come close, draw near

rarement *adv.* rarely, seldom

raser to shave

le **rasoir** razor

rassembler to gather to-gether, assemble

rassis(e) *adj.* sedate

rassurer to reassure

rater to fail

le **rationnement** rationing

rattraper to catch up with

ravagé(e) *adj.* ravaged, devastated

ravi(e) *adj..* enchanted

se **raviser** to change one's mind

le **ravitaillement** food supply
ravitailler to supply (with food)
le **rayon** radius
la **réaction** reaction
réagir to react
réaliser to carry out
le **réalisme** realism
réaliste *adj.* realistic
la **réalité** reality
réapparaître to reappear
rebelle *adj.* rebellious
le **rebord** sill
récemment *adv.* recently
récent(e) *adj.* recent; new
recevoir to receive; to welcome
réchauffer to warm (up)
la **recherche** research
recherché(e) *adj.* choice
rechercher to search for
réciproque *adj.* reciprocal, mutual
le **récit** story; narration, narrative
réclamer to demand
la **récolte** harvest
la **recommandation** advice; instruction, admonition
recommander to recommend; to advise; to urge; to entrust
recommencer to begin again
récompenser to reward
la **reconnaissance** acknowledgment
reconnaître to recognize
reconnu *p.p. of* **reconnaître**
reconnus, reconnut *p.s. of* **reconnaître**
reconquérir to regain
reconquis *p.p. of* **reconquérir**
recopier to write out again
se **recoucher** to go back to bed
le **recours** recourse, resort; **avoir recours à** to resort to
recouvert *p.p. of* **recouvrir**
recouvrir to cover
la **récréation** recess
recroquevillé(e) *adj.* curled up; shriveled
reçu *p.p. of* **recevoir**
le **recueil** collection (*of poems, short stories, etc.*)
recuit(e) *adj.* burned through
reculer to move back; to draw back, hesitate
récupérer to retrieve
la **rédaction** composition
redécouvrir to rediscover

redescendre to go down again
redevenir to become again
redevint *p.s. of* **redevenir**
redoubler to redouble; to repeat (*a course, class*)
redouter to dread
la **réduction** reducing
réduire to reduce
réel(le) *adj.* real
réexaminer to reexamine
refaire to make, do again; **refaire une promenade** to take the same walk, ride, drive
le **réfectoire** dining hall
se **référer à** to refer to, consult
refermer to close again
refîmes *p.s. of* **refaire**
réfléchi(e) *adj.* reflective, thoughtful
réfléchir to think, ponder; to consider
le **reflet** reflection
refléter to reflect
la **réflexion** thought; **à la réflexion** on thinking it over
refluer to flow back
la **réforme** reform
refoulé(e) *adj.* forced back
le **refrain** refrain; song
refroidir to cool (down)
le **refus** refusal
refuser to refuse; to reject
le **regain** renewal
le **regard** look; glance; gaze; eyes; expression; **abaisser le regard (sur)** to look down (on); **détourner son (le) regard** to look away; **inspecter du regard** to examine; **jeter un regard sur** to cast a look at; **le regard fixé sur** staring at; **s'y connaître en regards** to be an expert at reading people's expressions
regarder to look (at); to concern; to view, consider
le **régime** system of government; diet
le **régiment** regiment
la **région** region, area
la **règle** rule; **en règle** according to the rules
réglé(e) *adj.* well-ordered
le **règlement** regulation
régler to settle; to determine; to give
régner to reign

regretter to regret; to be sorry
régulier (-ière) *adj.* regular
rejoindre to reunite; to reach; **se rejoindre** to meet
rejoint *p.p. of* **rejoindre**
relancer to toss
relatif (-ive) *adj.* relative
les **relations** (*f. pl.*) relationship, relations
la **relativité** relativity
relever to raise; to point out; to notice; **se relever** to get up
relief: mettre en relief to bring out, accentuate
relier to link
religieux (-euse) *adj.* religious
relire to read (over) again
remarquable *adj.* remarkable, noteworthy
la **remarque** remark
remarquer to notice; **se faire remarquer** to draw attention to oneself
rembarrer to rebut
le **remède** remedy
remettre to put back; to put on again (*clothes*); to restore (*health*); to give; **remettre en question** to call into question, challenge
remonter to go up again; to take up, carry up; to date back; to wind up (*rubber band*)
le **remords** remorse
remplacer to replace
remplir to fill; to fulfill
remporter to bring (*something*) back
remuer to move; to go over (*ideas, thoughts*)
la **rencontre** encounter; meeting; **se précipiter à la rencontre de** to rush to meet (*someone*)
rencontrer to meet; to encounter
le **rendez-vous** appointment; date
rendre to give back; to make; to render; to describe, express; **le (bien) rendre à** to (really) get even with (*someone*); **rendre service (à quelqu'un)** to do (*someone*) a favor; **rendre visite à** to visit (*a

person); **se rendre à** to go to; **se rendre compte de** to realize

renfermer to contain; to lock up

se **renforcer** to become stronger

renifler to sniffle

le **renom** renown, fame

la **renommée** reputation

renoncer to give up; to abandon; to renounce

le **renouvellement** renewal; change

le **renseignement** (piece of) information

renseigner to give information to; **se renseigner (sur)** to inquire, ask (about)

le **rentier** stockholder, investor

rentré: la tête rentrée dans les épaules hunched over

la **rentrée** return; **la rentrée des classes** start of the new school term

rentrer to go, come back (in); to return; to come home; to bring in

renvoyer to send away

se **repaître** to nourish oneself

répandre to spread; to exude, give off (*aroma*); **se répandre** to spread

reparaître to reappear

réparer to repair

repartîmes *p.s. of* **repartir**

repartir to leave again

reparut *p.s. of* **reparaître**

le **repas** meal

repasser to go by again

repère: le point de repère reference point

le **répertoire** repertory

répéter to repeat

la **réplique** remark; reply; actor's line in a play; **un ton sans réplique** authoritative tone

répondre to answer; **répondre de (quelque chose)** to vouch for (something)

la **réponse** answer

le **reportage** newspaper report

le **repos** rest

se **reposer** to rest

repousser to push back; to repel, repulse

reprendre to resume, take up again; to take back; to recapture; to reply; to go on speaking; **en reprendre**

deux fois to have a second helping; **reprendre de** to have more of (*something, such as food*)

la **représentation** representation; performance

représenter to represent; to perform; **se représenter** to imagine

réprimé(e) *adj.* repressed

reprirent, repris *p.s. of* **reprendre**

repris(e) *adj.* recaptured; **repris(e) d'une crise de rire invincible** overcome by another uncontrollable fit of laughter

reprit *p.s. of* **reprendre**

le **reproche** reproach

reprocher (quelque chose à quelqu'un) to reproach (someone for something)

reproduire to reproduce

le **requin** shark

le **réseau** network

la **réserve** reserve, stock

réserver to reserve; to keep, save; **se réserver** to save for oneself

la **résidence** residence

résider (dans, en) to lie (in)

se **résigner** to resign oneself, adopt an attitude of acceptance

la **Résistance** (French) Resistance movement

résolu(e) *adj.* determined

résolument *adv.* resolutely

résolut *p.s. of* **résoudre**

résonner to resound

résoudre to resolve; to decide

respecter to respect

respectueusement *adv.* respectfully

la **respiration** breathing

respirer to breathe

la **responsabilité** responsibility

la **ressemblance** resemblance

ressembler à to look like, resemble

resserré(e) *adj.* cramped

resservir to serve again

se **ressouvenir de** to remember

le **reste** rest; **de reste** in reserve; **du reste** moreover

rester to remain, stay; to be left; to be left with, have left

restituer to give back

le **résultat** result

résumer to sum up

resurgir to rise up again

rétablir to restore

retenir to hold; **se retenir** to restrain oneself

la **retenue** reserve; selfrestraint; detention

retirer to withdraw; **se retirer** to retire; to retreat

retomber to fall again; **retomber en** to regress into

rétorquer to retort

le **retour** return; **de retour** back

retourner to return, go back; to turn over; **se retourner** to turn around; to turn over

la **retraite** retreat; retirement; **prendre sa retraite** to retire

retraité(e) *adj.* retired

se **retremper** to reimmerse oneself

retrouver to find (again); to meet

le **rets** net

la **réunion** reunion; meeting

se **réunir** to meet, gather together

réussir to succeed; **réussir une charge** to pull off a hoax

la **réussite** success

rêvasser to daydream

le **rêve** dream

le **réveil** awakening; waking (up); **au réveil** upon waking

réveiller to wake up

révélateur (-trice) *adj.* revealing

la **révélation** revelation

révéler to reveal

revenir to return; to come back (home); **pour en revenir à** to come, get back to; **revenir à (quelqu'un)** to be up to (someone), be (someone's) responsibility

revenu *p.p. of* **revenir**

rêver to dream

révérence: révérence parler forgive my language

révérend(e) *adj.* reverend

révérer to revere

la **rêverie** reverie, daydream

revêtir to put on, wear

rêveur (-euse) *adj.* dreamy; entranced

revint, revis *p.s. of* **revenir**

revoir to see again; **au revoir** goodbye
la **révolte** revolt
révolter to revolt, disgust; **se révolter** to rebel
la **révolution** revolution
la **revue** review; magazine
le **rez-de-chaussée** ground floor
se **rhabiller** to get dressed again
ri *p.p. of* **rire**
le **ricanement** sneering laughter
riche *adj.* rich
la **richesse** wealth
la **ride** wrinkle
le **rideau** curtain
ridicule *adj.* ridiculous; **tourner en ridicule** to poke fun at
ridiculiser to ridicule
le **rien** trifle
rien (*with* **ne** *expressed or understood*) *indef. pron.* nothing
rigoler (*fam.* to laugh; to kid, joke
rigolo (-ote) *adj.* fun; funny
rigoureux (-euse) *adj.* rigorous
la **rime** rhyme
rincer to rinse
rire to laugh
le **rire** laughter; **éclater de rire** to burst out laughing; **un éclat de rire** outburst of laughter; **un fou rire** uncontrollable laughter; **une crise de rire** fit of laughter
risible *adj.* ludicrous
le **risque** risk; **à ses risques et périls** at one's own risk
risquer to risk
rit *p.s. of* **rire**
la **rivière** river
la **robe** dress; **la robe de chambre** bathrobe
le **robinet** faucet
robuste *adj.* robust
le **roc** rock
la **roche** rock; boulder
le **rocher** rock; boulder
rocheux (-euse) *adj.* rocky; **les Rocheuses** (*f. pl.*) Rocky Mountains
rôder to prowl
le **rognon** kidney
le **roi** king
le **rôle** role; **à tour de rôle** taking turns
le **roman** novel; fiction

le/la **romancier (-ière)** novelist
romanesque *adj.* romantic
romantique *adj.* romantic (*pertaining to romanticism, a literary movement*)
le **romantisme** romanticism
rompit *p.s. of* **rompre**
rompre to break; **rompre les oreilles** to be earsplitting
rond(e) *adj.* round; **le rond** circle; **tourner en rond** to pace around; **la ronde** circling; circle, ring (*of dancers*)
rondement *adv.* briskly
ronger to gnaw (at)
rose *adj.* pink
le **rôti** roast
la **roue** wheel; **la roue avant** front wheel
rouge *adj.* red; **le rouge** red (color)
roulant(e) *adj.* rolling; **l'escalier roulant** (*m.*) escalator
le **roulement** rumbling
rouler to roll; to travel along, wheel along
la **route** road; way
rouvrir to open again
roux (rousse) *adj.* reddish-orange; **les collines rousses** (*f. pl.*) rolling hills
le **royaume** kingdom
le **ruban** ribbon
le **ruban-mètre** measuring tape
rude *adj.* austere
la **rue** street
la **ruée** rush
la **ruelle** bedroom (*o.*)
ruiner to ruin; **se ruiner** to spend too much money
le **ruisseau** brook
ruisseler: ruisseler de sueur to drip with perspiration
la **ruse** trick
rusé(e) *adj.* crafty, sly
la **rustine** patch
rustique *adj.* rustic
le **rythme** rhythm

S

le **sable** sand; **les sables mouvants** quicksand
le **sabot** hoof; **frapper du sabot** to stomp a hoof
le **sac** bag, sack; **être dans le même sac** to be in the same boat; **le sac de couchage** sleeping bag

saccadé(e) *adj.* jerky
sacrifier to sacrifice
sage *adj.* wise
la **sagesse** wisdom
la **saignée** bleeding
saigner to bleed
sain(e) *adj.* wholesome; healthy
le/la **saint(e)** saint
saisir to seize, grab; to grasp, understand; to catch, hear (*a sound*)
la **saison** season
sale *adj.* dirty; beastly (*preceding the noun*)
salé(e) *adj.* salty
la **salle** room; **la salle de bains** bathroom; **la salle d'étude** study hall
le **salon** drawing room; **le Salon** annual art exhibition in Paris
le **salsifis** salsify (*a root vegetable*)
saluer to greet
le **salut** safety; salvation; **salut!** *excl.* (*fam.*) hello!
la **salutation** greeting
le **samedi** Saturday
la **sandale** sandal
le **sang** blood; **garder son sang-froid** to keep calm
le **sanglot** sob
sans *prep.* without
la **santé** health
satirique *adj.* satirical
satisfaire to satisfy
la **saucisse** sausage
le **saucisson** sausage; **le genre saucisson** poorly dressed
sauf *prep.* except
saute: la saute de vent gust of wind
sauter to jump
sauvage *adj.* wild; uninhabited; **le paysage sauvage** wilderness
la **sauvagesse** uncivilized woman
sauvegarder to safeguard, protect
sauver to save; **se sauver** to run away
le **sauveteur** rescuer
savant(e) *adj.* erudite, learned; well-informed; artful; **le savant** scholar
la **saveur** savor, taste, flavor
savoir to know; **savoir** (+ *inf.*) to know how to (*do something*); **ne savoir**

que faire, que dire to be at a loss to know what to do, to say

le **savoir-vivre** mannerliness, behavior considered correct in polite society

le **savon** soap

savoureux (-euse) *adj.* tasty

le **scaphandre (autonome)** aqualung

scaphandrier: le scaphandrier à casque deep-sea diver

la **scène** scene; stage; **la mise en scène** staging, production; **mettre en scène** to stage; to present

le **scepticisme** skepticism

sceptique *adj.* skeptical; **le/la sceptique** skeptic

sciemment *adv.* on purpose

la **science** science; knowledge

scientifique *adj.* scientific

la **sciure** sawdust

scolaire: l'année scolaire (*f.*) school year

le **scrupule** scruple

le **sculpteur** sculptor

la **séance** show; sitting

le **seau** bucket

sec (sèche) *adj.* dry; spare, gaunt (*figure*); cold (*temperament*); hard (*knot, bow*)

sèchement *adv.* curtly

sécher to dry out; to wither

la **sécheresse** drought

second(e) *adj.* second

secondaire *adj.* secondary

la **seconde** second

secondé(e) *adj.* supported, backed up

secouer to shake; **secouer la tête** to shake, nod one's head; **se secouer** to pull oneself together, shake off (disturbing) thoughts

secourir to help

le **secours** help, assistance; **porter secours à** to help

le **secrétaire** secretary (desk)

séduit(e) *adj.* seduced; captivated

le **seigneur** lord

le **séjour** stay

selon *prep.* according to

la **semaine** week

semblable *adj.* similar

le **semblant** semblance; **faire semblant de** to pretend

sembler to seem, appear

les **semences** (*f. pl.*) sowing

le **sénateur** senator

le **Sénégal** Senegal

le/la **Sénégalais(e)** Senagalese

le **sens** sense; meaning; direction; **le sens interdit** wrong way

la **sensibilité** sensitivity

sensible *adj.* sensitive

la **sentence** proverb

la **senteur** scent

le **sentier** path

le **sentiment** feeling

la **sentinelle** sentry, sentinel

sentir to feel; to sense, become aware of; to smell; **se sentir** to feel

seoir (à quelqu'un) (*o.*) to be becoming (to someone)

séparer to separate

le **septembre** September

la **sérénité** serenity, calmness

la **série** series

sérieux (-euse) *adj.* serious; **prendre au sérieux** to take seriously

la **serpe** sickle

serré(e) *adj.* pressed tightly; **le cœur serré** with a heavy heart

serrer to grip, hold tight; to clasp; **(se) serrer la main** to shake hands

la **serrure** lock

le/la **servant(e)** servant

le **service** service; **rendre service (à quelqu'un)** to do (someone) a favor; **le service de table** set of dishes

la **serviette** briefcase

servir to serve; **servir à** to serve to; to be useful for; **servir de** to serve as, be used as; **se servir de** to use

le **seuil** threshold

seul(e) *adj.* only, single; alone; **à la seule pensée** at the mere thought; **seul(e) à seul(e)** privately

seulement *adv.* only

sévère *adj.* stern; harsh; severe

sévèrement *adv.* strictly, sternly; harshly

la **sévérité** sternness, severity

seyait *imperf. of* **seoir**

le **shoot** kick

si *conj.* if; whether

si *adv.* so, so much; yes (*as answer to a negative question*)

le **siècle** century; age

le **siège** siege; seat

siéger to be seated

siffler to whistle

signaler to indicate

le **signe** sign; gesture; **faire signe à** to motion to (*someone*), beckon (*someone*)

signer to sign

la **signification** meaning

signifier to signify, mean

le **silence** silence; **garder le silence** to say nothing

silencieux (-euse) *adj.* quiet; silent, noiseless

le **sillon** furrow

sillonné(e) de *adj.* lined with

simplement *adv.* simply, merely, just

la **simplicité** simplicity

le **simulacre** mockery

sincèrement *adv.* sincerely

le **singe** monkey

le **singulier** singular

sinistre *adj.* sinister

sinon *conj.* if not; otherwise

sitôt *adv.* as soon as, no sooner

situer to situate; to place; **se situer** to take place

sixième *adj.* sixth; **en sixième** in a class of students aged 11–12

sobre *adj.* restrained; **sobre de gestes** sparing of gestures

le **sobriquet** nickname

social(e) *adj.* social

le **socialisme** socialism

la **société** society

la **sociologie** sociology

le/la **sociologue** sociologist

Socrate Socrates

la **sœur** sister

la **soif** thirst; **avoir soif** to be thirsty

soigner to look after, tend to

le **soin** care; concern; **avoir, prendre soin de** to take care of; **commettre (quelqu'un) au soin de** to put (someone) in charge of

le **soir** evening

la **soirée** evening

soit *conj.* that is

le **sol** ground; floor; soil

le **soldat** soldier

le **soleil** sun; **le soleil couchant** setting sun

solennel(le) *adj.* solemn

solide *adj.* solid; strong

solitaire *adj.* solitary; lonely

sombre *adj.* dark; gloomy; somber

sommaire *adj.* brief, cursory; minimal

la **somme** sum, amount; collection; **en somme** in short

le **sommeil** sleep

le **sommet** top; summit

somnambulique *adj.* of a sleepwalker

le **songe** dream

songer (à) to think (about)

songeur (-euse) *adj.* dreamy

sonné(e) *adj.* (*fam.*) crazy

le **sonnet** sonnet (*poem of fourteen lines, divided into two quatrains and two tercets*)

sonore *adj.* loud; resonant (*voice*); resounding (*steps*)

le **sorbet** sherbet

le **sort** fate; lot, condition in life

la **sorte** sort, kind; **de sorte que** with the result that

la **sortie** exit; outing

sortir to go out; to come out, be published; to take out; to go beyond; to emerge

sortir: au sortir de on coming out of

sot (sotte) *adj.* silly, foolish, stupid; **le/la sot (sotte)** fool

la **sottise** foolishness; silly or foolish thing, remark

le **sou** cent, penny; **à un sou** cheap

la **souche** stump; stock; **de pure souche** of pure stock

le **souci** worry, care

se **soucier de** to worry about; to care about

soudain *adv.* suddenly, all of a sudden

soudainement *adv.* suddenly, all of a sudden

soudure: faire la soudure to bridge the gap, tide over

le **souffle** breathing

souffler to blow

le/la **souffleur (-euse)** prompter

la **souffrance** suffering

souffrir to suffer

souhaiter to wish; to hope

souiller to soil

le **soulagement** relief

soulager to relieve, soothe

se **soûler** to get drunk

soulevé(e) *adj.* raised, lifted (up); **soulevé de** filled with

soulever to lift, raise; to give

rise to, elicit; **se soulever** to raise oneself up; to rise up, revolt

le **soulier** shoe

souligner to emphasize, stress; to single out

soumettre to submit

soumis(e) *adj.* submissive, obedient

soupçonner to suspect

la **soupe** soup

souper to have supper

la **soupière** soup tureen

soupirer to sigh

souple *adj.* supple, agile

le **sourcil** eyebrow; **froncer le sourcil** to frown

sourciller to frown; to flinch

sourd(e) *adj.* deaf; repressed

sourire to smile

le **sourire** smile

la **souris** mouse

sourit *p.s. of* **sourire**

sournois(e) *adj.* underhand, sneaky

sous *prep.* under; **sous le vent;** downwind

sous-alimenté(e) *adj.* undernourished

sous-développé(e) *adj.* underdeveloped

sous-entendu(e) *adj.* understood, implied

sous-marin(e) *adj.* underwater

le **sous-sol** basement

se **soustraire à** to avoid, elude

soutenir to maintain, uphold; to support; to bear; to hold out against; **se soutenir** to hold oneself up; to keep from falling

souterrain(e) *adj.* underground

le **souvenir** memory

se **souvenir (de)** to remember

souvent *adv.* often

souverain(e) *adj.* supreme

le/la **spécialiste** specialist

la **spécialité** specialty; major field of study

le **spectacle** show, entertainment

le/la **spectateur (-trice)** spectator

spirituel(le) *adj.* witty

sportif (-ive) *adj.* athletic; fond of sports

sprinter to sprint

le **stade** stadium

standardisé(e) *adj.* standardized

le/la **statisticien(ne)** statistician

la **statistique** statistics

le **stéréotype** stereotype

stéréotypé(e) *adj.* stereotyped

stérile *adj.* fruitless

stimulant(e) *adj.* stimulating

strictement *adv.* strictly

la **strophe** stanza

stupéfait(e) *adj.* amazed; stunned; aghast

stupéfiant(e) *adj.* amazing, astounding

la **stupeur** amazement, astonishment

le **stylo** pen

su *p.p. of* **savoir**

subir to be subjected to, undergo; to suffer

subit(e) *adj.* sudden

subjectif (-ive) *adj.* subjective

la **subjectivité** subjectivity

subjuguer to subjugate

substituer to substitute, replace

subvenir à to provide for, meet

le **succès** success

successivement *adv.* successively

succomber to succumb; to die

la **succursale** offshoot

le **sucre** sugar

sucré(e) *adj.* sweet

le **sud** south

la **sueur** perspiration, sweat

suffisamment *adv.* enough

suffisant(e) *adj.* sufficient

suffire to suffice

suggérer to suggest

se **suicider** to commit suicide

la **Suisse** Switzerland

suisse *adj.* Swiss

la **suite** sequel, following episode; **par la suite** later; **suite à** owing to; **tout de suite** immediately

suivant(e) *adj.* following, next

suivant *prep.* according to

suivi *p.p.,* **suivîmes, suivit** *p.s. of* **suivre**

suivre to follow; **laisser (quelque chose) suivre son cours** to let (something) run its course

le **sujet** subject; **à ce sujet** about that; **au sujet de** about, concerning

superbe *adj.* superb, splendid; gorgeous

superficiel(le) *adj.* superficial
supérieur(e) *adj.* superior; higher; **le/la supérieur(e)** superior (*higher in rank*)
superstitieux (-euse) *adj.* superstitious
supplier to beg
supportable *adj.* bearable
supporter to bear, tolerate
supposer to suppose
supprimer to eliminate
sur *prep.* on; above; over
sûr(e) *adj.* sure
sûrement *adv.* certainly
la **surface** surface; **faire surface** to surface
surgir to appear
le **surlendemain** two days later, day after the next day
le **surmulet** surmullet (*kind of fish*)
surprenant(e) *adj.* surprising
surprendre to surprise
surpris(e) *adj.* surprised
surprit *p.s. of* **surprendre**
le **surréalisme** surrealism
le **sursaut** start, jump
le **sursis** reprieve
surtout *adv.* especially; above all
la **surveillance** supervision
le/la **surveillant(e)** supervisor; sentry
surveiller to supervise; to watch
survivre to survive
la **susceptibilité** sensitivity
susceptible *adj.* easily offended, touchy
suspendu(e) *adj.* hanging, suspended
svelte *adj.* slender, slim
la **syllabe** syllable
symbolique *adj.* symbolic
symboliser to symbolize
le **symptôme** symptom
le **synonyme** synonym
la **synthèse** synthesis

T

le **tableau** painting; blackboard
la **tablette** tablet
le **tablier** apron
la **tache** spot
la **tâche** task, duty; **prendre à tâche de** (+ *inf.*) to take it upon oneself to (*do something*)

tâcher de to try
tacite *adj.* tacit, silent
taciturne *adj.* taciturn, reserved
la **taille** size; height
taillé(e) *adj.* cut
le **taillis** wood(s)
se **taire** to be silent
le **tambour** drum
tandis que *conj.* whereas; while
tant *adv.* so much, so many; **en tant que** as; considered as; **tant bien que mal** somehow or other; **tant mieux** so much the better; **tant pis** so much the worse; too bad; tough luck; **tant que** as long as; **tant... que** as much . . . as
tantôt *adv.* soon; later
le **tapage** noise
la **tape** pat; slap
taper to slap; **se taper dans la main** to slap hands
le **tapis** carpet
la **tapisserie** tapestry
la **taquinerie** teasing
tard *adv.* late; **plus tard** later
tarder to delay; to hesitate
le **tas** heap; **un tas de** a lot of
le/la **Tchèque** Czechoslovakian
technologique *adj.* technological
tel(le) *adj.* such; **tel(le)que** as; such as; such that; **un(e) tel(e)** such a
le **télégraphe** telegraph
le **téléphone** telephone
téléphoner (à) to telephone
la **télévision** television
tellement *adv.* so
la **témérité** audacity
témoigner de to show (evidence of)
le **témoin** witness
le **tempérament** temperament; health, constitution
la **tempête** storm
le **temps** time; weather; (verb) tense; **à temps** in time; **de temps en temps** from time to time; **de tout temps** from time immemorial; **en même temps** at the same time; **il est (grand) temps de** it is (high) time to; **l'emploi du temps** (*m.*) schedule; **par temps clair**

in clear weather; **prendre un temps** to pause
tenailler to torture
la **tendance** tendency; **avoir tendance à** to have a tendency to, be inclined to
tendre to hold out, offer; **tendre l'oreille** to listen carefully
tendre *adj.* tender; soft; gentle
la **tendresse** tenderness; affection, fondness
tendu(e) *adj.* tense (*face*); stretched out (*hand*); fixed (*eyes*)
les **ténèbres** (*f. pl.*) darkness
tenir to hold; to consider; to last, hold out; to take care of (*store, business*); **se tenir** to stand; to be united, form a whole; **se tenir à la disposition de** to be at (*someone's*) service; **se tenir (bien) à table** to behave (well) at table; **tenir à** to be attached to, fond of; to stem from; to depend on, be up to; **tenir debout** to be real; **tenir dur** to hold fast; **tenir le coup** to hold out; **tenir (sa) parole** to keep one's word; **tenir pour** to side with **tiens! tenez!** hey! look here! well, well! what do you know!
la **tentation** temptation
la **tente** tent; **planter (démonter) une tente** to pitch (to take down) a tent
tenté(e) *adj.* attempted
tenter to attempt, try; to tempt
la **tenture** wall hanging
tenu *p.p. of* **tenir**
la **tenue** uniform
le **tercet** tercet (*stanza of three lines*)
terminer to finish
terne *adj.* flat
le **terrain** ground
la **terrasse** terrace
la **terre** earth; land
le **terre-plein** courtyard
terrestre *adj.* earthly
terrible *adj.* terrible, dreadful; frightful; extraordinary, sensational, terrific

le **territoire** territory

la **tête** head; **tête-bêche** *adv.* head to foot

le **tête-à-tête** private conversation

le **texte** text

le **thé** tea

théâtral(e) *adj.* theatrical

le **théâtre** theater

le **thème** theme

la **théorie** theory

la **thèse** thesis

tiède *adj.* lukewarm

timide *adj.* timid, shy

le **tintamarre** noise

tiquer to wince

tiraillé(e) *adj.* torn

tirer to pull; to take; to take out; to draw; to shoot; **se tirer de** to extricate oneself, itself from; **tirer quelqu'un de l'erreur** to correct someone's mistake, enlighten someone

le **tiroir** drawer

la **tisane** herb tea

le **titre** title

toc, toc *excl.* knock, knock

la **toile** canvas; painting; **la toile d'araignée** spider's web

la **toilette** washing and dressing; **faire sa toilette** to wash and dress

toiser to eye up and down

le **toit** roof

tolérable *adj.* bearable

tolérer to tolerate, put up with; to allow

tomber to fall; **laisser tomber** to (let) fall; **tomber entre les mains de** to fall into the hands of; **tomber malade** to be taken ill

le **ton** tone

tonnant(e) *adj.* thundering

tonner to thunder

le **tonnerre** thunder; **le coup de tonnerre** thunderclap

le **torchon** dishrag

torréfié(e) *adj.* burned to a crisp

torride *adj.* torrid

le **tort** wrong; **avoir tort** to be wrong

tortillé(e) *adj.* twisted

tortueux (-euse) *adj.* winding

tôt *adv.* soon

total(e) *adj.* total

toucher to touch; to cash (*money order, check*); **toucher à un problème** to touch on, come to a problem

le **toucher** (sense of) touch

toujours *adv.* always; still

la **tour** tower

le **tour** tour; turn; **à tour de rôle** taking turns; **faire le tour de** to go, walk around; **le tour de piste** lap; **tour à tour** one after the other

la **tourelle** turret

le/la **touriste** tourist

le **tourment** torment, agony

la **tourmente** storm

tourmenté(e) *adj.* tormented, anguished

tournemain: en un tournemain in a flash

tourner to turn; **se tourner du côté de, vers** to turn toward; **se tourner d'un bloc** to turn completely around; **tourner en ridicule** to poke fun at; **tourner en rond** to pace around; **tourner mal** to turn out bad, to go to the bad; **tourner un film** to shoot, make a film

tous (toutes) (*m., f. pl.*) *pron.* all; all of them; **à la vue de tous** in front of everyone; **une fois pour toutes** once and for all

tousser to cough

le **tout** whole

tout *adv.* quite, very; entirely, completely; **(ne) pas du tout** not at all; **(ne) rien du tout** nothing at all; **tout à coup, tout d'un coup** suddenly; **tout à fait** entirely, altogether; quite; **tout au long de** throughout; **tout au moins (plus)** at the very least (most); **tout aussi** just as; **tout bas** softly, inaudibly; **tout contre** right up against, next to; **tout de même** nevertheless, even so; **tout de suite** immediately; **tout en haut** at the very top; **tout en** (+ *present participle*) while, at the same time (+ *-ing*); by (+ *-ing*); **tout**

haut aloud; **tout juste** only; barely; just enough

tout(e) *adj.* all; every; any; whole; **à toute allure** at full speed; **à toute heure** at all hours of the day; **de tout temps** from time immemorial; **en tout cas** at any rate; **tous deux** both; **tout(e) à son œuvre** entirely absorbed in one's work; **tout autre** any other; **toute la journée** the whole day; all day long; **tout le monde** everyone

tout (*m. s.*) *pron.* all, everything; **avant tout** first of all; above all

toutefois *adv.* however

la **trace** trace; track

tracer to trace; to write; **marcher dans la voie que (quelqu'un) a tracée** to follow in (someone's) footsteps

traditionnel(le) *adj.* traditional

le/la **traducteur (-trice)** translator

la **tragédie** tragedy

tragique *adj.* tragic

le **train** train; **être, se trouver en train de** (+ *inf.*) to be in the process of (*doing something*)

traîner to drag; to be left lying

le **trait** trait; **trait pour trait** exactly

traiter to treat; to deal with; to entertain at dinner, feed; **traiter (quelqu'un) de** to call (someone) a; to treat (someone) as

le/la **traître (traîtresse)** traitor

la **trajectoire** trajectory

le **trajet** journey, distance covered

la **tranchée** trench

trancher: trancher une question to settle a question

tranquille *adj.* tranquil, calm; quiet, peaceful

tranquillement *adv.* calmly

la **tranquillité** tranquillity; peacefulness

se transformer (en) to change, be transformed (into)

la **transition** transition; transitional period

transpercer to pierce through

le **transport** transportation; carrying; moving

transporter to transport; to carry; to move

le **travail** (*pl.* **travaux**) work

travailler to work

travailleur (-euse) *adj.* hard-working, industrious; **le/la travailleur (-euse)** worker

travers: à travers through, across

traverser to cross, pass through

le **trèfle** clover

le **tréfonds** depths

le **tremblement** trembling, shaking; **le tremblement de terre** earthquake

trembler to tremble, shake

la **trentaine** about thirty

trépidant(e) *adj.* hectic, anxious

très *adv.* very

le **trésor** treasure

la **tresse** braid

tresser to weave

trié(e) *adj.* sorted; **trié(e) sur le volet** screened

triomphal(e) *adj.* triumphal

triomphalement *adv.* triumphantly

triomphant(e) *adj.* triumphant

le **triomphe** triumph

triste *adj.* sad

tromper to deceive; **se tromper (de)** to be wrong, mistaken (about)

la **trompette** trumpet

trôner to preside, as on a throne

trop *adv.* too; too much; **trop de** too much, too many

les **tropiques** (*m. pl.*) tropics

troquer to trade

le **trou** hole; out-of-the-way place, hideaway; **faire un trou** to stop eating to have a drink

troublant(e) *adj.* troubling, disturbing

troublé(e) *adj.* troubled, disturbed

troué(e) *adj.* filled with holes

la **troupe** troop; company

le **troupeau** flock

trouver to find; **il se trouve** there is, are; **se trouver** to be; to find oneself; **se trouver mal** to be, feel ill

la **tuberculose** tuberculosis

tuer to kill

le **tumulte** uproar

turc (turque) *adj.* Turkish; **le/la Turc (Turque)** Turk

turent *p.s. of* **taire**

la **Turquie** Turkey

tut *p.s. of* **taire**

le **tutoiement** *familiar form of address using* **tu**

tutoyer *to use the familiar form of address (* **tu** *)*

tutoyeur (-euse) *adj.* (*rare, often derogatory*) informal, using the familiar form of address (**tu**)

le **type** type, kind, sort; (*fam.*) guy

typique *adj.* typical

U

le **uhlan** (*m.*) German

uni(e) *adj.* united

unique *adj.* only, single

uniquement *adv.* only, solely

l'**unité** (*f.*) unity

l'**univers** (*m.*) universe

universel(le) *adj.* universal

universitaire *adj.* (of the) university

l'**université** (*f.*) university

l'**Ursuline** (*f.*) Ursuline nun; **les Ursulines** (*pl.*) Ursuline convent school

l'**usage** (*m.*) custom

l'**usager (-ère)** user

user to wear out; **user de** to use

l'**usine** (*f.*) factory

utile *adj.* useful

utiliser to use

l'**utilité** (*f.*) usefulness

V

les **vacances** (*f. pl.*) vacation; **les grandes vacances** summer vacation

le **vacarme** din, racket

la **vache** cow; (*fam.*) swine

vaguement *adv.* slightly

vaincre to conquer

vaincu(e) *adj.* conquered, defeated; overcome

le **vainqueur** conqueror

vainquit *p.s. of* **vaincre**

le **vaisseau** ship

valable *adj.* valid

le **valet** valet (servant)

la **valeur** value

la **valise** suitcase

la **vallée** valley

le **vallon** small valley

valoir to be worth; **valoir mieux** to be better

la **vanité** vanity

la **vapeur** vapor, steam; haze

vaporeux: vaporeux (-euse) comme une mousseline as light as a veil

varié(e) *adj.* varied, diverse

varier to vary

vaste *adj.* vast, immense

vécu *p.p. of* **vivre**

la **veille** the preceding day or evening

veiller (sur, à) to watch over

la **veine** vein

le **vélo** bicycle; **faire du vélo** to ride a bike

la **vendange** grape harvest

le/la **vendeur (-euse)** salesperson, clerk

vendre to sell

vénérable *adj.* venerable

se **venger (de)** to take revenge (on), avenge oneself (for)

venir to come; **en venir à** to reach the point of; to get down to; **venir au fait** to get to the point; **venir de** (+ *inf.*) (*in present tense*) to have just (*done something*); (*in imperf. tense*) had just (*done something*)

Venise Venice

le **vent** wind

la **vente** sale

venu *p.p. of* **venir**

le **verbe** verb

verdoyer to become green, verdant; to look green

la **verdure** greenery; **un trou adorable de verdure** lovely green hideaway

la **vérification** checking, inspection

vérifier to check, inspect

véritable *adj.* real, genuine, true

véritablement *adv.* really, truly

la **vérité** truth

le **vernissage** opening (of an art show)

le **verre** glass

le **vers** line of poetry

vers *prep.* toward

verser to pour; to shed (tears, light)

vert(e) *adj.* green

le **vertige** dizziness; **pris de**

vertige overcome by dizziness
la **veste** jacket
le **vestibule** vestibule, hall
le **veston** jacket
les **vêtements** (*m. pl.*) clothes
vêtu(e) (de, en) *adj.* dressed (in, as a)
le/la **veuf (veuve)** widower (widow)
se **vexer** to be hurt, offended
la **viande** meat; food (*o.*)
vibrer to vibrate
la **victime** victim
la **victoire** victory
victorieux (-euse) *adj.* victorious
vide *adj.* empty; **le vide** void
vider to empty; to settle (*a quarrel*)
la **vie** life
le **vieillard** old man
la **vieillesse** old age
vieillir to grow old, age
vieux (vieil, vieille) *adj.* old; **le/la vieux (vieille)** old person; **mon vieux, ma vieille** (*fam.*) old chap, old girl
vif (vive) *adj.* lively; strong, intense; bright; sharp, keen; brisk
la **vigilance** vigilance, watchfulness
le **vignoble** vineyard
vigoureux (-euse) *adj.* vigorous; strong
la **vigueur** strength
la **ville** town; city
la **villégiature** vacation
le **vin** wine
la **vingtaine** about twenty
vinrent, vins, vint *p.s. of* venir
violé(e) *adj.* raped
violemment *adv.* violently
violent(e) *adj.* violent; intense, harsh (*light*)

violet (-ette) *adj.* violet, purple
vis *p.s. of* **voir**
le **visage** face
vis-à-vis de with regard to
la **visibilité** visibility
visible *adj.* visible; obvious
la **visite** visit; **rendre visite à** to visit (*a person*)
visiter to visit (*a place*)
le/la **visiteur (-euse)** visitor
vit *p.s. of* **voir**
vite *adv.* quickly, fast
la **vitesse** speed
le **vitrail** stained-glass window
la **vitre** window pane
la **vivacité** liveliness
vivant(e) *adj.* alive; lively; **le bon vivant** person who enjoys (the pleasures of) life
vivement *adv.* quickly
vivre to live; **vivre au jour le jour** to live from day to day
le **vizir (du banc)** Sultan's advisor
le **vocabulaire** vocabulary
voici *prep.* here is, are
la **voie** way; track; **en voie de** in the process of; **marcher dans la voie que quelqu'un a tracée** to follow in someone's footsteps
voilà *prep.* there is, are
le **voile** veil
voilé(e) *adj.* veiled, hidden
voir to see; **faire voir** to show; **se faire voir** to show off
voisin(e) *adj.* nearby; neighboring; **le/la voisin(e)** neighbor
le **voisinage** neighborhood
voisiner to be near
la **voiture** car
la **voix** voice; **à voix basse, à mi-voix** in (a) hushed voice(s); **à voix haute, à**

haute voix aloud
le **vol-au-vent** pastry shell
voler to steal, rob; to fly
le **volet** sorting board; **trié(e) sur le volet** screened
la **volonté** will
volontiers *adv.* gladly, willingly
vomir to vomit
vorace *adj.* voracious
vouloir to want; **en vouloir à** to have or hold a grudge against (*someone*); **que voulez-vous?** what can be done about it? **vouloir dire** to mean
voulu *p.p. of* **vouloir**
voulut *p.s. of* **vouloir**
le **voyage** trip; traveling; **faire un voyage** to take a trip; **le voyage de noces** honeymoon
voyager to travel
le/la **voyageur (-euse)** traveler
vrai(e) *adj.* true; real
vraiment *adv.* really, truly
la **vraisemblance** verisimilitude, plausibility
vu *p.p. of* **voir**
la **vue** view; vision; (sense of) sight; **à la vue de tous** in front of everyone; **en vue de** with an eye to, with (something) in mind
vulnérable *adj.* vulnerable

W

le **wagon** (railroad) passenger car

Y

les **yeux** (*pl. of* **l'œil**) eyes

Z

le **zèbre** (*fam.*) bozo, clown
le **zéro** zero; **le zéro de conduite** F for behavior

About the Authors

Lucia F. Baker is the coordinator of the *Collage* series. She holds a Diplôme de Hautes Etudes from the University of Grenoble and an M.A. from Middlebury College. She did additional graduate work at Radcliffe College and Yale University. For the past twenty years she has been an instructor at the University of Colorado (Boulder). In addition to teaching first- and second-year French language courses, she coordinated the Teacher Training program, which includes the methodology class and language course supervision. Professor Baker received two Faculty Teaching Excellence awards and in 1983 was honored by the Colorado Congress of Foreign Language Teachers for unusual service to the profession.

Ruth A. Bleuzé holds an M.A. in International Relations from the University of Pennsylvania and a Ph.D. in French from the University of Colorado (Boulder). She has taught language, literature, history, and civilization courses at the University of Colorado (Boulder and Denver campuses), Loretto Heights College, and Dartmouth College. She received a graduate student Teaching Excellence award in 1976, and in 1977 was listed in *Who's Who in American Colleges and Universities*. Dr. Bleuzé is currently President of the Language Training Center, Inc., in Boulder, a cross-cultural language school serving the business and scientific communities.

Laura L. B. Border received her M.A. in French from the University of Colorado (Boulder) and is currently a Ph.D. candidate in French. She has taught beginning and intermediate French courses at the University for twelve years. She studied French language, literature, and culture at the University of Bordeaux and later taught English conversation, translation, and phonetics there. She has also taught at the University of Denver and at the Peace Corps Training Center. She received a graduate student Teaching Excellence award and in 1983–1984 was listed in *Who's Who of American Women*.

Carmen Grace is the Director of the Undergraduate Teaching Program at the University of Colorado (Boulder), where she received her M.A. in French and is currently a Ph.D. candidate in education. In 1974 she was granted a French Government Fellowship to the Sorbonne and in 1978 received a graduate student Teaching Excellence award. She has taught English conversation, phonetics, and translation at the University of Bordeaux. Since 1981 she has been a consultant to the Language Training Center, Inc., in Boulder. Professor Grace is the new coordinator for the Teaching Assistant Training Program and teaches courses in French language and methodology.

Janice Bertrand Owen received her Ph.D. in French Literature from the University of Colorado (Boulder), where she has taught language and literature classes at the Boulder and Denver campuses for fifteen years. In 1977 she directed the University of Colorado Study Abroad Program in Chambéry and in 1979 designed and taught an intensive course for secondary teachers of French in the Boulder Valley Schools. She is currently collaborating with Ester Zago on a book about medieval French fables.

Mireille A. Serratrice was born and raised in France. She holds a license in English and American Literature from the Centre Universitaire de Savoie, and in 1979 received an M.A. in French from the University of Colorado (Boulder), where she has also completed all course work for her Ph.D. She has taught first- and second-year French language and literature courses at the University of Colorado since 1977. In 1980 she was the Director of the Study Abroad Program in Chambéry.

Ester Zago holds a Doctorate in Foreign Languages and Literature from the Bocconi University of Milan and a Ph.D. in Comparative Literature from the University of Oregon (Eugene). She has taught at Pacific University and at Oregon State University at Corvallis. Since 1974 she has taught French and Italian grammar, literature, and civilization courses at the University of Colorado (Boulder). She received a Faculty Teaching Excellence Award in 1982, and during the 1982–83 academic year she was the Director of the Study Abroad Program at Bordeaux. She has published several articles and a book (*La Bella Addormentata, origine e metamorfosi di una fiaba*) and is currently collaborating with Jan Owen on a book about medieval French fables.